京・近江・丹後大工の仕事

――近世から近代へ――

建部恭宣著

思文閣出版

まえがき

現在、国の重要文化財に指定されている天台真盛宗総本山西教寺（滋賀県大津市）の本堂修理工事[1]を担当した際に、野地板に転用されている大工の出面を記した一枚の板[2]を発見して、それを調べて行くに従い、元文三年（一七三八）当時の大工たちの働き振りや人間らしさなどを強く感じたことが、本研究を行なう動機となっている。現代とは社会情勢が全く異なる状況下で、彼らは何を考え、日々どのように仕事をしたのか、また、その時々の為政者や管理者に対してどう対応していたのかなど、疑問と興味が次々と湧いてきたのである。

建築という「もの」を創る行為には、それに従事した大工をはじめとする各職の仕事に対する情熱や姿勢、さらには営業のような一種の駆引きを含む様々な活動が内在しているが、そのことを少しでも明らかにしたいというのが、研究の推進力になっている。

このような視点に立ち、江戸時代から明治期にかけての京・近江及び丹後地域における大工たちが日常的にいかに仕事をしたのか、人間味溢れる大工像とその活動状況を浮かび上がらせることを目的として、本研究は次の各章から構成されている。

第一章では、京の大工「三上吉兵衛」家に伝来する各種の史料から、歴代の事績を通して、江戸時代末期から明治維新さらにそれ以降、建築界の近代化へどう対応していったかについて明らかにする。

第二章では、江戸時代中期の近江国における西教寺本堂造営に関連して、お出入りであり本堂造営の棟梁を務めた中嶋家に伝わる各史料を中心に西教寺および末寺所蔵の多くの史料を加え、発見された棟札や出面板なども参照し、大工たちがいかに実質的な仕事を行なったのか考察する。

第三章では、近世社寺建築調査で明らかとなった棟札群の文言を整理分析することにより、一七〜一九世紀の丹後国を中心に大工の活動状況を解明する。また、宮津の三上家に伝来する幕末における各町の『細見帳』の記載から、宮津城下で大工が多く住んでいた葛屋町に視点をあて、町の構成や住民の職業などについて考察する。

第四章では、近世丹後地方における建築界の動向を理解するため、葛屋町を拠点にして広域で活躍した「冨田」姓の大工が果たした役割に注目し、彼らの事績や活動領域を明らかにするとともに、営業的特色や周辺に及ぼした影響などについて検討して、その存在意義を明らかにする。

第五章では、宮津の天橋立にある智恩寺山門小屋裏から発見された大工の出面を記した五枚の板から、一八世紀中頃の丹後地方における造営現場での長期間に亙る大工就労状況と工事進捗状況について、詳細に考察する。

第六章では、丹後国田辺城下に住んでいた大工たちの活動状況を概観する。また、明和三年（一七六六）の「大工人数之覚」に書き上げられた町大工の構成やその背景を解明するとともに、その後の大工人数の変遷を明らかにする。さらに、中核的存在であった系譜や、田辺藩における最後の作事棟梁を務めた大工「瀬尾」氏についても考察する。

第七章では、江戸時代末の田辺藩における藩士たちの住居について、瀬尾家に伝わる史料を基に、規模や室構成等の平面的視点のみならず、その他仕様などについても多岐に亙って検討を行なう。

ところで、時代は異なるが、たとえば『石山寺縁起絵巻』や『春日権現験記絵巻』などには、中世の工匠たちが造営現場でどのように仕事をしていたのか、実に細部に亙ってリアルに描かれている。そこには工匠に限らず、童や手伝いの女衆たちも描かれ、生き生きとした躍動感に満ち溢れている。当時の大工はこのように、日々誇りと自信を持ち、充実した建築生産活動を行なっていたのである。

ここでは、絵巻物のように視覚的に描くことはできないが、それでも、近世から近代にかけての大工たちがどのように仕事をこなし、建物を建て、現場ではどのように就労していたのか、人間味豊かな日々の活動振りについて、わずかながらでも描き出して解明しようとするものである。

（1）昭和五六年一二月から六〇年三月まで、当時は大津市指定文化財建造物として、屋根葺き替えを中心とする修理工事が行なわれた。なお修理工事終了後直ちに滋賀県指定文化財に、また翌六一年五月には国の重要文化財に指定された。
（2）この時発見された「出面板」一枚は、国指定の際に附指定になっており、希少な例である。

目次

京・近江・丹後大工の仕事——近世から近代へ——

序　章

第一節　畿内近江六カ国における中井家支配の大工組に関する先行研究

江戸時代の畿内近江およびその周辺地域における建築生産活動に関するこれまでの研究は、度重なる御所造営に動員された六カ国大工組の構成について述べたものが多かった。すなわち、幕府の京都御大工頭中井家と中井役所による大工支配体制や、その支配下にあった各国大工組の組織変遷に関する研究が主流であったといえるだろう。この節では、それらの支配状況についての先行研究を概観するものである。

（1）　京都御大工頭中井家による大工支配並びに中井役所に関する研究

中井家によって行なわれた、畿内近江六カ国の大工支配の成立とその展開に関する研究として、谷直樹博士による数々の論考[1]があり、以下のように要約することができる。

慶長一〇年（一六〇五）前後の大工支配は大和大工に中心があり、初代正清の出身地である法隆寺村周辺の大工が中核を占め、直接支配下にあった。これに対して、京・山城・大坂などの大工は未だ正清の直接支配下になく、支配の足掛かりを築きつつある段階であった。慶長一七年の名古屋城作事に関わった大工は、大和大工・京拾人棟梁・大和以外の畿内近江五カ国の初期大工組で構成されており、中井家による大工支配の量的拡大が認められた。寛永期は、法隆寺棟梁を中心とする数十人の大和棟梁衆と、六カ国八〇余りの大工組から成っていたが、組織形態は国別によって一様ではなかった。寛永一二年（一六三五）には大工の田畠高役を免除する老中奉書を獲得することができ、これに基づき組頭を通じて大工・杣高の調査を実施し、大工支配をより強固なものにして体制が確立した。寛文期から元禄初年頃の支配形態は、公儀作事への大工動員のみならず、在地における日常的な作事内容にも立ち入ったものに整備された。大工組は人数の増加に伴い各地で小集団を編成するに至り、組内の運営を自主管理させる方針を打ち出した。一方では、公儀作事に入札制度が導入されて収入が減少し、中井家の財政は逼迫し破産寸前となった。元禄六年（一六九三）には、現地の下見・入札に必要な設計図書の作成、工事の監理などにかかる経費を幕府が負担する措置が実現して中井役所が成立し、それ以降、棟梁衆の削減・縮小などの再編成が行なわれた。一八世紀中期以降の中井家の職務は、公儀作事に関する見聞・積算・監理となり、特に二条城と禁裏の定期的な小修理などに限定された。

これに対して吉田純一博士は、各度の御所造営組織を通じて中井家支配下の棟梁層の構成およびその変遷に関する一連の研究(2)を行なっている。要約すると次のようになる。

中井正清配下の大工が棟梁と呼ばれた最初の史料は、慶長九年知恩院御影堂造営に関するものであった。これらの棟梁は大和国と京・山城の大工で形成されていたが、大工組には入っていなかった。寛永～承応期には、中井配下において一つの階層を形成するようになり、後に「御扶持人棟梁三人」と呼ばれる弁慶・池上・矢倉の三家は最高位に位置付けられ、元禄六年の中井役所成立以降、明治三年（一八七〇）の役所解体まで続いた。「受領之棟梁五人」は本来儀式のために任命されたもので、「御扶持人棟梁三人」に次ぐ階層であったが、正徳以降寛政度造営に至る間にその職制は解体した。寛文度造営に関わった棟梁は一二五人、延宝度の棟梁は一三九人であるが、「御扶持人棟梁三人」と「受領之棟梁五人」はいずれも別格で、その他の棟梁は上位・中位・下位の三つに格付けされていた。ところが幕末になると、中井役所の棟梁は「御扶持人棟梁三人」の他には常時二一～二三人となり、彼らは中井役所の周辺に居住し世襲制をとっていた。

棟梁層の構成とは別に、寛文度御西院御所造営を通して、作事形態についても論じている。[3] この造営には、大和二三組、京・山城一七組、他に近江・摂津・河内・和泉など計五五組の大工組が関与した。これらを四丁場に割付け、大規模で主要な建物は小屋・軒廻り・軸組などの各部に分けて割当て、二〇〇〇～二二〇〇工前後を基準に区分した。最終的な「請前工数」は細かく算出され、その吟味・改は上格の棟梁九人が担当した。これらの割当作事方法は、一七世紀後半～一八世紀前半の作事形態の特徴を示し、棟梁は優れた大工技術をも持ち合わせ、中井役所の後の官僚的な棟梁とは異なっていた。

（2）　中井家支配下の各国大工組に関する研究

中井家による畿内近江六カ国大工の支配形態やその変遷については、谷直樹・吉田純一両博士による前述の研究によって明確になったと言えよう。これに対して、支配される側の各国大工組の組織については、次に掲げるような代表的な研究が上げられる。

古くは黒正巌氏によって、江州甲賀郡の大工仲間に関する沿革・構成および大工組内外における権利義務等が報告されている。[4] いっぽう藤島亥治郎博士は、やはり近江国の大工を採り上げ、古代から近世に至る近江大工の技術を概説し、高島郡大工の構成と特質を中心に、滋賀・栗太・甲賀・蒲生・犬上・坂田・東浅井各郡の大工家について報告している。[5] 藤島博士のこの研究は、厳密には大工組に関する研究とはいえないが、近江国大工全般に関する論考としてここに採り上げた。

その後、各国大工組に関する史料発掘およびそれを基にした研究は、昭和五〇年前後より一層活発になり、次々に新たな論考が発表された。代表的な研究は、以下の如くである。

川上貢博士は、摂津国吉左衛門組およびその後の福井組大工組織について一連の研究を発表している。(6) それらによると、江戸時代初期の国単位の広い地域を支配域に持つ吉左衛門組など三組の大組織は、宝永七年（一七一〇）頃には解体されて五人組小組織をおよそ郡別に再編成した五大工組へと移行した。さらに、その後の福井大工組の変遷について触れ、「向寄」の発生、高持・無高・弟子・子弟の大工の区分、太子講などについて考察、また三間梁規制による平入四間取型農家の普及、大工個々による特定出入場の確立などについて発表している。

これに対して渡辺勝彦博士は、元文二年（一七三七）から明治五年（一八七二）にかけて大坂における大工組の構成・組織・運営・営業形態などについて一連の研究成果を発表している。(7) それらによると、大坂廿三組は元文二年にはすでに存在し、その後廿四向寄、廿四組と呼称が変化し、廿三組では大工年寄と組頭により、また廿四向寄・廿四組では大工年寄・年番・勘定方から成る大仲によって運営された。組の組織については、組頭と月行事（年行事）から向寄人数改取締役と人数改役（年行事）、さらに組頭と年行事へと呼称が変遷した。大工組の出費は定式と臨時に分けられ、竈を構えた大工と子・弟子一人当てに割付けられた。竈を構える大工にあってもほとんどが借家住いで、所属にも多くの異動があり、弟子の内で竈を構えられる者は二割弱であった。出稼ぎには手続きが必要で、大工年寄が中井役所または他の大工組と折衝した。営業圏は大坂の内で、所属する組の地域を越えていた。大工に対する処分は、違法作事・御用役怠慢等であった、などについて報告されている。

いっぽう吉田高子博士は、河内国と近江国における大工組の構成形態とその変遷についての論考を中核に、山城・大和・和泉・摂津各国における農村大工組と京・大坂の都市大工組に関する構成形態をも包括した、総合的な研究を展開している。(8)

以上のように、畿内および近江六カ国大工組に関する多くの研究があるが、それらはいずれも中井家による大工支配状況および支配下各大工組組織の構成や変遷についての研究であって、具体的な建築の生産活動を検証するものではない。ただしそれらの中で、吉田高子博士は、大工組の組織編成に関する研究に留まらず、河内国太平寺組や近江国蒲生郡高木家大工が行なった実際の仕事に関しても言及しており、他の大工組に関する諸研究とは異なる点である。同様に川上貢博士も、一連の研究に含まれる摂津国福井大工組の関わった在方農家普請について、その仕事状況や農家の間取りに関して分析している。また、西和夫博士は、安政度内裏造営に動員された大工の活動について述べる中で[9]、西近江の太田組大工を採り上げて手間代の額や割増料金のあったこと、さらに参加期間中の大まかな出面についても触れている点では、より日常的で具体的な状況を明らかにしたといえる。

第二節　京・近江およびその周辺地域における建築生産活動に関する先行研究

前節で述べた通り、江戸時代における畿内および近江六カ国の大工の活動は、京都大工頭中井家および中井役所によって掌握されていた。しかし、これら六カ国の大工が公儀作事以外の建築生産活動を行なう場合に、具体的にどのように仕事をしたのかということに関しては、充分に研究されているとは言えない状況と考えられる。しかしそのような状況下にあっても、次に掲げる論考は、畿内および近江とその周辺地域における具体的な建築生産活動について採り上げた数少ない研究といえよう。

まず永井規男博士は、淡路島浦村の大工が一七世紀後半の丹後・丹波・但馬国などで出稼ぎ仕事をしたことを報告している。それらの仕事は、真言宗の法縁によって営業を展開していたことが想定されている[10]。また、大坂北御堂前の大工宮屋の採ったプレハブ方式、遠隔地での仕事、一式請負などについて解明するなかで、近江国や丹波国福知山における仕事状況にも触れている。その方法は、大坂にある各地の藩屋敷からの情報収集や、大坂における近江商人との繋がりが営業の基盤となっていたことが考えられている。さらに、大坂という都市の先進

的な建築意匠や技術がどのように地方へ伝播するのかという問題をも示唆したものである。(11)

いっぽう日向進博士は、大工「近江屋吉兵衛」（田中吉太郎家）の史料を元に、近世中期（宝永から天明年間）の京都における町屋の建築構成について論述している。(12) それによると、市中では桟瓦葺きで建ちの低い二階屋として造立された町屋が支配的であったこと、低い天井の座敷、釣床や付書院などの座敷飾りの実態、坪当り大工工数の多い数寄的意匠と技巧を導入した座敷の存在、さらに「むしこ窓」は現在でいう土塗りの窓ではなく格子を細かく密に組んだものを意味し、土塗り格子窓は「鼠ヌリ窓」「鼠土窓」と称されたことなど、町屋の建築について詳細かつ多岐に亙って考察している。また、やはり近江屋吉兵衛の作成した『注文帳』を元に、天明八年（一七八八）の大火後の町屋普請についても採り上げている。(13) それによると、規模や各部の高さなどは大火前との異同は見られないが、工費・大工工数は平常時の水準値を下廻っておりいわゆる「仮屋建て」であった。見積もりについては「～人掛」「～匁坪」という標準化が成立しており、一定の規模・質を有する町屋の指標とされていたことを述べている。このような生産技術の整備が町屋量産の上で不可欠であり、前提となる建築的類型の成立時期を享保年間頃としている。京都の町屋普請とは別に、丹波国柏原の大工が彫物師へ転じ、丹波・丹後地方で広く活躍した営業形態にもついても考察している。(14) この研究は、本研究で扱う地域と重なり、丹後国における一部の社寺建築彫刻を担当した大工の仕事振りを知ることができる。

第三節　本研究の目的と方法

江戸時代の大工の具体的・日常的な活動については、西和夫博士の著述が上げられる。(15) これは必ずしも畿内近江六カ国およびその周辺地域に限定しているわけではないが、本研究で対象としている地域を含み、建築生産活動に限らず日常生活などの風俗史的な側面も併せて採り上げている。大工たちの日々の仕事状況や生活振りについて言及している点では、本研究にやや近い論考といえるであろう。

谷直樹博士は、

京都大工頭としての中井家の職務は、五畿内・近江の六カ国を支配範囲とし、（中略）さらに大工組を介して六カ国に所在する社寺や大規模な民家の新築、増改築の家作内容を審査し、幕府の家作禁令の遵守を監督していた。

と、中井家の職務について述べている[16]。しかし、夥しい数の社寺造営や増改築の一つ一つに関しては、普請願や修理願は出されるものの、現地における実際の造営には到底審査・監督の目は届くべくもなく、願を出す大工や施主側には、現地での生産活動は相当自由になると考え、事実そのようなことが行なわれてきたと解釈されるのである。近江国における事例を見ると、中井役所に掌握されていたはずの大工の活動は、いわば民間の社寺造営では、中井役所へ出す表向きの「修理願」とは別に、修理の名を借りた建て替え工事を行なうなど、これもまた人間味溢れる図太さとでもいえるような感覚を持っていたのであった。

これに対して、これら六カ国以外で中井役所の支配を受けない近隣地域、例えば京・近江にはど近い丹後国の宮津藩や田辺藩では、大工たちはどのように生産活動を行なっていたのだろうか。当然、為政者である藩主や寺社奉行所の管理下に置かれていたことは、想像に難くない。しかしそれとても、多くの実績を積み宮津藩内で「切者之大工」と評判となり、その結果隣の田辺藩内の寺院造営に寺側から指名されて関わるなど、藩域を越えた活動例も存在していたのである。

いっぽう明治維新により徳川幕藩体制が終焉を告げ、全ての社会情勢が大きく変化した。中井家および中井役所による畿内および近江六カ国の大工支配体制も、当然ながら崩壊したのである。その結果訪れた急激な社会の変容は、大工の活動や組織のあり方、すなわち建築生産活動の諸相にも大きく影響を及ぼしたことは事実である。

これまでの出入場であった社寺や大店等を相手に仕事を続けていく大工もいれば、西洋文明を積極的に受け入れて新種の建物造営に意欲を燃やした大工も多くいた。江戸時代末から明治・大正にかけての変動期に、巧みに近代化へと対応した大工たちの活動からは、力強さと共にある種のしたたかさを感じずにはいられない。

大工の仕事振りや現場での就労状況など、その実態を明らかにする手段のひとつとして、日々の出面を検討することが有効かつ不可欠である。大工の出面について幾つかの先行する論考があるが[17]、大工の就労状況について未だ詳細な研究が進められてきたとは考えられない状況である。六〇カ月にも及ぶ長期間の出面からは、造営現場で働く大工たちのさまざまな行動や生活および年中行事への対応なども浮かび上がってくる。

町大工の生産活動の手法として、住居の平面や仕様の雛型を定めてこれに基準の歩掛りや値段、材料などを充てて仕事をすることは、恐らく常套的に行なわれていたものと思われる。江戸時代の各地方における藩士の住居に関しては、これまでに幾つかの研究が報告されている[18]。しかし、各藩の禄高の大小や財政状況によって、藩士の住居の規模や仕様等が異なることは言うまでもない。田辺藩では、藩士の住居に関してやはり雛型が準備されており、作事棟梁家に代々受け継がれて来たのである。

永井規男博士は、大坂における都市大工鳥井家の営業形態と彼らの生産方式に関する前掲の論考で[19]、次のように述べている。

ここで扱うことになる文献史料は、家蔵史料といったまとまりのあるものではなく、かなり断片的なものの寄せ集めにすぎない。（中略）

しかし、文献以外のものとして残存している資料、すなわち鳥井氏の作品としての建築遺構（現在十棟を確認している）、およびそれらの棟札文、あるいは遺構の所在状況、などを活用し、それらから可能な限りの情報を読み取ることで、文献史料の乏しさを克服しつつ、この課題に取り組んでみた。

永井博士の述べるように、文献史料のみならず、目前に残された遺構やそれに付帯する多くの棟札、さらに各種の発見物（墨書や大工の出面を記した板）などが如実に物語る事実を、たとえ断片的なものであっても集積し構築することによって、いわば「なま」の建築生産形態がより一層鮮やかに浮かび上がってくるものと確信される。このような取り組みも、建築生産史を解明する一つの方法であり、かつ文献史料に欠落している一面を補完することとなるであろう。

（1）谷直樹博士による主な論文を、以下掲げる。
「中井家大工支配の初期形態について」（『日本建築学会論文報告集』第二七七号、昭和五四年三月）。

「確立期における中井家大工支配」（同第二八七号、昭和五五年一月）。

『中井家六箇国大工支配の成立・展開過程に関する研究』（私家版、昭和五八年）。

「幕府御用作事における中井家の職務と財政構造」（『近世建築の生産組織と技術』、中央公論美術出版、昭和五九年）。

「寛永期における中井家配下の大工構成」（『日本建築学会計画系論文報告集』第四一五号、平成二年九月）。

「近世初頭における大工役と諸役免除　中井家配下六カ国大工の諸役免除に関する研究（一）」（同第四二一号、平成三年三月）。

「寛永一二年の大工・杣訴訟と高役免除　中井家配下六カ国大工の諸役免除に関する研究（二）」（同第四二七号、平成三年九月）。その後これらをまとめて『中井家大工支配の研究』（思文閣出版、平成四年）として出版。
（2）吉田純一博士による主な論文は以下の如くである。
「慶長～元和期における中井正清配下の棟梁」（『日本建築学会論文報告集』第三三三号、昭和五八年一一月）。

「寛永～承応期における中井配下の棟梁層の形成」（同第三三五号、昭和五九年一月）。

「中井家棟梁組織における「御扶持人棟梁三人」の成立過程」（同第三三九号、昭和五九年五月）。

「内裏造営における中井配下の「受領之棟梁五人」について」（同第三四一号、昭和五九年七月）。

「寛文度御所造営における中井配下の棟梁層の構成」（同第三四五号、昭和五九年一一月）。

「延宝度御所造営における中井配下の棟梁層の構成」（同第三四八号、昭和六〇年二月）。

「幕末における中井配下の棟梁と棟梁家」（同右）。
（3） 吉田純一「寛文度後西院御所造営における大工組とその作事形態」（『建築史学』第三号、昭和五九年九月）。
（4） 黒正巌「江州甲賀の大工仲間」（『経済論叢』第二五巻第四号、昭和二年一〇月）。
（5） 藤島亥治郎「日本建築工匠技術の一研究（近江大工と其の技術）」（『建築学会大会論文』、昭和九年四月）。
（6） 川上貢博士による摂津国大工組に関する主な論文は、以下の如くである。
「摂津国大工組吉左衛門組について」（『日本建築学会論文報告集』第二四四号、昭和五一年六月）。

「摂津国大工組吉左衛門組の解体と五組大工組の成立」（同第二四五号、昭和五一年七月）。

「摂津国嶋下郡福井組大工組について」（同第二五二号、昭和五二年二月）。

「摂州在方農家普請と福井大工組大工」（同第二七七号、昭和五四年三月）。その後、これらの研究をまとめて『近世上方大工の組・仲間』（思文閣出版、平成九年）として出版。
（7） 渡辺勝彦博士による大坂の大工組に関する主な研究論文は、以下の如くである。
「大坂における大工組の構成と運営（一）大工組の構成（江戸時代末期における大坂の大工組に関する研究・Ⅰ）」（『日本建築学会論文報告集』第二六〇号、昭和五二年一〇月）。

「大坂における大工組の構成と運営（二）大工組の組織（江戸時代末期における大坂の大工組に関する研究・Ⅱ）」（同第二六一号、昭和五二年一一月）。

「大坂における大工組の構成と運営（三）大工組の運営（江戸時代末期における大坂の大工組に関する研究・Ⅲ）」（同第二六三号、昭和五三年一月）。

「大坂大工の営業形態（一）組の組織（江戸時代末期における大坂の大工組に関する研究・Ⅳ）」（同第二七三号、昭和五三年一一月）。

「大坂大工の営業形態（二）竈を構える大工と子・弟子（江戸時代末期における大坂の大工組に関する研究・Ⅴ）」（同第二七四号、昭和五三年一二月）。

『江戸時代後期の大坂における大工組に関する研究』（日本工業大学研究報告　別巻第二号、昭和五四年）。

さらに「大坂・天満における大工の組織と営業形態」（『近世建築の生産組織と技術』、中央公論美術出版、昭和五九年）では、大坂廿三組以外に天満六組についても言及している。
（8） 吉田高子博士による代表的な研究を以下に掲げる。

「河内国における大工組の変遷と支配範囲について」(『日本建築学会論文報告集』第三一八号、昭和五七年八月)。

「河内国古橋大工組の構成形態について」(同第三一九号、昭和五七年九月)。

「河内国古橋大工組の変遷とその仕事状況」(同第三二五号、昭和五八年三月)。

「江戸時代中・後期における六箇国農村大工組について」(『近世建築の生産組織と技術』、中央公論美術出版、昭和五九年)。

『中井役所支配六箇国大工組の構成形態と変遷に関する研究』(私家版、昭和六二年)。

(9) 西和夫「近世後期の大工とその組織」(講座・日本技術の社会史　第七巻『建築』、日本評論社、昭和五八年)。

(10) 永井規男「播磨と淡路の集住大工について」(『近世建築の生産組織と技術』、中央公論美術出版、昭和五九年)。

(11) 永井規男「近世大坂大工宮屋とその営業形態」(『日本建築学会計画系論文報告集』第三九〇号、昭和六三年八月)。

(12) 日向進「近世中期における京都町屋の建築構成について」(『日本建築学会論文報告集』第三一八号、昭和五七年八月)。

(13) 日向進「天明大火直後の京都における町屋普請——寛政二、三年『注文帳』を中心に——」(『日本建築学会論文報告集』第三二五号、昭和五八年三月)。これらの論文は後に、『近世京都町屋の形成と展開の過程に関する史的研究』(私家版、昭和五八年)にまとめられている。

(14) 日向進「丹波柏原の彫物師中井氏とその営業形態——近世丹波・丹後における建築界の動向——」(『日本建築学会計画系論文報告集』第三九六号、平成元年二月)。

(15) 西和夫『江戸時代の大工たち』(学芸出版社、昭和五五年)。

(16) 谷直樹『中井家大工支配の研究』六頁(思文閣出版、平成四年)。

(17) 平井聖「延宝度御所造営中の棟梁の出面帳について」(『昭和五二年度〈中国〉大会学術講演梗概集〈計画系〉』)
宮澤智士「建築する手と心——伝統建築の蓄積③　普請帳」(『ディテール』七五号、昭和五八年)
吉田高子「河内国古橋大工組の組大工の変遷とその仕事状況」(『日本建築学会論文報告集』第三二五号、昭和五八年)
日向進「大工〈近江屋吉兵衛〉とその営業形態」(京都工芸繊維大学工芸学部研究報告『人文』第三二号、昭和五九年)
など。

(18) 佐藤功『近世武士住宅』(叢文社、昭和五四年)
大河直躬「江戸時代の中・下級武士住居と近代都市住居」(『日本建築の特質』所収、中央公論美術出版、昭和五一年)
など。

(19) 註(11)に同。

第一章　京の大工「三上吉兵衛」の事績と近代化への対応

はじめに

明治維新による急激な社会の変容は、いうまでもなく大工の活動や組織のあり方にも大きな影響を及ぼしたであろう。依然として、社寺や大店等のこれまでの出入場を相手に仕事を続ける大工もいれば、新政府による西洋文明導入の方針に迎合して、新種の建物造営に意欲を燃やした大工も、多くいたに違いない。

このような近世末から明治・大正・昭和にかけての変動の時期に、京都で活躍していた大工のひとりに「三上吉兵衛」がいる。

「三上吉兵衛」については、すでに中村昌生博士によって紹介されているが、[1]本章ではこれとは視点を変え、「三上吉兵衛」の事績を通して、京都における建築生産活動が近代化へと転換していく様相の一端を考察するものである。

第一節　「三上吉兵衛」の系譜と出自

(1) 系　譜

三上家に伝わる史料によって、同家の歴代を図1—1に示した。[2]これによると、文化六年（一八〇九）に没した

「初代　吉兵衛」の前に、さらに「先祖釋周圓」・「釋教心」・「釋西信」という三人の戒名が記されているので、同家の系譜は、一七〇〇年代前半までさかのぼることは確認できる。しかし、これらの三人については戒名のみが書かれており、俗名や「初代　吉兵衛」との関係などは不明である。特に、初代吉兵衛の没年が文化六年で、釋西信の没年は寛政一二年（一八〇〇）とほんのわずかしか開いておらず、これら二人の関係は親子であったかどうか、疑問の生ずるところである。

西江州上大木村　先祖　釋周圓（延享元（一七四四））　釋教心（安永四（一七七五））　釋西信（寛政一二（一八〇〇））

西江州上大木村出生　初代　吉兵衛（文化六（一八〇九）、七二才）――二代目　吉兵衛（天保九（一八三八）、六七才）――三代目　吉兵衛（慶応三（一八六七）、六〇才）

四代目　吉兵衛（吉右衛門）（明治三八（一九〇五）、六五才）――五代目　吉兵衛（伊之助）（昭和一三（一九三八）、六四才）――将介（昭和三一（一九五六）、五六才）――皓造（当代）

図1－1　三上家の系譜

代々「吉兵衛」を世襲してきた三上家では、嘉永七年（一八五四）に大工業を営み始めたと伝えられてきた。ところが同家に伝来する文書の中に、京都御大工頭中井家および中井役所に宛てた二通の史料が残されている。

史料1―1　『乍恐御願』

乍恐御願

一六角通大宮西江入町知恩院末善相（ママ）寺

此度庫裏入口庇葺替ニ附廣木舞

品板取替申度候ニ付右之通御願奉申上候
　儀私江被申付候ニ付右御願奉申上候以上
　何卒願之通御聞済被成下候ハヽ難有仕合
　可奉願候以上
天保十年　　　柳田組
　亥拾二月　　願主　吉兵衛　印
右之通申候ニ付依之奥印仕候以上
　　　　　　　与頭　君兵衛
中　岡治郎様
　御役所

この史料によると、天保一〇年（一八三九）に、知恩院の末寺である善想寺庫裏庇の小修繕を「吉兵衛」が手掛けていたことが知られるので、嘉永七年と伝えられる大工の創業はさらにさかのぼることが判明した。

またこの史料から、「吉兵衛」は当時二〇組あった京都大工組のうちの柳田組に属していたこともわかる。安政頃の柳田組与頭（組頭）の居住地は、小

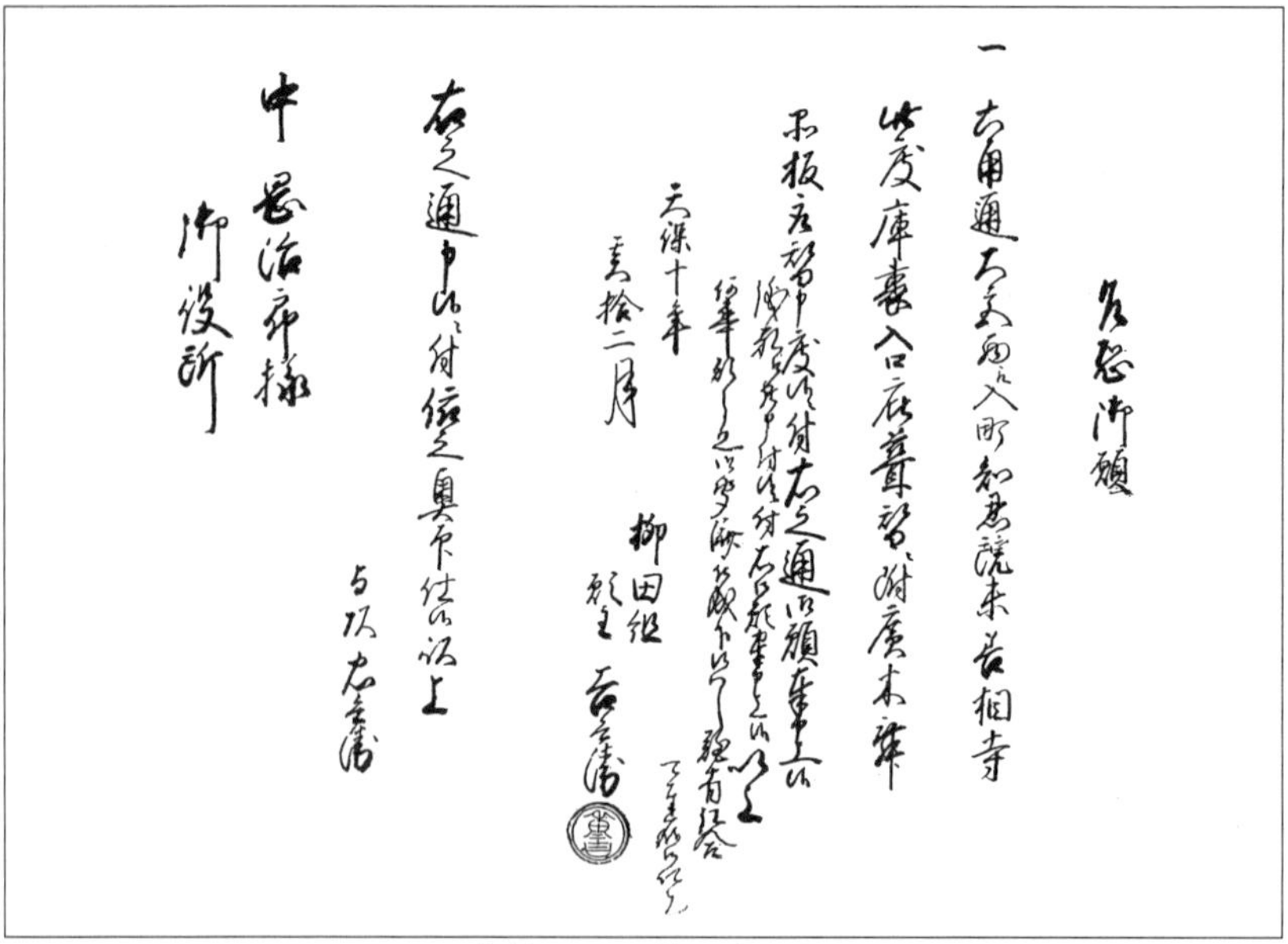

史料1－1　『乍恐御願』

川通夷川上ル町であったから、(3)「吉兵衛」は与頭宅から南西へ約一キロのやや離れたところに住んでいたのである（図1―2）。

善想寺は、猪熊通三条南入の「吉兵衛」宅(4)から西へ約二〇〇メートルの所に位置しており、「吉兵衛」の出入先のひとつだったらしく、安政六年（一八五九）には門の建替えも行なっている。

史料1―2　『普請御願』

普請御願　　六角大宮西入

知恩院末　善想寺

（平面図）

右朱引例繪圖之通東西弐間南北八尺之薬医門等
寛政四子年願済之上取建有之候処及大破候ニ付此度
薬医門取払追而如元取建候迄東西九尺之塀重門
取建置申度則図面ニ記奉願上候尤御制禁之作事等
決而不仕寺内限之儀ニ而他之差障等一切無御座候間何卒

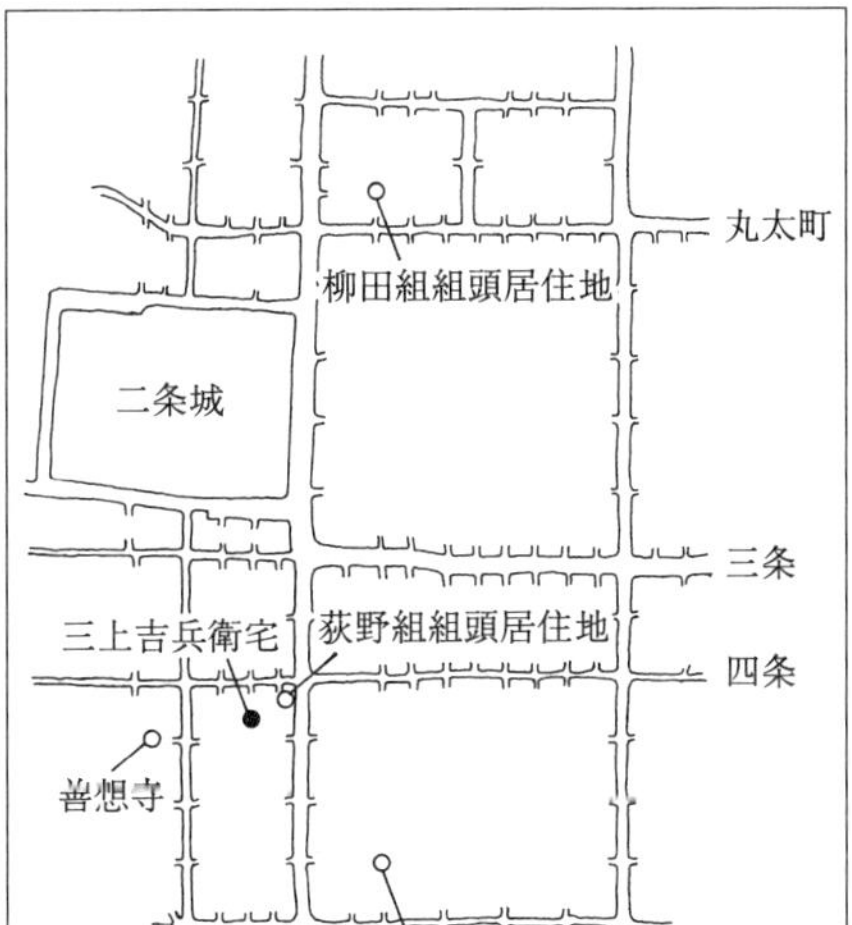

図1－2　三上吉兵衛居住地関連地図

願之趣御聞済被成下候様奉願候以上

安政六年未九月　　善想寺

底誉　印

御奉行様

右之通善想寺より西　御役所様江御願被申上

御聞済相成私江作事申付候付右細工可仕哉此段奉伺候以上

柳田組

乍（ママ）年寄　扇屋吉兵衛　印

年寄　丹波屋吉兵衛　印

年番　惣右衛門　印

中井様

御役所

（裏）

表繪圖書付之通可細工者也

未九月　中　小膳　印

これは、寛政四年（一七九二）に中井役所の許可を得て建てた間口二間奥行八尺の薬医門がこの頃に大破し、将来元のような薬医門を建てるまでは、とりあえず間口九尺の塀重門を建てたい、という旨の普請願である。(5)

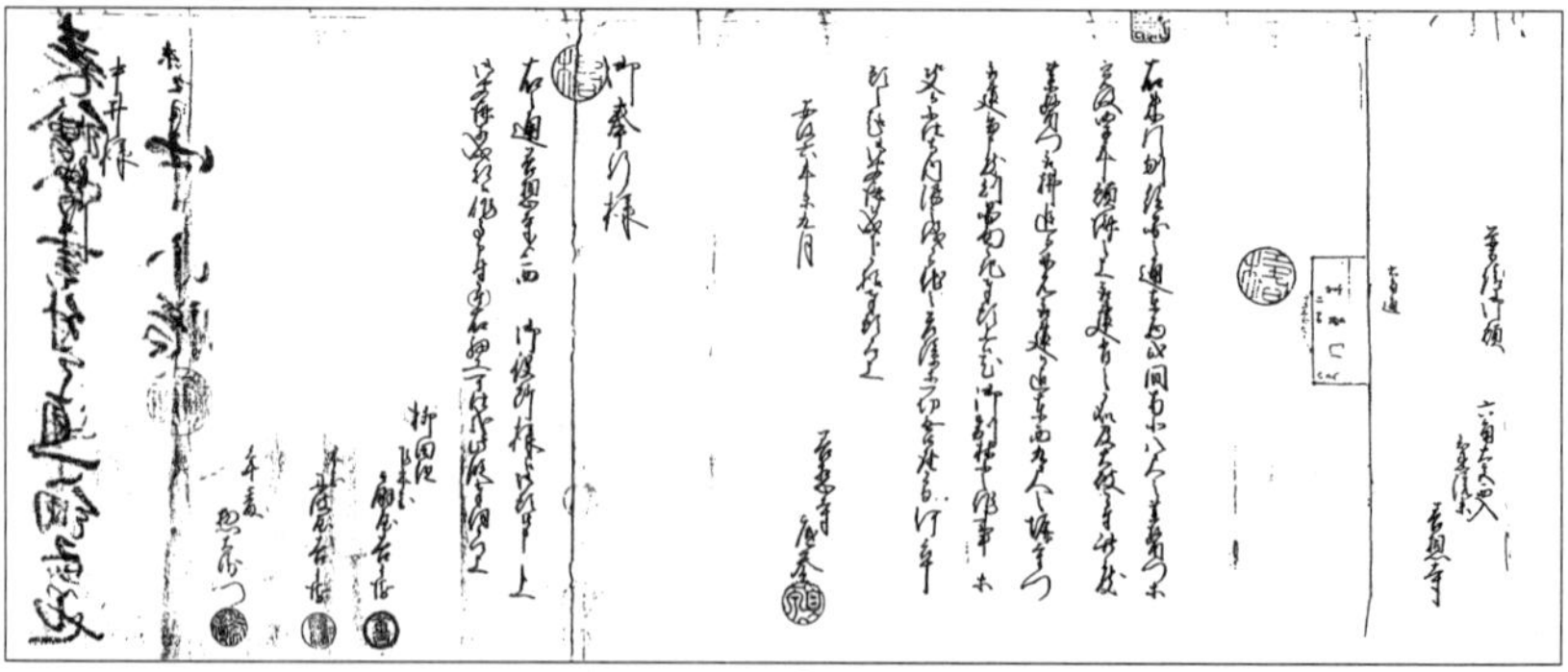

史料１－２　『普請御願』

三上家歴代の中で、天保一〇年から安政六年にかけて生存していたのは三代目と四代目「吉兵衛」の二人である。ところが、天保一〇年といえば四代目はまだ生まれたばかりであり、また、安政六年に「吉兵衛」は柳田組の「年寄」を務めているので、この年一九歳だった四代目はまだ若いと考えられる。したがって、二通の史料に見られる「吉兵衛」は三代目と考えてよいだろう。

(2) 出　自

霊簿によると、「先祖　釋周圓」は「西江州上大木村」とあり、「初代　吉兵衛」については「西江州上大木村出生」と記されていた。したがって三上家は「上大木村」の出身であることが判明する。

ここに「上大木村」とあるのは、『近江輿地志略』巻之二八に、

仰木荘　上仰木・下仰木・平尾・辻下以上を仰木庄四箇村といふ

と記された滋賀郡仰木庄四カ村のうち上仰木村（現在の滋賀県大津市仰木）のことである（図1―3）。ところが同書によると、現在では仰木の北に隣接する伊香立町に含まれる南庄も「南庄村」として仰木荘の末尾に付け加えているので、当時は仰木に属していたと考えられる。古来、西江州（琵琶湖の西側）の地には、

工匠　當国処々に在住すといへども、太田村の工匠甚勝れりとす、一村多く工匠たり。諸国神社佛寺の如きは其法太田村に備はる。（同書巻之九九）

と伝えられた高島郡太田村（現在の高島郡新旭町太田）をはじめとして、(6)横江村や霜降村など、他にも多くの大工集団のあったことが知られている。(7)

このように大工の集住していた地域的及び歴史的背景を受けて、仰木村からも多くの大工が輩出していたことが筆者らによって確認されている。(8)例えば、上仰木村で古くから大工業を営んできた北川家では、代々「亀屋小

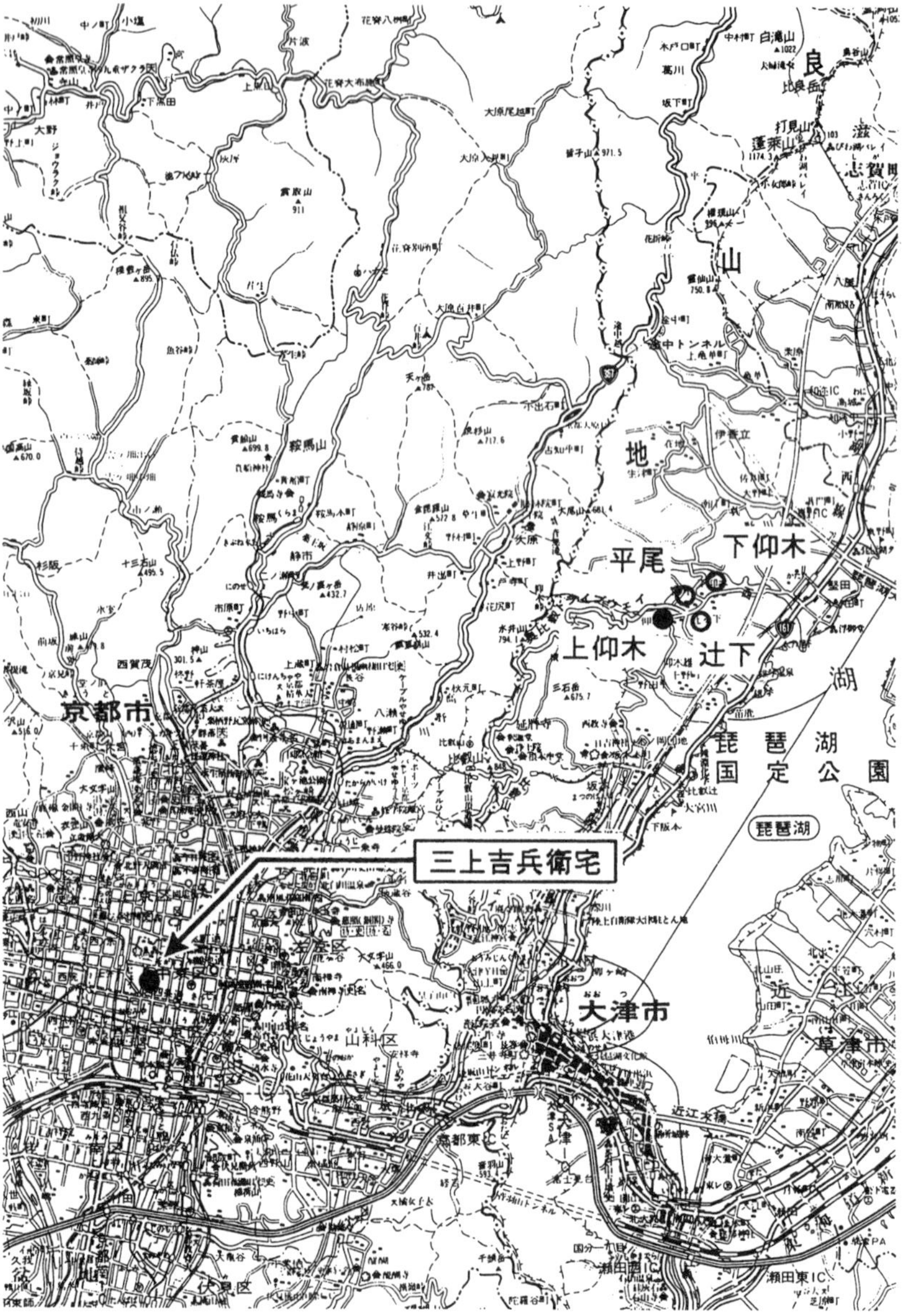

図1－3　仰木村周辺地図

太郎」を襲名してきており、当代は一七代と伝えられている。一三代目の小太郎は、伯耆大山寺本坊再建を手掛けた功績により、安政五年（一八五八）に「日光御門主　伯州大山　御役所」から白銀二五枚を受けている。また、岡田家では、代々「与三郎」を世襲していたようで、過去帳から天明年間までさかのぼり得る大工の家系である。一方、南庄の菅原家は、慶応年間まで「東藤兵衛」を名乗り、堂宮大工として作品を残してきたが、明治五年（一八七二）には菅原藤兵衛の名が認められるので、この頃には改姓されたことが知られる。

また仰木村では、農家の次男・三男たちは、職を得るために京都へ出たことが伝えられており、そのなかには京都で大工になる者もいたであろう。「吉兵衛」も同様に、

　仰木越　或は之を篠峯越ともいふ。上仰木より山城大原へ出づる路也。（中略）

　仰木より大原へ二里半馬道亦よし（同書巻之二八）

とある峠を越え、同村から京都へ出たものと思われる。

ところで、安政六年の『普請御願』の中で「吉兵衛」は「扇屋」という屋号を名乗っているが、出身地に因んだ屋号を付ける職人が多くいたと考えられる社会背景のなかにあって、「吉兵衛」も出身地である「仰木」に音の通じる「扇屋」という屋号を称したものであろう(9)。

第二節　吉右衛門（四代目吉兵衛）の活動

系譜からも明らかなように、幕末から近代にかけて活躍するのは四代目と五代目の「吉兵衛」であるが、以後は混乱を避けるために四代目を別名の「吉右衛門」、五代目は幼名の「伊之助」と、区別して論を進める(10)。

（1） 住宅建築類

住宅建築類では市内に建てた町屋については記録が無いので不明と言わざるを得ない。残された史料からは、表1―1のような仕事が知られる。

明治初年に行なわれた公家の東京移住に伴い、京都市内の土手町にあった旧鷹司邸は京都府勧業課の御用邸とされていた。当時の府知事北垣国道がここに転居するにあたり、明治一三年（一八八〇）五月、吉右衛門は同邸の改築を手掛け、その後の一八年（一八八五）には「北垣殿御邸買得ニ付」、在来建物の修理と新築および増築工事を請負った。

明治一九年一〇月には日本精米会社（兵庫県）の施設六棟を建築したが、これを契機として同社の役員だったと考えられる外村宇兵衛邸（近江神崎郡金堂村、現在の滋賀県神崎郡五箇荘町金堂）の書院を、同年一二月から約一年かけて建てている。以降外村氏とのつきあいが始まり、二九年（一八九六）七月には「新家」、三三年（一九〇〇）一〇月「第一新家」、三七年（一九〇四）「本宅大改築、第二新家新築」など次々と関連の工事を行なった。[11]

京都や滋賀など近隣に限らず遠方でも仕事をしていたようである（図1―4）。明治二四年（一九〇一）には山口県徳山へ出掛けて「毛利候御邸木造平屋座敷建　建坪弐百十坪」を建築した。ちなみに吉右衛門はこの工事を八四〇〇円で請け負っているので、「座敷建」の坪単価は四〇円であったことがわかる。これに比べて、明治一九年（一八八六）一二月から翌年一一月までの一年間を費やした外村宇兵衛邸の書院一棟六〇坪の工事費は七五〇〇円で、坪一二五円だった。いかに外村邸の書院が入念な仕事であったか容易に想像できるだろう。

さらに明治三五年（一九〇二）には、岡山で第三高等中学校長の折田彦市邸を手掛けた。この建物は「木製日本造平屋建」と表現されているが、規模や工事費などについては判明しない。しかし、第三高等中学校の校長邸にふさわしく、「御玄関、御座敷、及御勝手ノ間、御台所、内玄関、御廊下、上下便所、井戸及屋形、御風呂場、

表1-1　吉右衛門(四代目吉兵衛)の事績——住宅建築類

番号	年　月	工　事　件　名	所在地	発　注　者
9	明治13.05	土手町旧鷹司邸ヲ北垣国道邸ニ改築	京都	勧業課
20	18.06	土手町北垣国道邸新築他	京都	北垣国道
23	18.10	二条離宮御車寄遠侍間大修繕	京都	宮内省内匠課
25	19.03	二条離宮御唐門大修繕	京都	宮内省内匠課
26	19.05	二条離宮御台所大修繕	京都	宮内省内匠課
30	19.12	近江神崎郡金堂村外村氏本邸書院	滋賀	外村宇兵衛
43	23.08	桂離宮竹門修繕	京都	宮内省内匠課
44	23.10	京都地方裁判所所長官舎	京都	京都裁判所
47	24.10	毛利侯御邸	山口	毛利公邸河合□□殿
51	26.05	二条離宮本丸御座所旧桂宮三階造御殿ヲ以テ改築	京都	宮内省内匠課
58	29.07	近江神崎郡金堂村外村氏新家	滋賀	外村与左衛門
61	30.07	桂離宮月波楼修繕	京都	内匠寮
69	33.09	伏見三夜御別荘	京都	本派本願寺
70	33.10	外村氏第一新家	滋賀	外村宇兵衛
77	35.05	第三高等中学校長折田氏本邸	岡山	折田彦市
83	37.02	外村氏本宅改築	滋賀	外村宇兵衛
86	37.05	外村氏第二新家	滋賀	外村宇兵衛

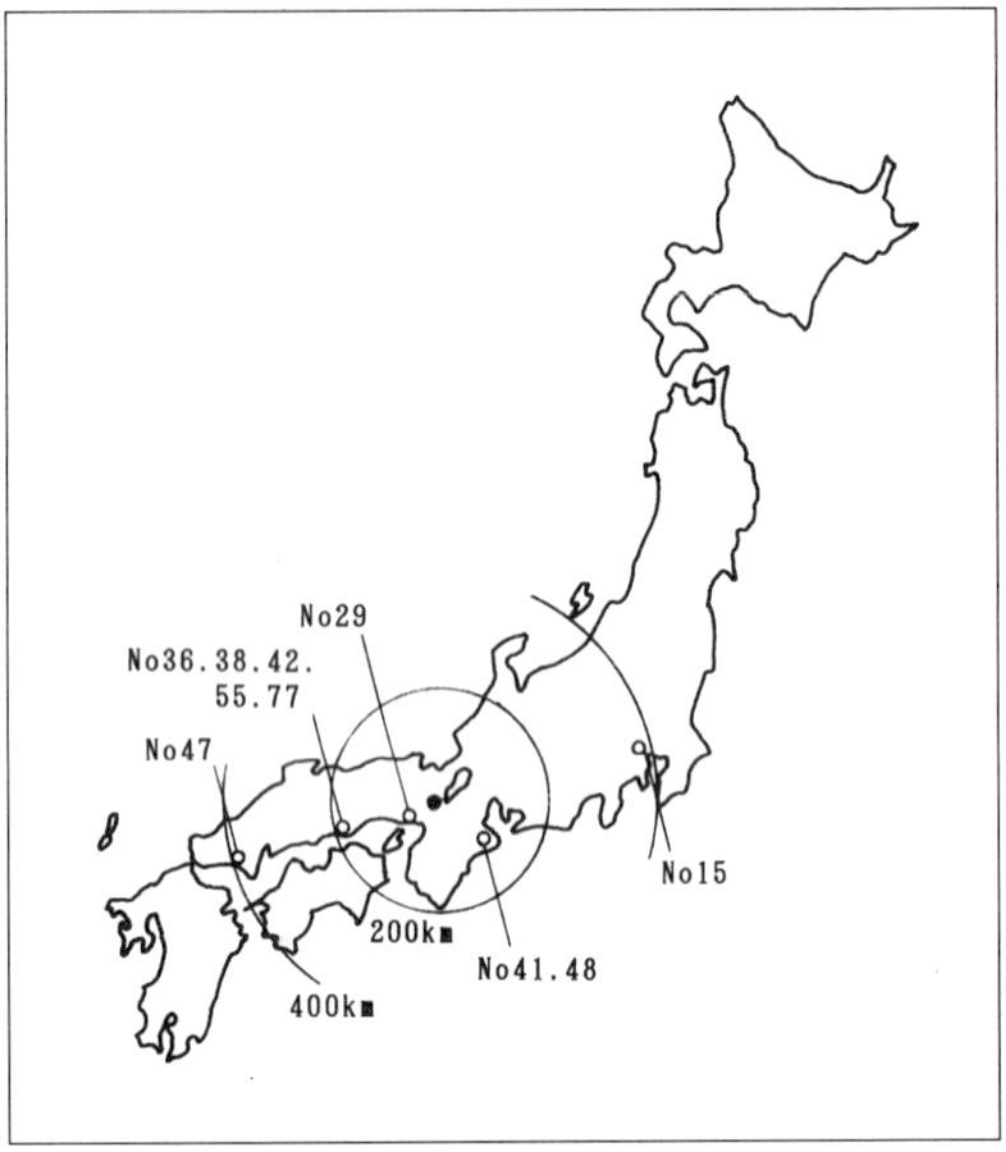

図1－4　遠隔地での仕事

湯殿、小使室、門番所、表門」等の諸施設の他に脇塀と高塀を備えた邸宅だったようである。

個人住宅は新築工事だけではなく、官公庁発注による住宅の修理工事も手掛けている。宮内省内匠課関係の仕事としては、二条離宮二の丸御殿各所の修繕をはじめとして、桂離宮の竹門（御幸門）を明治二三年に現在見るような姿に整備している。[12] さらに、二六年五月から一〇月にかけては、京都御所の今出川門内にあった旧桂宮家の「御三階御座所　百五坪一棟」を請負金一八九七円七五銭で移築しており、これが現在の二条城の本丸御殿である。

（2） 社寺建築

吉右衛門の事績のうち、社寺に関しては明治一一年に西本願寺の文学寮を建てており、その後近江坂本西京《ママ》寺御□《祖カ》殿（明治一四年）、別格官幣社梨木神社（京都御苑東側、同一八年）など一一件におよんでいる（表1―2）。

明治二二年（一八八九）九月には奈良県橿原神宮の社殿造営を請負ったが、新築工事ではなく、「京都御所　旧内侍所神嘉殿ヲ拝領取解キ運送元如ク取リ建ル事」とあるように、京都御所内の内侍所を本殿に、神嘉殿を拝殿とする解体移築であった。二五年には皇大神宮境内に御神殿や御饌殿など八棟を建立し、翌年五月から九月にかけては法隆寺の講堂・金堂・五重塔・東室四棟の修理工事に携わった。いっぽう二六年（一九〇三）九月から二

表1－2　吉右衛門(四代目吉兵衛)の事績――社寺建築類

番号	年　月	工　事　件　名	所在地	発　注　者
4	明治11.02	西本願寺文学寮	京都	西本願寺
14	14.11	近江坂本西京寺御□殿	滋賀	西教寺
21	18.08	別格官幣社梨木神社本殿其他	京都	宮内省内匠課
39	22.09	橿原神宮御本殿幷拝殿	奈良	内匠寮奈良県土木課
41	23.01	伊勢宇治山田神宮祭主館御改築	三重	神宮司庁
45	23.11	橿原神宮祝詞屋廻廊透塀御中門	奈良	奈良県
48	25.06	皇大神宮御構内御神楽殿御饌殿他	三重	神宮司庁
50	26.05	法隆寺大講堂金堂五重塔東室大修理	奈良	奈良県
52	26.09	平安記念殿建築ノ内蒼龍白虎両楼歩楼共	京都	協賛会
53	27.03	平安神宮祝詞舎透塀後門	京都	協賛会
65	31.05	近江神崎郡五箇荘村大字金堂大城神社本殿	滋賀	金堂村総代
75	35.04	太秦広隆寺聖徳太子殿前手水屋形	京都	寄附

八年七月にかけて、奠都千年を記念して行なわれた平安神宮造営にも加わっている。この工事は東京の清水満之介が総合して請負ったが[13]、このうち「三上吉兵衛特ニ請持ノ分」として白虎楼・蒼竜楼・歩楼・祝詞屋・裏門と透塀　式の造営を担当した。

(3) その他の建築

わが国に西洋の建築技術が導入され、それが急速に広まりつつあった明治期の社会情勢を敏感に感じた吉右衛門は、住宅や社寺などの在来建物類の他に、七条停車場(明治九年、一八七六)や七条塩小路警察署(同一一年)のように、これまで我が国には無かった新種の建物についても、比較的早期に着手していたことがわかる(表1―3)。

また明治一六年(一八八三)三月には、京都田中村の撚糸場内に「木造西和折中《ママ》建弐棟」を建てている。「西和折中建」とあるのは洋風意匠を取り入れたという意味か、あるいは構造的に例えば小

表1－3　吉右衛門(四代目吉兵衛)の事績――その他の建築

番号	年　月	工　事　件　名	所在地	発　注　者
1	明治08.03	大津鎮台	滋賀	陸軍省
2	09.03	七条停車場	京都	鉄道寮
3	10.05	伏見京橋	京都	京都府
5	11.04	塩小路警察署	京都	京都府
6	11.06	療病院	京都	京都府
7	11.10	五条橋	京都	京都府
8	12.09	伏見観月橋	京都	京都府
10	13.09	米国グランド将軍来朝ニ付相国寺へ臨時建築	京都	京都府
11	13.10	京都御苑内博覧会場講堂事務所陳列所	京都	勧業課
12	14.02	京都駆黴院	京都	京都府
13	14.03	京都七条停車場前西京蔵取設	京都	勧業課
15	16.02	宮城御造営賢所御神殿式部寮御建物	東京	
16	16.03	京都田中村撚糸場	京都	京都撚糸場
17	17.01	京都五条警察署	京都	京都府
18	17.08	麻布紡績会社		麻布会社
19	18.02	京都同志社礼拝堂書籍館共	京都	京都同志社
22	18.09	疏水第一隧道西口堀割工事	京都	疏水事務所
24	19.03	東山霊山招魂祭大修築	京都	京都府
27	19.09	疏水第一隧道西口煉化巻工事	京都	疏水事務所
28	19.09	第三隧道西口堀割及疏水インクライン築立	京都	疏水事務所
29	19.10	兵庫日本精米会社事務所器械場等	兵庫	外村・塚本・北風
31	20.02	上京中立売警察署	京都	京都府
32	20.03	京都博覧会場美術参考館	京都	京都府
33	20.03	京都堀川商業学校講堂教室体操場玄関共	京都	京都府
34	20.07	京都博覧会教育場	京都	京都府
35	20.08	南禅寺亀山院御陵前水路桟橋築造	京都	疏水事務所
36	21.08	第三高等中学校寄宿舎	岡山	文部省
37	21.10	第一絹糸紡績会社事務所附属家共	京都	第一絹糸紡績会社
38	22.03	第三高等中学校教師館事務所雨天体操場	岡山	文部省

40	22.11	京都織物会社事務所倉庫	京都	京都織物会社
42	23.07	第三高等中学校医学部病院	岡山	文部省
46	23.12	京都市南禅寺町水利器械工場	京都	水利事務所
49	25.09	滋賀県神崎郡今村八幡橋	滋賀	滋賀県
54	27.06	京都市議事堂	京都	京都府
55	28.08	岡山地方裁判所	岡山	
56	29.05	日本絹糸紡績会社事務所倉庫共		絹糸紡績会社
57	29.06	内外倉庫株式会社土蔵及事務所		内外倉庫株式会社
59	29.11	京都市第三高等小学校一式	京都	京都府
60	30.01	泉山御大喪御式場幄舎其他急設工事	京都	大喪使
62	30.08	泉山後月輪東北御陵	京都	内匠寮
63	31.03	京都帝国大学理工科大学土木機械学教室	京都	文部省
64	31.04	泉山後月輪東北御陵御成門幷ニ透塀	京都	内匠寮
66	32.09	京都蚕業講習所教室講習所共	京都	京都府
67	32.10	新道尋常小学校教室	京都	新道学務委員
68	33.05	京都帝国大学医科大学巡視室	京都	文部省
71	33.12	京都帝国大学医科大学解剖学及病理解剖学	京都	文部省
72	34.02	也阿弥ホテル第一二館	京都	ホテル株式会社
73	35.01	京都帝国大学医科大学講堂地形	京都	文部省
74	35.03	京都帝国大学医科大学化学実習室	京都	文部省
76	35.04	京都帝国大学医科大学講堂	京都	文部省
78	35.09	也阿弥第三号館	京都	ホテル株式会社
79	36.04	乾尋常小学校教室体操場玄関其他一式	京都	下京一組学務委員
80	36.07	京都府庁舎児屋組蛇腹□□	京都	京都府
81	36.09	京都帝国大学医科大学病理解剖学教室	京都	文部省
82	36.	城巽尋常小学校	京都	上京廿七組学務委員
84	37.03	京都市役所上望火楼	京都	京都市役所
85	37.04	京都帝国大学医科大学動物室	京都	文部省
87	37.07	近江銀行京都支店建増及土蔵改築	京都	近江銀行
88	37.09	京都府庁舎正庁各室雑作	京都	京都府

屋組にトラスを用いたのか、どちらであったかは不明である。しかしいずれにせよ、新しい建築の様式を積極的に取り入れようと試みた吉右衛門の姿が窺えよう。

木造建築以外についてもやはりその積極的な姿勢は変わらず、明治一八年には同志社の施設造営に加わり「礼拝堂煉化《ママ》造営平屋壱棟」と煉瓦造三階建の書籍館（現在の有終館）を建てている。これは、建設場所は不明であるが、前年に「麻布紡績会社煉化《ママ》造拾壱棟」を建てた際に修得した煉瓦造についての豊富な経験を活かして、同志社礼拝堂等の建築に取り組んだものと想像される。

学校建築の分野では、明治二〇年（一八八七）の京都商業学校の講堂・教室・体操場（いずれも木造平屋建）をはじめとして、第三高等中学校や京都帝国大学の諸施設など、多数の工事に携わっていた。明治三一年三月、京都帝国大学理工科大学の土木機械学教室を新築しており、それは「西洋建木造平屋建弐棟」であった。「但し地形コンクリート石廻リ小屋組木材幷ニ屋根瓦等ハ受負金ノ外ナリ」とあることから、わずかではあるが当時の大学における教室建築の姿を偲ぶことができる。その後京都帝国大学関連の仕事では医科大学に集中し、巡視室（三三年）、解剖学及び病理解剖学等一〇棟（同年）、科学実習室・講堂他（三五年）、再び病理解剖学教室（三六年）、動物室（三七年）などが挙げられる。

吉右衛門が単独で工事を請負うことは勿論のことであったが、他の大工と共同で仕事を進めることもしばしばみられる。明治三〇年代になると、吉右衛門自身が名義人・請負人になる場合と、他の保証人をつとめるケースに分かれ(14)、鈴鹿弥惣吉・本城甚右衛門・渋谷松五郎などと連名で工事を請負った例が見られるようになる。特に京都帝国大学関係の工事では、吉右衛門は保証人として助力したらしく、相手は大西乙五郎と小嶋佐兵衛の二人に限られている。ちなみに、この二人のいずれか、もしくは両人と共同で行なった大学関連の工事は明治三四・三五年の二カ年で一一件を数え、工事費の総額は実に一三万円を越えている。保証人として名を連ねることは、万一の場合、工事の代行が可能である規模と力量を備えていた証と解釈してよいだろう。

なお小嶋佐兵衛は、明治一七年（一八八四）に竣工し、去る昭和五六年に修理工事を終えた同志社大学彰栄館の当時の工事施工を担当しており、明治二三年竣工のハリス理化学館では「建築受負人」の筆頭に名を書かれた棟梁大工であった。また渋谷松五郎は、やはりハリス理化学館の請負人として名を連ねている。(15)

第三節　伊之助（五代目吉兵衛）の活動

明治八年（一八七五）二月、吉右衛門の三男として生まれた伊之助は、生涯謹厳実直な人柄であったと語り継がれているように、父吉右衛門の築いた得意先を着実に継承し、さらに彼自身も新たな世界を開拓していったようである。

(1)　住宅建築類

吉右衛門没後の明治四〇年（一九〇七）には外村宇兵衛南禅寺別邸を、三九年には宇兵衛に関わりがあると考えられる外村定次郎の「岡崎慶流橋畔本邸茶室共」新築工事などを手掛けている。四二年に先代宇兵衛の次男であった外村格次郎の京都別宅を建てるなど、明治三八年から五年間に五件の外村氏関連の住宅・別荘類を建てている（表1―4）。

また、外村氏一族に関係する普請ばかりでなく、新たに井上宣文本邸（土手町、三八年）や前川弥助別荘・山内政詮邸（いずれも岡崎町、三九年）、宮脇新兵衛邸（北野、四一年）など、当時京都で活躍していた商人たちも得意先としていた。(16)

このほかに、市街地にも町屋を数多く建てたようで、これらのうち現在まで残されている建物も少なくない。

「角物」も「丸物」もこなせる町屋大工の技術を備え、加えて数寄屋建築にも造詣が深かったらしく、九条家唯一の遺構で京都御苑内に建っている拾翠亭の修理工事（昭和五年）などにも携わっていた[17]。

（2）社寺建築類

吉右衛門が没した明治三八年（一九〇五）以降の数年間は、社寺造営の仕事がほとんどみられず、四一年に外村宇兵衛の出身地近江神崎郡金堂村の聖徳寺において、「内陳《ママ》模様替幷ニ後堂座敷新築」をしたにすぎなかった（表1―5）。

しかし、伊之助は四二年（一九〇九）から東本願寺の明治造営に関わっており、一〇月二一日には「本堂門再建棟梁ヲ命ス　三上吉兵衛」とあるように、三五歳の年に本堂門の棟梁を命ぜられている[18]。本堂門は明治四二年一一月に起工、四三年九月一六日より柱立に着手し、一二月一六日に上棟した。『経歴書』によると、伊之助はこれを五万五千円で請負っており、四四年三月二八日に「竣成」している。

伊之助については、佐々木岩次郎に設計・製図を学びその仕事も多く手掛けた、という家伝があるが、本堂門に関して、

又同月（明治四二年一一月）一七日佐々木岩次郎を以て本堂門再建相談役を命じたりしが、爾後同建築技術上の件は総て同人へ相談を経て決行することとなりし

とあることからも[19]、佐々木岩次郎との関わりが窺える。

実は、岩次郎と三上家との関わりはこれが初めてではなかった。年代は明らかではないが、おそらく明治二三年頃、「京都織物会社事務所倉庫　練化《ママ》造三階建弐棟」を施工した際に、「佐々木岩次郎殿係り」であったので、吉右衛門の時代から佐々木岩次郎と関係のあったことが知られる。伊之助が一五歳の時から、父吉右衛門と佐々

表1－4　伊之助(五代目吉兵衛)の事績——住宅建築類

番号	年　月	工　事　件　名	所在地	発　注　者
2	明治38.03	井上氏土手町本邸	京都	井上宣文
5	39.02	外村氏岡崎慶流橋畔本邸茶室共	京都	外村定次郎
7	39.03	二条離宮二之丸御車寄塀重門修繕	京都	主殿寮
8	39.04	前川氏岡崎別荘改築	京都	前川弥助
13	39.08	岡崎町山内氏邸宅	京都	山内政詮
22	40.08	外村氏南禅寺別邸	京都	外村宇兵衛
33	41.08	二条離宮二之丸唐門塀重門及左右土塀改修	京都	内匠寮
35	41.09	外村氏南禅寺別邸土蔵	京都	外村宇兵衛
38	41.12	外村氏土蔵改築	京都	外村与左衛門
40	41.12	宮脇氏北野本邸	京都	宮脇新兵衛
43	42.05	外村格次郎氏京都別宅	京都	外村格次郎
65	昭和05.10	京都御苑内拾翠亭其他修繕	京都	宮内省内匠課

表1－5　伊之助(五代目吉兵衛)の事績——社寺建築類

番号	年　月	工　事　件　名	所在地	発　注　者
34	明治41.09	聖徳寺内陣模様替幷ニ後堂座敷	滋賀	外村・塚本
49	42.11	大谷派本願寺本堂門	京都	東本願寺
50	43.12	大谷派本願寺婦人法話会会堂及事務所	京都	東本願寺
52	45.06	南州翁祠堂	鹿児島	
53	大正01.09	武信稲荷神社拝殿	京都	
59	04.01	橿原神宮御唐門及透塀	奈良	
61	05.01	三嶋神社拝殿	大阪	
62	05.04	北野神社神饌殿	京都	
64	昭和04.05	本門佛立講本部本堂	京都	
66	07.07	本門佛立講本部庫裡玄関書院表正門	京都	
67	08.03	善想寺庫裡玄関書院	京都	善想寺
68	08.05	嵯峨嵐山法輪寺多寶塔	京都	法輪寺
69	08.10	武信稲荷神社本殿及社務所	京都	

木岩次郎との接触を見て育ったと推測され、自然伊之助自身も佐々木岩次郎から学ぶところが多かったものと考えられる。伊之助は、昭和八年に京都嵐山の宝輪寺多宝塔を建てているが、この多宝塔を設計したのは他ならぬ佐々木岩次郎であった[20]。

伊之助は、昭和一〇年頃に北野宥清寺の本堂庫裏造営に従事し、これを機に宗旨を浄土真宗から日蓮宗に替えた。宥清寺造立の功績によって、いかにも棟梁にふさわしい「大堂院講勲天匠日伊居士」の戒名を授けられている。

(3) その他の建築(表1―6)

ここで、京都府庁本館の建築について触れてみたい。同建物は久留正道による建築調査並びに工事監督の許に、松室重光・一井九平の両人が工事設計に携わったことは広く知られている[21]。工事は明治三四年(一九〇一)一一月九日起工、三七年一二月二〇日に竣工しており、三上吉兵衛もこれに加わっていた。明治三四年一一月九日から翌年一月二〇日までの工期で「根伐及コンクリ打工事」が発注され、吉右衛門が保証人となって、大西乙五郎が工事を請負った。その後三六年後半から三七年にかけて「木工作小屋組工事」「屋根明り取空気抜き木工作工事」「階上階下天井及蛇腹共木摺拵エ取付壱式」などの各工事を、また三七年九月には「正廳其他格天井腰羽目各室雑作工事」一連を吉右衛門が請負っている。この頃はまだ吉右衛門は存命であるが、すでに六五歳と高齢で、しかも翌三八年三月に没しているので、吉右衛門自身が陣頭に立って指揮していたとは考えられない。したがって、実際に府庁舎造営現場での采配を振るったのは二〇代後半の伊之助であっただろう。

先述のように吉右衛門存命中における京都帝国大学関連工事では、医科大学の施設建設がほとんどだったが、伊之助の代になると理工科大学や文科大学の諸施設も手掛けるようになった。これ以外にも京都府立医専の講義

表1－6　伊之助(五代目吉兵衛)の事績——その他の建築

番号	年　月	工　事　件　名	所在地	発　注　者
1	明治38.01	外村氏福井支店		外村宇兵衛
3	38.05	松居氏北店乾倉	京都	松居庄右衛門
4	38.10	也阿弥ホテル渡り廊下三ヶ所	京都	ホテル株式会社
6	39.03	上京城巽尋常小学校北方教室体操場等	京都	上京廿七組学務委員
9	39.05	平安養育院改築	京都	平安養育院
10	39.06	京都帝国大学採鉱冶金学教室及図書室	京都	文部省
11	39.07	京都帝国大学電気工学作工場	京都	文部省
12	39.07	外村氏四条店一式	京都	外村市郎兵衛
14	39.09	乾尋常小学校事務室	京都	下京一組学務委員
15	39.11	京都帝国大学理工科大学採鉱冶金学教室増築	京都	文部省
16	39.12	京都医学専門学校講義室教室	京都	京都府
17	40.01	外村氏福井支店土蔵幷ニ荷解場		外村宇兵衛
18	40.02	御苑内寺町御門外□門袖柵改造	京都	主殿寮
19	40.04	野口氏本店一式幷ニ土蔵	京都	野口安左衛門
20	40.05	豊国尋常小学校教室体操場等一式	京都	下京十二組学務委員
21	40.06	京都高等工芸学校実習室	京都	文部省
23	40.09	京都貯蔵銀行一条支店	京都	京都貯蔵銀行
24	40.09	上京城巽尋常小学校南方教室	京都	上京廿七組学務委員
25	40.09	京都帝国大学理工科大学電気教室発電所	京都	文部省
26	40.10	京都帝国大学医科大学医院製練室及危険物倉庫	京都	文部省
27	40.11	京都帝国大学文科大学心理学実験室	京都	文部省
28	41.02	京都府立医学専門学校講堂	京都	京都府
29	41.05	御所御台所前塀重門改造他	京都	内匠寮
30	41.06	豊国校幼稚園及表門	京都	下京十二組学務委員
31	41.07	金堂尋常小学校全部改築	滋賀	金堂村役場

32	41.08	京都市立商業学校教室	京都	京都市役所
36	41.10	京都市立商業学校本館	京都	京都市役所
37	41.11	京都市立商業学校附属家廊下等	京都	京都市役所
39	41.12	醒泉尋常小学校全部	京都	下京十七組学務委員
41	42.02	市田氏南店幷奥店及土蔵	京都	市田文次郎
42	42.04	乾尋常小学校西教室	京都	下京一組学務委員
44	42.07	京都西陣支店改築	京都	外村宇兵衛
45	42.08	深草十二帝陵制札屋形及駒寄柵改造	京都	内匠寮
46	42.09	泉涌寺四条院天皇以下御陵唐門透塀修繕	京都	内匠寮
47	42.10	同所孝明天皇御陵御拝所修繕	京都	内匠寮
48	42.10	五条倶楽部	京都	
51	44.07	京都貯蔵銀行本店	京都	京都貯蔵銀行
54	大正02.03	正倉院御宝庫大修繕	奈良	
55	02.07	京都御所賢所春興殿	京都	
56	03.01	京都市役所内迎賓館	京都	
57	03.01	京都市病院	京都	
58	03.11	京都貯蔵銀行丸太町支店	京都	京都貯蔵銀行
60	04.08	仙洞御所内大嘗宮御造営	京都	
63	昭和03.08	仙洞御所内大嘗宮御造営	京都	

室（明治三九年）・講堂（四一年）や、京都高等工芸学校実習室（四〇年六月）など、学校建築の数も一段と増える傾向がみられる。

第四節　活動の社会的意義

明治三五年京都府土木建築請負業組合が設立され、組合長に「三上吉兵衛」が就任しているが[22]、これは吉右衛門であったと考えられる。組合設立の発起人や沿革等についてはよくわからないが、それ以前にも請負業者の集りであった京都府下大工組合会社のあったことが伝えられており、組合員章が残されている[23]（図1―5）。組合員章は板札で「明治十三年七月」と墨書され、その下部には「京都府下大工組合會社」の角形焼印が押されている。「京都府下云々」とあることから、単に京都市内在住の大工のみを対象にした組合ではなく、さらに広い範囲を視野に捉えていたことが推察される。しかし、組合会社がどのように構成運営されていたのかを知る直接の資料は無い。

ところが、吉右衛門が明治三八年一月に文部大臣官房建築課長久留正道宛に提出するために作成した経歴書によると、京都御苑内博覧会場新設工事に関して次のように記されていた。

講堂及陳列場事務所廊下其他附属建物共平屋建拾七棟外ニ表門壱ケ所共
右者大宮御所内ニ在之女官長家八棟取毀チ移転取建其他新木材其他入足シ出来之事
此請負金三万三千八拾九円九十九

図1－5　組合員章

錢三厘
但シ明治十三年十月廿日着手
仝　十四年二月十五日竣功

組　三上吉兵衛
　　岡野傳三郎
合　鵜飼源三郎
　　井上新兵衛

これによると、工事は「組合」として請負っており、吉右衛門をはじめ岡野傳三郎・鵜飼源三郎・井上新兵衛の四人が組合に所属していたことが知られる。前述の大工組合員章には「明治十三年七月」と書かれていたことや、この工事は同年一〇月二〇日に着手していることなどを考えると、明治一三年（一八八〇）七月をあまりさかのぼらない時期に「京都府下大工組合會社」が創設されたのではないかと考えられる。組合員は上記四人の他にも当然いたのであろうが、これら四人は組合の中核となって活躍した人たちだったと思われる(24)。

また、明治一六年の「宮城御造営工事」では「京都平安組請負事」と記されているので、何らかの形で共同請負の形態を採ったものと思われる。

吉右衛門はこれ以外にも内匠寮木子清敬掛の許で、明治三〇年に「御大喪」式場にあてられた泉山東北陵の仮家建施設を施工しており、この時は「東京今井源兵衛、京都三上吉兵衛」両名の「組合」として工事を請負った。この場合の「組合」は、現在でいうジョイント・ヴェンチャーの形態と考えてよいだろう。

いずれにしても、新政府になってまだ日の浅い明治一三年には、「京都府下大工組合會社」のように、旧態からの脱皮を計った近代的な組織作りを目指していた足跡が如実に窺える。いっぽうこの時期を少しさかのぼる明治七年一〇月には大阪でも大工職業組合結成の動きがあり、組合事務所は「建築受負業兼大工業　仲間事務所」と称していたようである[25]。あるいは、京都や大阪に限らず、各地においても同様な動きがあったのかもしれない。

小　結

代々「吉兵衛」を世襲してきた三上家では、天保一〇年（一八三九）にはすでに大工業を営んでいた。「初代吉兵衛」は、近江国滋賀郡仰木庄四カ村のうち上仰木村の出自であった。古来西江州には大工の集住していた地域が多く、仰木村にも江戸時代から続く幾つかの大工の家系があった。吉兵衛は「扇屋」を名乗っているが、出身地である「仰木」に音の通じる屋号を称したものであろう。

歴代の中で幕末から近代にかけて活躍するのは、四代目吉兵衛こと吉右衛門と、五代目吉兵衛の伊之助であった。

吉右衛門の事績からは、幅広い活動の跡が窺える。京都やその周辺のみならず遠方へ行く機会も増え、明治一六年（一八八三）から一九年にかけて「宮城御造営工事」請負いのために東京へ出張しているし、山口や岡山等の遠隔地にも出かけている。宮内省内匠課の関係では、二条離宮二の丸御殿各所の修繕をはじめとして、明治二三年（一八九〇）に桂離宮の御幸門を現在のような姿に整備し、二六年五月から京都御所の今出川門内にあった旧桂宮家の本邸を移築しており、これが現在の二条城の本丸御殿である。社寺建築も多く手掛け、西本願寺・西教寺等の他に、法隆寺諸堂の修理にも携わった。いっぽう二六年から二八年にかけて、奠都千年を記念して行なわれた平安神宮造営にも関わっている。この工事は清水満之介の総合請負であるが、そのなかで白虎楼・蒼竜楼・歩楼・祝詞屋・裏門と透塀一式の造営を担当した。さらに、早い時期から七条停車場や塩小路警察署等の新種の建物にも着手している。また、同志社関連で礼拝堂や有終館のような煉瓦造の建物を手掛け、明治二二年には第三高等中学校雨天体操場で「小屋組鉄製」を試みるなど、新しい構造体の建築も意欲的に手掛けている。

徳川幕府が崩壊して明治の新政府へ移行し、それに伴い中井役所が解体する時期に遭遇した二〇代後半の吉右衛門の目に、社会の変動がどのように映ったのか想像に難くない。明治三八年（一九〇五）に六五歳で没した吉右衛門の事績からは、激しく揺れる社会情勢に巧みに対応していった様子が窺われる。

いっぽう伊之助は、父の業績を継承するだけでなく、京都で活躍する商人たちを得意先とするなど、彼自身もまた新たな世界を開拓していった。彼の事績で特記すべきことは、東本願寺の明治造営で本堂門の棟梁を務めたことであろう。設計者の佐々木岩次郎から様々なことを学び、昭和八年（一九三三）には、佐々木岩次郎の設計した嵐山宝輪寺の多宝塔を、伊之助が施工している。また、京都帝国大学の工事以外にも、京都府立医専や京都高等工芸学校等の学校建築の場も一段と増える傾向が認められる。伊之助による活動六九件の内、明治三九年から四二年までの四年間に実に四五件が集中しており、毎年約一〇件の仕事をこなした。

吉右衛門と伊之助親子の事績を考察したが、この二人の工匠は社寺建築や住宅建築などの伝統的な技術を継承するだけでなく、常に将来のあり方や新しい技術、経営方式などを指向していたことが感じられる。特に四代目吉兵衛の吉右衛門は、維新後の早い時期である明治一三年（一八八〇）頃には「京都府下大工組合會社」の設立に関わり、中心的な存在であった。京都府下の大工たちの結集を促し、「組合」の名の元に共同請負を行なうなど、旧態からの転換を計り、近代的な組織作りを目指していたことは明白である。京都における建設業の発展および近代化を積極的に推進した中心人物のひとりとして、「三上吉兵衛」は重要な役割を果たした工匠であった。

（1）　中村昌生『数寄の工匠　京都』（淡交社、昭和六一年）。
（2）　三上家所蔵の『昭和八年六月改　年忌弔帳』を基に、『霊簿　三上家』（昭和四六年）を参照して補足作成した。なお、史料の閲覧及び内容等に関して、当代三上皓造氏より多大なご教示・ご協力をいただいた。

（3）吉田高子「中井役所支配の大工組について」（『近畿大学理工学部研究報告』第八号、昭和四八年）による。

（4）ただし、天保年間に「吉兵衛」がどこに住んでいたのかを知る確かな史料は無い。明治二三年の「桂離宮竹門修繕御入費精算」（宮内庁京都事務所蔵の工事記録）によると、「吉兵衛」の居所として「京都市猪熊三条下猪熊町」とあり、家伝でも代々同地に住んできたとされている。

（5）寛政四年の旧薬医門建立に「吉兵衛」が関与していたか否かは不明である。

（6）太田村の大工については、藤島亥治郎「日本建築工匠の一研究」（日本建築学会大会論文、昭和九年）が発表されている。

（7）吉田高子『中井役所支配六箇国大工組の構成形態と変遷に関する研究』（私家版、昭和六二年）。

（8）昭和五九年に筆者らの行なった、仰木地区の大工職の活動状況に関する聞き取り調査による。

（9）やはり京の大工で元禄年間から続いてきた福井家では、出身が西江州の高島郡ではないかと伝えられており、代々「高嶋屋権右衛門」を名乗ったとされている（故福井卯三郎氏談）。このように、安政の『普請御願』に「吉兵衛」と共に連署している柳田組のもう一人の年寄「丹波屋吉兵衛」は、おそらく丹波出身の大工と考えられる。

（10）三上家所蔵『明治十四年以来　神社佛閣諸官舎諸学校諸會社諸官宅建築工事諸請負成功箇所　履歴書』と数冊の経歴書により、数多くの事績が知られる。本章で検討する「吉兵衛」の事績は、これらの資料によるところが大きい。ただし本章では、吉右衛門が明治三八年三月に没しているので、吉右衛門の事績としては三七年までに限った。

（11）『第八版　人事興信録』（昭和三年）によると、「外村宇兵衛（中略）君は滋賀県人宇兵衛の長男にして明治八年一月を以て生まれ同三十七年家督相続と共に襲名して（後略）」とあるので、明治三七年五月に建てた「第二新家」は息子の「宇兵衛」宅かもしれない。

（12）宮内庁京都事務所所蔵の工事記録による。

（13）註(10)の履歴書によると「東京清水満之助請負云々」とあるが、ちょうどこの頃は三代の清水満之助が明治二〇年四月に三四歳で急逝し、四代満之助は未成年だったので、清水店は同族会議と支配人の原林之助によって運営されていた（『清水建設百八十年』、昭和五九年）。

（14）吉右衛門が保証人を務めた工事については、本稿では事績から除外した。

（15）『重要文化財　同志社彰栄館修理工事報告書』（京都府教育委員会、昭和五六年）による。

（16）明治四四年発行の『第十六版　日本紳士録』（交詢社）によると、「前川彌助　京都商業會議所議員、金巾商」「宮脇

新兵衛　扇子商」などとあり、その職業や住所および所得税・営業税額が記されている。

(17) 宮内庁京都事務所所蔵の工事記録による。

(18) 『明治造営百年　東本願寺・下』(（財)真宗大谷派本廟維持財団、昭和五三年)、一一八六頁。

(19) 同右書、一二九九頁。

(20) 『新撰大人名辞典』第三巻（平凡社、昭和一二年）に、佐々木岩次郎の人物像や事績等が記されている。それによると、

嘉永六年山城の人佐々木伊兵衛の子に生る。家は三代前より日本式建築を業とした。明治二年田中平兵衛、木子棟斎に師事して神社佛閣の建築を習得し、二十九年内務省古社寺保存計畫の嘱託となる。（中略）事蹟の重なるものとしては京都大谷派本願寺本堂の再建、芝増上寺大殿の完成などがあり、また嵐山法輪寺の多寶塔は最も心血を注いだ會心の作である。

とされている。

(21) 『建築雑誌』第二一九号（明治三八年）。

(22) 京都府建築工業組合『組合のあゆみ』（昭和五一年）所収の年表による。

(23) 註(22)、同右書より転載。

(24) 明治一二年（一八七九）に竣工した重要文化財龍谷大学本館の施工者は、岡野伝三郎と鵜飼源三郎であったことが判明しており、また三上吉兵衛もこの時の工事に携わっていたことが伝えられている。あるいは、龍谷大学本館の新築に当たっては組合として請け負ったことも想像される。

(25) 西和夫『工匠たちの知恵と工夫』（彰国社、昭和五五年）、二五八～二六〇頁。

第二章　西教寺本堂造営と江州坂本大工「中嶋次郎左衛門」の仕事

はじめに

江戸時代における畿内および近江六カ国の大工の活動は、京都大工頭中井家および中井役所によって掌握されていた。彼らの職務や構成等については、これまでに多くの論稿が発表されている(1)。

しかし、これら六カ国の大工たちが公儀以外の工事を行なう場合に、具体的にどのように仕事をしたのか、ということについては、あまり報告されていない状況であると考えられる。

そこで本章では、江戸時代中期の近江国における寺院の本堂造営を通して、大工たちがいかに仕事を行なったのか、考察するものである。

なお、ここに採り上げる天台真盛宗総本山の西教寺(2)本堂（滋賀県大津市坂本）は、桁行七間（八四・四八尺）、梁行六間（六七・三二尺）の身舎に一五・一八尺の向拝を付し、背面に三間四方の裏堂を備えた大規模な建物で、本堂は元文四年（一七三九）六月に上梁したが、その後経済上の理由から、建具等が全て備わって造営工事が完了するのは文化八年（一八一一）と、長期間に亙っている(3)。

第一節　西教寺本堂造営の経緯と中井役所への対応

（1）本堂造営の経緯

元亀二年（一五七一）九月、織田信長による比叡山焼討ちの余波をうけて、西教寺山内も灰燼に帰した。第八世真源上人は直ちに財を募り工匠を集め、早くも天正二年（一五七四）三月一〇日には本堂の上梁をみた[4]。

本堂復興後約一世紀半が過ぎた享保二年（一七一七）には、真際上人が第二〇世として転住して来たが、翌三年の四月二一日に門末の僧衆を集め、本堂建立について合議している。なお、「本刹正殿假建天正二年距今既一百六十餘歳風霜荒凉不可久支然修造乃吾之責也」とあるので[5]、天正二年に造営された旧本堂は「假建」であったために、この頃はすでに甚だしく朽損していたことが知られる。これより後、本堂修造に向けて門末僧侶檀家に資財を募り、やがて享保一六年（一七三一）三月一五日には起工のはこびとなった[6]。

このような本堂修造の動向をうけて、地元の坂本に住む大工次郎左衛門は、享保一五年（一七三〇）一二月に、中井主水に宛てて西教寺本堂の修理願[7]を差し出し、同月二〇日にはその許可を得ている。

史料2―1　（修理願）

江州坂本
西教寺

（平面図・立面図）

右繪圖之通梁行九間桁行拾貳間之

古堂是迄南向ニ而御座候処東向ニ引直シ所々
柱取替又者根継仕後之方ニ梁行三間桁行
六間之廊下両方ニ壱間之庇附申度候且又
古堂低ク作付繪様肘木ニ而組上ケ破風入母
屋造ニ仕度旨
御公儀様江西教寺御願御座候処當月
八日ニ御免被成候私細工可仕候哉奉窺候
以上
江州高嶋郡横江組大工
同国志賀郡坂本
次郎左衛門　印
享保十五年庚戌十二月　同国高嶋郡大工組頭横江村
八兵衛　印
中井主水様

（裏）
表繪圖朱引書付之通細工可仕者也
享保十五年戌十二月廿日　中主水　印
大工
次郎左衛門へ

これによると、南面していた梁行九間桁行一二間の旧本堂を東向きに引直し、所々の柱を取替えまたは根継ぎして、合わせて後方に梁行三間桁行六間の廊下を設け、本堂に接続する部分の両側面に各々一間の庇を付ける予定であった。また立面的には、旧本堂とは異なり、絵様肘木や海老虹梁を備えた入母屋造に変える予定であった。
ところが次郎左衛門は、その後の元文元年（一七三六）六月に再び中井藤三郎宛に『奉差上御断書』(8)を差し出し、計画変更を願い出ている。

史料2―2　『奉差上御断書』

江州坂本
西教寺

（平面図）

奉差上御断書

一當寺本堂殊外破壊申候ニ付享保十五年戌年
南向にて建有来候を東向ニ引直シ建修復仕度
之旨繪圖書付を以テ奉願候之處願之通
御許容被　仰付候然處此度惣末寺願申候者
右本堂東向ニ振替へ引直シ候得者入用等茂
格別多ク相掛リ當時世間困窮之節ニ而勧化茂集リ

兼申候得者普請成就之障ニ茂可成之旨申候ニ付
此度東向ニ引直シ之儀相止メ古来よ里建有来候
通南向ニ而建修復仕度奉存候尤先達而奉願候節
申上置候通後之方取合廊下梁行三間桁行六間両方壱間宛ノ
廂付建申度義先達而御許容被成下候處此度
桁行六間を切縮メ弐間ニ仕入母屋破風肘木作ニ仕度
且又後之方ニ壱間之廂付両方之廂と廻リ廂ニ成候様ニ
被軒下縁付申度奉存候故右御断申上候以上
右繪圖書付之通當月廿三日
御公儀様江役者御願被申上候処願之通被仰
付候私細工可仕哉奉窺候

江州坂本大工
次郎左衛門　印

元文元辰年六月

中井藤三郎様

（裏）
表繪圖朱引書付之通細工可仕者也
元文元年辰六月廿九日　中藤三郎　印
大工

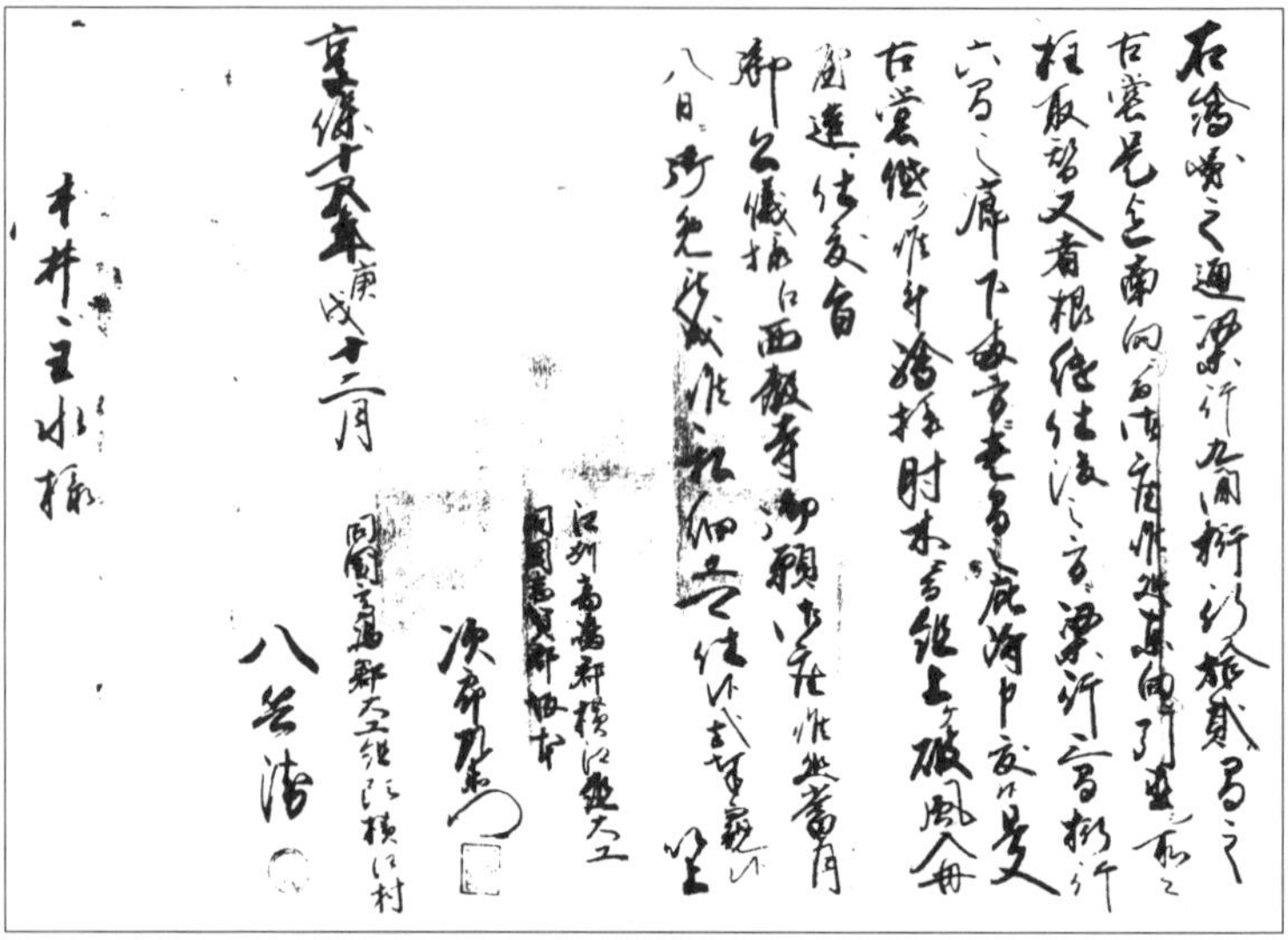

史料２－１　（修理願）

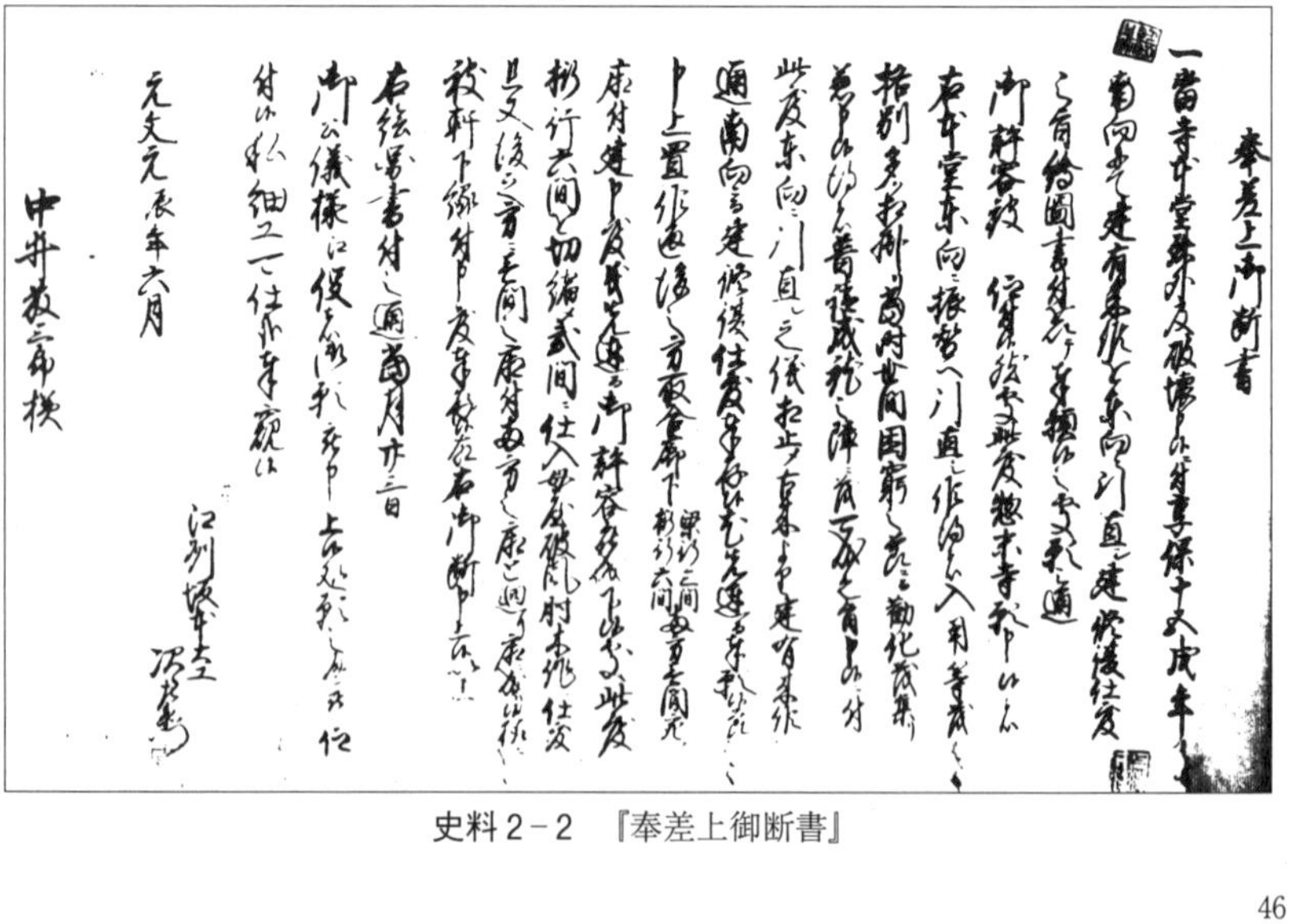

史料２－２　『奉差上御断書』

次郎左衛門へ

これによると、南向きだった旧本堂を東向きに引き直すのは、費用が掛かり過ぎて勧化も集まり難い、というのが計画変更の主な理由であった。したがって従来通りに南面した本堂とするが、後方の廊下の規模も桁行六間を二間に縮め、本堂北側に縁を付けてこれに接続するというものである。さらに廊下の北に一間の庇を付けて三方廻り庇となるようにし、北妻の入母屋造の裏堂形式に整えられたのであった。

その後の造営については、本堂東側脇仏壇上の小屋裏に延びている通肘木の先端に、「元文三年　午ノ九月六日　柱立」の墨書があり、さらに『戒光山西教律寺記』には、「元文三年戊午九月六日豎柱」とあるので、元文三年九月六日に立柱法要の営まれたことがわかる。

棟札によると、「叡山東麓西教寺阿弥陀如来正殿」は元文四年（一七三九）六月五日に念願の上梁を迎えた。享保三年（一七一八）四月の真際上人による再建発願以来二一年目、また先の立柱から九カ月後のことであった。大功徳主は輪王寺一品親王、施主は凌雲院前大僧正實観と村越飛驒守延明の両人で、造営に携わった工匠は「正都《（ママ）》料匠　中嶋次郎左衛門久保　副都《（ママ）》料匠　村井佐兵衛安親」であった。

また、裏堂北東隅柱の西隣の柱に打ち付けられていた祈祷札に、

元文四年己未九月三日結願

奉修阿彌陀供一百座経一千巻正殿永昌祈所

西教二十世賜紫上人法印大僧都真際敬白

の文言が記されているので、この時に本堂からわずか遅れて裏堂の上棟が行なわれたことが推定される。

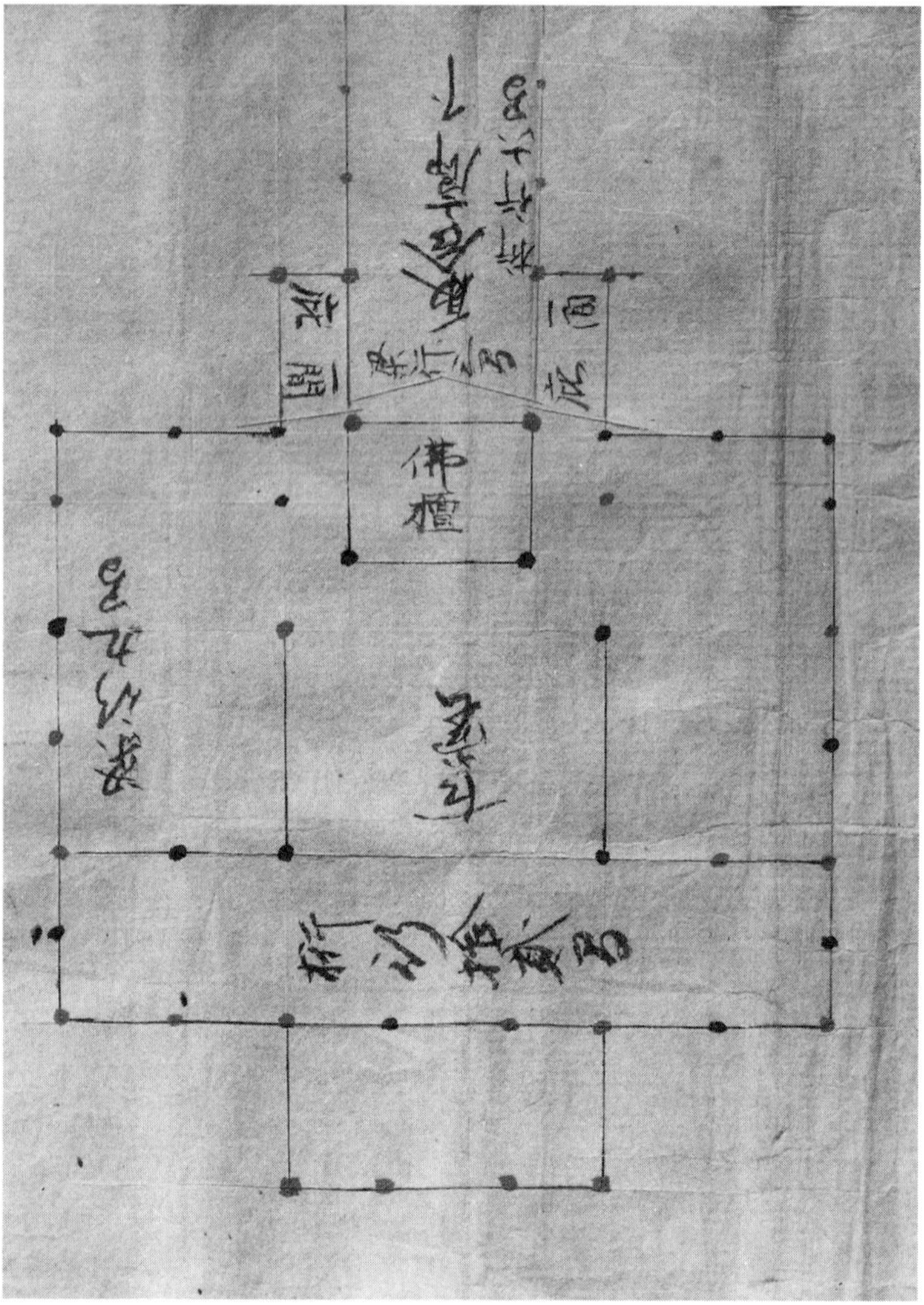

図２－１　享保15年　平面図

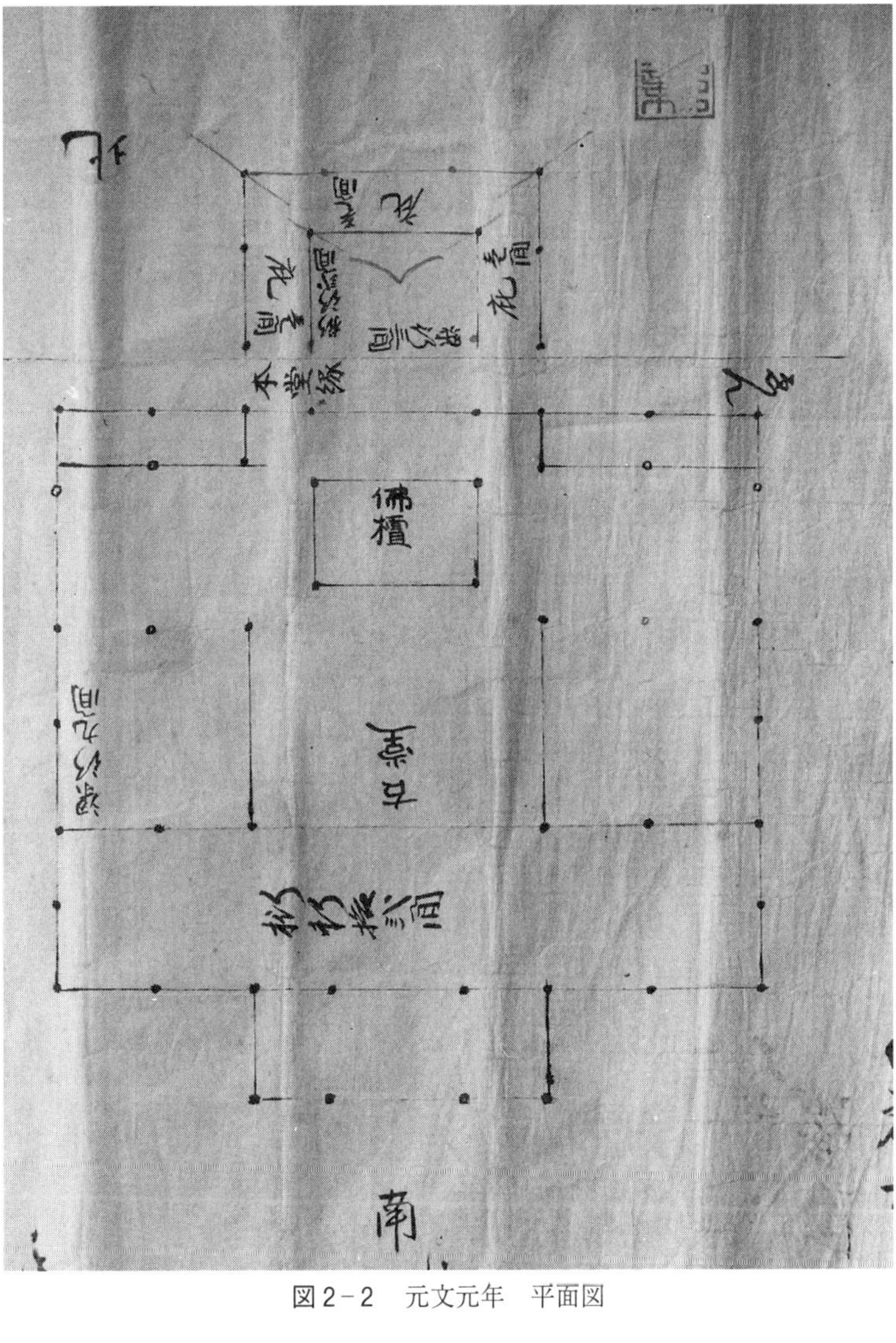

図2-2　元文元年　平面図

(2) 造営の実態と中井役所への対応

ここで二通の普請願に描かれた平面図を比較検討してみたい。

享保一五年の図(図2―1)では、本堂向拝柱四本と、身舎柱三六本の内一六本が取替えまたは根継ぎ予定の朱引きに描かれている。仏壇は背面の側柱に取り付いており、方一間の規模である。仏壇の両側に脇仏壇は無い。すなわち、内陣扱いの「古堂」を中心に、前方に梁行二間の外陣、両側に桁行二間梁行四間の脇陣を配する平面構成であった。取り合い廊下へ出るためには、仏壇両側の一間の柱間が通路となる。

いっぽう元文元年の図(図2―2)によると、仏壇は側柱から離して一間前方へ寄せられ、その分だけ裏堂との連絡が円滑になった。また、仏壇の両側には脇仏壇もしつらえられている。両脇陣の室中央に柱が立ち、室の区画が意図された。本堂の北側には「本堂縁」が付されているが、裏堂側面の庇南端との境には現存する仏壇は描かれていないので、この部分は元文元年以降に再び変更が行なわれて造り付けられたのかもしれない。しかし基本的には、現在の平面形式がほぼ整えられたのである。

この時の『奉差上御断書』の平面図で朱引に書付けられているのは、本堂縁に接する裏堂身舎の南柱二本、北側庇の中央柱二本の計四本だけで、他は入母屋の屋根を表示する線のみであった。このように、内陣の部分に「古堂」の名称を書き入れて、あくまでも旧本堂を修理するという基本姿勢を採りながら、取替えや根継ぎ柱の本数に異同が見られたり、脇陣の室区分を示す中央柱や脇仏壇の柱も朱引きには描かれていないなど、修理を名目にした新築再建であったことが窺える。また、今回の修理工事に伴なった各部材の詳細調査を通じても[9]、天正二年に建てられた旧本堂を修理したとはとうてい解釈されないので、このことは裏付けられる。

これらの修理願や御断書を見ていると、畿内近江六カ国の大工が建物を造営する際には、中井役所への届出が義務付けられていて、その許可をまって着手することが建て前になっていたことが明らかである[10]。

図２－３　西教寺本堂正面

しかし、六カ国から出されてくる数多くの普請願や修理願について、中井役所においては書類上のチェックに終始し、各造営現場で内容が守られているか否かいちいち確かめられていたとは考えられない。あるいは、地域的な条件によってはそういうことも実施されていたかもしれないが、すくなくとも西教寺本堂造営に関しては、実地検査なりが行なわれたことは認められない。

各願書を提出する大工たちの脳裏には、中井役所へ出す書面の内容と実施工事との間に相当な隔たりが生じてもこれを是とする意識が内在していたと推測され、「修理」の名を借りた新築も実際には行なわれていたことが読み取れる。

前述のように、元文三年九月には立柱が行なわれているので、本堂の規模を考慮すると、『奉差上御断書』の出された元文元年の頃にはすでに本堂用材の木寄せや木造りがある程度進展していたことが推定されるので、上記のことはあらためて首肯できるであろう。

第二節　大工「中嶋次郎左衛門」

(1) 系　譜

本堂の棟札によると、棟梁を務めたのは中嶋次郎左衛門久保であったことが判明した。次郎左衛門は西教寺にほど近い下坂本に住む大工で、中嶋家では代々「次郎左衛門」を継承してきたとされる。中嶋家の伝えによると、寛文年間（一六六一～七三）の人を祖としてきたが、慶長頃の墓碑もあるので家系はさらにさかのぼるかもしれないといわれている。

しかし、中嶋家に伝わっていた文書が散逸している現状では、いつ頃から大工業を営んできたのか明らかでない。また霊簿や過去帳なども伝わっていないため歴代工匠の生年や没年等も詳らかでなく、系譜については不明とせざるを得ない。

(2) 所属大工組

前節でも採り上げたが、享保一五年一二月中井役所に差し出した本堂の修理願には、「江州高嶋郡横江組大工同国志賀郡坂本　次郎左衛門」とあることから、次郎左衛門は高嶋郡大工組の横江組に属する大工であったことが知られる。

高嶋郡は古くから多数の大工が輩出した地で、享保一九年刊の『近江輿地志略』には、

工匠　當国処々に在住すといへども、太田村の工匠甚勝れりとす、一村多く工匠たり。諸国神社佛寺の如きは其法太田村に備はる（巻之九九）

此村に大工多く住む。天正十三年酉年太閤秀吉公大工十七人に二十七石の御朱印を賜ふ。其後時世去りし今

僅に諸役のみ免許あり。京師中井主水に属す（巻之九三）

などとあるように、特に高嶋郡太田村には古来大工集団のあったことが知られている。横江村はこの太田村の南西約二キロ余に位置し、さらに近隣には万木組の大工も集住しており、安曇川下流の周辺には大工の輩出する地域的・歴史的背景があったと考えられる(11)。

修理願によるとこの時の横江組の組頭は、横江村（現在の高島市安曇川町横江）に住む八兵衛であった。以後宝暦二年（一七五二）西教寺中門（現在は勅使門と称する）や、文政五年（一八二二）比叡山東塔南前の極楽坊等の普請願に記された次郎左衛門の所属は、やはり代々横江組であったことがわかる。また組頭の名はいずれも八兵衛となっているが、印判が享保・宝暦・文政で異なるので、組頭の八兵衛も襲名されていたことが推測される。

ところが、嘉永三年（一八五〇）の延暦寺に属する坂本大師堂供所の建物造営に関する『乍恐奉伺書付』には、

江州滋賀郡坂本大工　　治郎左衛門　印
同国同郡同所向寄大工　忠七　　　　印

とあって、初めて「坂本大工」「坂本向寄」の語が記されるようになった。以降嘉永五年には「坂本大工　治郎左衛門」「同所向寄大工　忠七」、文久三年（一八六三）には「坂本大工　治郎左衛門」「同所向寄大工　年寄役　新蔵」、慶応元年（一八六五）には「坂本向寄　大工次郎左衛門」「同年寄　新蔵」などと記されている。

「向寄（もより）」は大工組に同じで小組の意味であるから、文政五年から嘉永三年までの二八年間に、高嶋郡大工組の横江組から滋賀郡坂本向寄の大工組が分派編成されたことが知られる。ただし、どのような理由があって坂本向寄が横江組から独立したのか、その背景については不明である。

西教寺本堂のような大規模な仏堂建築を手掛けてきた中嶋次郎左衛門は、相当な技倆を有していた大工と考えられ、その子孫にあっても多くの事績を誇ったことが推測されるが、棟札や中嶋家所蔵による数少ない普請願等によって確認できるものは表2―1の如くであった。表に示した以外にも、西教寺の塔頭である徳乗坊の旧門に、中嶋次郎左衛門の名が墨書されていたなどの伝えもある。また近代においても、やはり末寺の西徳寺（大津市大江）は明治後期に中嶋大工によって建てられたといわれ、大正四年九月三〇日には、中嶋次郎左衛門豊治が西教寺書院の棟梁を申し付けられているように[12]、昭和初期に至るまで連綿と家業を継承してきたのであった。

(3) 事　績

次に、表2―1に従って、江戸時代における中嶋次郎左衛門の事績を見てみたい。

西教寺塔頭の一つである実成坊の棟札によると[13]、「願主　當役實宣和上」とあるが、これは本堂棟札銘文に見られる西教寺の「知事實宣」に同人と考えられる。大工棟梁を務めたのは、下坂本太間町に住む松井小兵衛であった。また肝煎には高嶋郡加茂（現在の高島市高島町）の北河五郎兵衛があたり、やはり同所の北河孫右衛門・同庄兵衛・小川九兵衛の名が書き上げられており、これら三人は応援の大工であったことが推測される。

実成坊の造営にあたり、中嶋次郎左衛門は村井佐兵衛と共に「世話役」を務めている。村井佐兵衛は西教寺本堂造営の副棟梁を務めた大工である。中嶋次郎左衛門と村井佐兵衛の二人はこの頃すでに、西教寺本堂造営に携わって準備を始めていたために兼務することが叶わず、実成坊建立には松井小兵衛を棟梁として立て、同じ横江組に所属する北河一族三人と小川九兵衛を応援大工として呼んだのであろう。なお村井左兵衛の名の下に、「八幡」と墨書されているので、村井佐兵衛は近江八幡の大工であった可能性がある。

これら大工の構成を見ると、大規模な造営や手の足りない場合には一つのグループのみで造営に当たるのではなく、同じ大工組に属する他のグループの大工の応援を要請することは無論のこと、時には法縁等によって他地

表2―1　中嶋次郎左衛門の事績

番号	建物名	年代	地名	大工名	備考	典拠
1	西教寺塔頭実成坊	享保16年（一七三一）	坂本	世話役 中嶋治郎左衛門 村井佐兵衛 八幡	大工棟梁松井小兵衛 下坂本太間町	棟札
2	西教寺本堂	元文4年（一七三九）	坂本	正都料匠中嶋次郎左衛門久保	副都料匠村井佐兵衛安親	棟札
3	西教寺中門	宝暦2年（一七五二）	坂本	次郎左衛門		『奉願中門造作之事』
4	西教寺庫裏	文化13年（一八一六）	坂本	棟梁中嶋治良左衛門重春		棟札
5	西教寺塔頭聞證坊	文政3年（一八二〇）	坂本	大工棟梁中嶋治郎左衛門	世話人大工治助大工八助	棟札
6	延暦寺極楽坊	文政5年（一八二二）	東塔	次郎左衛門		『乍恐奉伺候書付』
7	西教寺鐘楼	天保2年（一八三一）	坂本	棟梁中嶋治良左衛門	肝煎門人高橋捨治郎	棟札
8	延暦寺大師堂供所	嘉永3年（一八五〇）	坂本	治郎左衛門		『乍恐奉伺候書付』
9	延暦寺松林院里坊	嘉永5年（一八五二）	坂本	治郎左衛門		『乍恐奉伺候書付』
10	延暦寺恵雲院山坊	文久3年（一八六三）	横河	治郎左衛門		『乍恐奉伺候書付』
11	利生院	慶応元年（一八六五）	京都	大工次郎左衛門		『普請御願』

域または他組の大工を呼ぶことも行なわれていたことが推測される。これは、本堂建立予定地の「地開き」寄進に他村・他宗の人々が合力していることから推しても考えられることである。[14]

本堂上梁の一二年後、すでに本堂の瓦も葺き終えたと考えられる寛延四年（一七五一）一〇月、西教寺では引き続いて本堂坂下の中門造営を計画した。

「當寺境内表惣門之内本堂坂下之所ニ古来　中門建有來候處」、先年の大風にて倒壊してそのまま放置されていたが、今般志願施主が現れたので再建する、ということであった。ここでいう「中門」は現在勅使門と呼ばれている門のことで、

一明キ弐間之四足門造之中門壱ケ所柱上三ツ斗付
　繪様肘木虹梁入蟇股等付屋根打越破風懸魚
　鰭を付再建仕幷両脇練塀付茂屋根惣瓦葺ニ
　仕度願候
一獅子口之儀閑院宮様　先達而御寄附御座候内を
　相用ひ申度奉願候

というものであった。これを受けて翌宝暦二年三月には、次郎左衛門は『奉願中門造作之事』[15]を中井主水宛に差し出し、許可を得ている。

本堂の東脇に、桁行三間梁行二間、入母屋造本瓦葺、袴腰付の鐘楼が建ち、縁下や軒廻りなどは豊富な細部彫刻で飾られている。寛政二年（一七九〇）の境内絵図によると、現在と同位置に「九尺四方」の鐘楼が描かれていたが、天保二年（一八三二）九月にはこの鐘楼が再建された。[16]再建棟梁を務めたのは中嶋治良左衛門春道であった。春道は、文化一三年（一八一六）に庫裏を造営した治良左衛門重春の子息とみてよいだろう。

表に掲げた事績や伝聞による歴代の中嶋次郎左衛門の作品は、知り得た限りでは西教寺の諸建物を中心とし、西教寺末の各寺院や延暦寺関係の諸堂に集中しているので、一八世紀前半から一九世紀後半にかけての約一世紀半は、天台宗の法縁を中心とし、地元周辺を主たる活動領域にしていたことがわかる。
ところが、慶応元年（一八六五）七月に中井役所に出された『普請御願』[17]によると、京都の中心部である麩屋町二条の地でも仕事をしたことが知られ、興味が持たれる。

史料2―3　『普請御願』

普請御願

麩屋町通二条上町
日光御門主御末寺
布袋薬師
利生院

（図）

右者當院建物書面墨引劉繪圖之通有來候処
昨子年七月火災之節建物幷土蔵共相焼仕候付此度
左之通仮建物仕度奉願上候

（中略）

右之通仮建物普請仕度書面朱引ニ記之奉願上候
尤御制禁之作事等一切不仕寺内限之儀ニ而他之
差支毛頭無御座候間何卒右之段御許容被成下
候ハヽ難有可奉存候以上

慶応元丑年七月

利生院　印

御奉行様

右之通利生院　奉願候処願之通御許容被成下候ニ付
私細工可仕哉此段奉伺候以上

坂本向寄
大工次郎左衛門　印

同年寄
新蔵　印

慶応元丑年

京廿組大工年寄
大工　太郎兵衛　印

中　保三郎様

御役所

この普請願によると、利生院は「日光御門主御末寺」で「布袋薬師」と称された寺院であったが、「昨子年七月火災之節建物幷土蔵共相焼仕候」、すなわち元治元年七月に勃発した蛤御門の変による「どんどん焼け」に見舞われて焼失したため、仮建物を再建すべく次郎左衛門に依頼したのであった。おそらく、天台宗関連の造営を多く手掛けていた実績に加えて、大火後の京都においては大工を確保することが困難であった背景もあり、法縁をたどってわざわざ坂本向寄に属する次郎左衛門に仕事が廻ってきたものと思われる。『普請御願』には、坂本向寄年寄の新蔵の名に加え、この地を活動領域にしていたと考えられる「京廿組大工年寄　大工太郎兵衛」の名も連署されている。大火後の復旧という特殊な状況にあっても、やはり同地で活動していた太郎兵衛の領域に入り込んで仕事をするには、そこの大工の了解を得た上で、連署して中井役所へ提出するという、営業圏にからむ問題のあったことが窺える。

このような特殊な場合を除くと、次郎左衛門の仕事場は地元坂本と天台寺院に限られていた傾向が認められる。次郎左衛門の仕事の範囲が寺院建築のみであったかどうか、すなわちこの種の仕事の無い時には、近隣の居宅建築にも携わっていたことは想像されるが、中嶋家文書の散逸している現況ではこの点については不明とせざるを得ない。

第三節　大工の出面

(1)　出面板

「出面（でづら）」とは、「顔出しをすること」、すなわち建築現場では作業を行なうために現場に出た各職労働者の人数のことで、日々記帳されたこれらの人数は、工事の進捗や賃金支払の資料として用いられる。

西教寺本堂北流れ屋根の東側中段付近から、野地板に転用されていた出面表が発見された（図2―4）。長さ約六・三尺、最大幅七・四寸、厚さ四分の松丸太を挽いた板で、辺には釿はつりの丸太の面を残し、他の野地板と同様に刃重ねに張られていた。板を用いていることや、墨壺・墨刺などを用いて日々の就労状況を書いていることから、これは大工の出面を記したものと考えられる。垂木筋を外れた位置にも釘穴が数カ所あるので、野地板として転用する前は仕事場の中かまたは近くに釘で打ち付けられ、その後、出面の用が済んだため野地板として転用されたのであろう。江戸時代における大工の日常の就労状況に関する資料はあまり多いとはいえない現在、その史的価値をふまえ、これを通して江戸時代後期における大工の就労状況の一端について触れてみたい。なお、ここでは大工の出面を記した板を、「出面板」と呼ぶことにする。(18)

図2―4　出面板（表・裏）

（2）出面板の年代

出面板には年紀が無い。出面板の片面には五月・六月、他の面には八月・九月・一〇月の大工の就労状況が記される。棟札によると本堂の上梁は元文四年（一七三九）六月五日、大棟の獅子口銘は寛延二年（一七四九）の二月と八月であった。いっぽう出面板の日付欄からは五月と九月が「大の月」であったことが知られる。五・六月を記した一面と八～一〇月を記した他の面を同一年とした場合、月の大小と工事経過から推して、元文三年もしくは延享四年（一七四七）が該当する。

いま出面板を延享四年のものとすると、獅子口銘が寛延二年二月であり、出面板の最終月は延享四年一〇月となるから、その間一六カ月開くことになる。ただし瓦銘を製作の日付と考えると、実際に現場に据えられるのはさらに数カ月を要するであろう。

したがって一六カ月ないし二〇カ月の間に、残りの野地板張りと杮板による土居葺、縦横に配された土留め桟打ち、平瓦や丸瓦など数万枚もある瓦葺きなどの各工程を消化しなければ獅子口は据えられない。本堂の屋根面積は約五〇〇坪もあるので、たとえ各工程が相互に重なりながら進められたとしても、約二〇カ月未満では短かいと解釈される。あわせて、土居葺杮板はある期間風雨にさらされていたとみられ葺足部分が風蝕していたし、後の安永三年の『御觸状写』の語るように[19]、当時の西教寺の経済状況から工事が一時中断していたこともあるので、延享四年とするには困難である。

いっぽう元文三年のものとすると、この年は上梁の前年にあたり、同年九月六日には立柱が行なわれている。さらに享保一八～二一年の年紀を有する「地開寄進」板も野地板に転用され（図2―5）、元文二年と三年の墨書がある寄進杮板も土居葺に用いられていた（図2―6）。以上のことと工程の流れを総合すると、出面板は元文三年のものとみるのが妥当である。

図2－5　地開き寄進板（享保19～20年）

図2－6　杮板（元文二年六月四日）

（3）記　法

縦横を碁盤目に区切り、板の長辺方向に日付を、短辺には大工の名が書かれ、各大工の日々の仕事振りが五カ月にわたって克明に記録されている。五～六月の面には市三郎・源次郎をはじめ六人が、八～一〇月の面にはこの二人の他に儀平・舛兵衛・金兵衛・文七の合計六人の名がある。ところが、これらの大工の他に棟梁の中嶋次郎左衛門や副棟梁村井佐兵衛の名は見られない。出面板に記された大工たちは、中嶋輩下の大工全員だったのか、また幾つかあったグループの内の一組なのか、あるいは近江八幡の大工だったと考えられる村井佐兵衛がつれてきた大工たちなのか、それとも中嶋次郎左衛門が所属していた高嶋郡横江組から応援に来た大工たちだったのかなど、さまざまな場合が推測されようが、大工の構成に関しては詳らかではない。

大工の就労した日はそのほとんどが黒丸「●」で表記されるが、なかには白丸「○」も幾分混じっている。これらの符号は○印がつぶされてしまったのか、あるいは筆または墨刺尻の勢いで●と○になってしまったものと推定される。いずれにしても表記上の意味の違いは無かったと考えられる。[20]休みの日は「×」または無印で表される。なお、この他に「大」「小」の符号が散見されるが、これらは何を意味するのかわからない。単純に解釈すると、「大」は早出・居残りなどの超過労働を表し、「小」は半日就業を意味するものと想像されるが、これを裏付ける他の資料、たとえば賃金の支払帳などが無いので、確証は得られない。

（4）大工の就労状況

さて出面板には、五月から一〇月までの各月とも、各六人宛の大工名が記載されている。第一面の六人の内で、源次郎と市三郎を除く判読の困難な四人の大工を仮に大工Ａ～Ｄとして、これらの大工の月別稼働日数をまとめたのが表2―2である。

なお前述の如く「大」「小」の符号の意味が不明なので、したがって実働大工工数を表すものではない。出面板の日々の記載に従って、各月の大工就労状況について触れてみたい。

〈五月〉

一日から源次郎・市三郎をはじめとする四人で仕事を開始しており、月間の延べ稼働人数は一三一人である。一日平均にすると四・三七人が就労していたことになる。源次郎は一日から三〇日まで無休で働いている。

〈六月〉

一日から二〇日まで、五人全員が皆勤であった。ただし大工Ｄは五月三〇日から六月いっぱい現場には来ていない。二六日以降は大工Ｃを除いて他の四人は休業している。大工Ｃは二九日まで無休、五月から通算すると、五月二四日から六月二九日までの三六日間休まずに働いている。六月二六日から四人が一斉に休んでいるのは、

表2－2　月別・大工別稼働日数一覧表

		5月	6月		8月	9月	10月	計	備　　考
1	大工A	25	25					50	5月：「小」1日（5／6）
2	大工B	20	25					45	5月：「大」1日（5／4）
3	市三郎	26	25		26	30	29	136	5月：「大」1日（5／4）「小」1日（5／9）、10月：「大」1日（10/19）
4	源次郎	30	25		26	30	16	127	10月：「大」2　日（10/4・19）、「小」1日（10/18）
5	大工C	14	29					43	5月：「大」1日（5／7）、「小」1日（5/24）
6	大工D	16						16	5月：「大」1日（5／4）、「小」3日（5/15・17・18）
7	義　平				22	30	27＊	79	＊10/26不明分を除く。8月：「大」1日（8／7）
8	弁兵衛				22	23		45	8月：「大」1日（8／7）、9月：「小」1日（9/16）
9	金兵衛						23	23	
10	文　七				21	30	21	72	10月：「大」1日（10/21）
	合　計	131	129		117	143	116	636	月間平均127.2人

註記：「大」「小」共1件として算入

何らかの工程が一区切りついたのであろうか。月間の延べ人数は一二九人、一日平均四・四五人であった。

〈八月〉

四日から八日まで源次郎と市三郎が先行して働き、その間の八月七日には義平と弁兵衛が一日だけ加わっている。九日から月末まで毎日五人が休み無しで働いた。金兵衛は文七の前の欄に名前が書かれているが、八・九月は就業していない。月間延べ人数は一一七人、一日平均四・〇三人である。

〈九月〉

一日から二三日までは五人が、二四日からは弁兵衛が抜けて残りの四人が連日休み無しで皆勤した。なお、弁兵衛は九月二四日以降一〇月末まで現場には来ていない。月間延べ人数は一四三人をかぞえ、五カ月間を通じて最多である。これは源次郎・市三郎・義平・文七の四人が、ともに三〇日間皆勤した結果による。したがって、一日平均も最も多く四・七七人が就業していたことになる。なお九月六日は立柱の日にあたり、この日は五人が仕事をしている。立柱前後の八月九日から九月二三日までは、現場での仕事振りは活況を呈していたものと想像される。

〈一〇月〉

九月二四日から抜けた弁兵衛の代わりに、一〇月七〜九日の三日間、弁兵衛の欄に「●」印が記されている（図2—4）。ところが前述したように、弁兵衛は九月二四日から現場には来ていないことが知られる。これは金兵衛が一〇月七日から仕事に加わったので、金兵衛の欄に出面を付けるつもりが誤って一行違いの弁兵衛の欄に記し、後に「×」印で訂正したものと解釈される。

立柱を済ませて一段落ついたのであろうか、この月は市三郎が二九日間無休で働いたのを除き、他の大工たちは随時休んでいる。したがって月間延べ日数は五カ月のうち最も少なく一一六人で、一日平均の就労人数は四・〇人であった。

グループの中心的存在であったと考えられる源次郎と市三郎を採り上げ、二人の大工の就労状況を表2—3に示した。

五月から一〇月までの五カ月間を通じ、源次郎は延べ一二七日、市三郎は一三六日働いた。月平均稼働日数はそれぞれ二五・四日と二七・二日である。源次郎は五月一日から六月二五日まで五五日間無休で働き、市三郎も五月九日から六月二五日まで四七日間休んでいない。さらに八〜一〇月の三カ月をみると、源次郎は八月四日から一〇月四日まで六〇日間、市三郎にいたっては八月四日から一〇月二九日までの八五日間も休み無しで働いた。

以上、本堂造営に関わる大工たちの就労状況についていくつかの事象をみてきたが、これらのことから次のようなことがわかる。

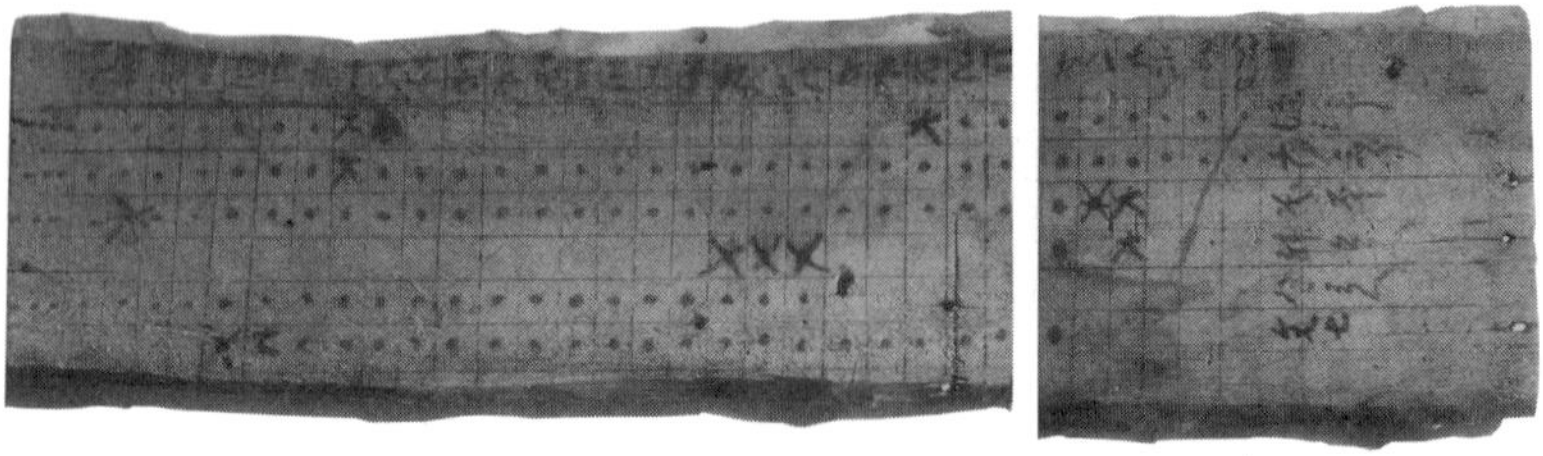

図２－７　出面板(部分拡大)

表２－３　源次郎・市三郎　月別就労状況

月	大工名	日付																														合計日数
		1	2	3	4	5	6	7	8	9	10	11	12	13	14	15	16	17	18	19	20	21	22	23	24	25	26	27	28	29	30	
5月	源次郎	●	●	●	●	●	○	○	○	○	●	○	○	○	○	○	○	●	●	●	●	●	●	●	●	○	●	●	●	●	●	30日間
	市三郎	●	●	○	大					小	●	○	○	○	○	○	●	●	●	●	●	●	○	○	●	○	●	●	●	●	●	26日間
6月	源次郎	●	●	○	●	●	●	●	●	●	●	○	○	○	○	○	○	○	○	○	○	○	○	●	●	○					／	25日間1)
	市三郎	●	●	●	●	●	●	●	●	●	●	○	○	○	○	○	○	○	○	●	○	○	○	●	●	●					／	25日間2)
8月	源次郎				●	●	●	●	●	●	●	●	●	●	●	●	●	●	●	●	●	●	●	●	●	●	●	●	●	●	／	26日間
	市三郎				●	●	●	●	●	●	●	●	●	●	●	●	●	●	●	●	●	●	●	●	●	●	●	●	●	●	／	26日間
9月	源次郎	●	●	●	●	●	●	●	●	●	●	●	●	●	●	●	●	●	●	●	●	●	●	●	●	●	●	●	●	●	●	30日間
	市三郎	●	●	●	●	●	●	●	●	●	●	●	●	●	●	●	●	●	●	●	●	●	●	●	●	●	●	●	●	●	●	30日間
10月	源次郎	●	●	●	大														小	大	●	●	●	●	●	●	●	●	●	●	／	16日間3)
	市三郎	●	●	●	●	●	●	●	●	●	●	●	●	●	●	●	●	●	●	大	●	●	●	●	●	●	●	●	●	●	／	29日間4)

註記：「大」「小」共に１日として記入

１)源次郎：５/１～６/25、55日間連続　　２)市三郎：５/９～６/25、47日間連続

３)源次郎：８/４～10/４、60日間連続　　４)市三郎：８/４～10/29、85日間連続

五カ月を通じて、全員が揃って休んだ日は一日も無かった。工程が一段落したと考えられる六月二六日以降二九日までは、源次郎・市三郎他二人は一斉に休んでいるが、それでも大工Cだけは六月二九日まで働いていた。一方、八月は一日から三日間出面の記載は無い。七月の出面を欠くことからこの三日間は休日とは考えられず、八月四日からこのグループが再び工事に加わったと解釈すべきであろう。また、この五カ月に節句は二度あるが、五月五日の端午の節句には三人、九月九日の重陽の節句には五人が就労している。江戸時代後期の例では、正月や節句などは休日とすることがあったようであるが、西教寺本堂の造営に際しては節句といえども必ずしも休むことはなかったようである。

各大工の月間稼働日数の平均は、最も少ない大工Dが一六日、最も多い市三郎は二七・二日と、その差が開いている。なお、全体の平均稼働日数は二四・四六日である。グループの中心的存在とみられる大工は、他の大工に比べて就労日数が多く、さらには二カ月ないし三カ月近くも無休で働くこともあった。

第四節　就業に関する『定』

(1)　史料の内容

中嶋家に伝わる一通の史料『定』は、大工などの諸職人が日々仕事をする際の注意事項が記されており、興味深い。

この史料には年紀や人名等については記されておらず、差出された背景については不明である。紙質や内容などからは、おそらく江戸時代後期のものと考えられる。

下記のように、史料の最後に「役者・月番」と記されているので、何らかの役目に当たる者およびその月の当番の者から出される通達のようなものであることが知られる。

ところで、寛延四年（一七五一）と翌宝暦二年（一七五二）の年紀を有し、中嶋次郎左衛門から中井主水に出された『奉願中門造作之事』[21]に、寺側として「西教寺　役者禅明坊」の名が記されている。西教寺の総門から中門に至る坂道の両側には、一〇軒の塔頭寺院が立ち並んでいるが、その中の禅明坊がこの時の「役者」を務めており、塔頭寺院が本山の諸々の役割を分担していたことが知られる。

このように、本史料が中嶋家に伝わるところから、大工および諸職人に対する現場での注意事項を書き上げ、西教寺の役者から中嶋次郎左衛門宛に届けられたものと推測される。

史料2—4　『定』

定

一普請中第一火之用心
湯小屋之外くはへきせる
堅無用之事
一大工木挽日雇朝六ツ半時
登山暮七ツ七歩下山之事
一中食幷休息下山之儀者
前後共相圖之拍子木
を聞食事休息等可致
事但シ休息者昼迄ハ壱
度昼後両度之定ニ候事

附リ諸職人不精油断之輩
於有之者其頭江申付早速
相省可申事
右之通可得相心尤何事ニよらす
普請方役僧之指圖ニ
可順事
役者
月日
月番

この史料によると、三段の「一つ書」の体裁であるが、内容については次のように分けられる。まずはじめに、どこの現場でも最も注意を払う、火の用心についての内容である。特に、「くはえきせる」すなわち喫煙について、定められた湯小屋以外では禁止されている。

第二番目としては、大工・木挽・日雇各職人の労働時間について、朝は「六ツ半時」に登山して仕事を始め、夕方は「七ツ七歩」に下山することが記されている。

第三番目には、休憩に関する決まりが述べられている。前段では、昼食や休憩の際には前後とも拍子木の合図を聞いて開始・終了することが記され、後段では休憩の回数について午前に一回、午後は二回の決まりになっていたことが合わせて記されている。

また、その後に「附リ」として、勤労意欲の無い「不精油断之輩」は各職の頭に申し付けて即刻排除することを追加記述し、最後に、いずれの場合においても普請担当の役僧の指図に従うことを明記して終えている。

(2) 就業時間

この史料で、造営現場における就業時間および休憩について触れているが、江戸時代における大工の就業時間に関する報告例はこれまであまり多くなく、管見の限りでは次に掲げるような数例がある。

幕末の天保八年(一八三七)から嘉永六年(一八五三)頃の見聞を中心に、その頃伝えられていた事柄を収録した『守貞漫稿』によると、

大工(中略)
蓋今世三都ともに一日と雖ども中食ともに一日三度の休息ありて業を爲すこと其實大略二時許也

とある。一日の労働時間が「二時」すなわち約四時間というのはおかしいが、昼食時の休憩を含め、日に三回の休息のあったことがわかる。これに対して、史料2―4の『定』では、休息の回数は昼休み以外に昼前に一度、昼後に二度と定められており、休憩の回数が一回多かったようである。

いっぽう享保一四年(一七二九)の木曾大工に対する申触に、

一町方在々江普請に罷越候ハヽ、亭主之望ニまかせ無油断、事入念工数等過分ニとり不申様ニ可致候、附リ、
朝ハ六ツ半より罷出入相まて可相勤事、

とある。[22] これによると、朝六ツ半から「入相」すなわち日没まで働くことが申し合わされていた。

時代が下がって寛政六年(一七九四)に大坂で出された御触によると、

大工共働刻限
朝六ツ半時より五ツ時前まで之内働ニ罷越、人数相揃ヽ候迄少々見合、五ツ時前より細工始、

四ツ時前　小休
中食　　　休
八ツ時過　小休
暮六ツ時　仕廻
右中食休四歩斗り、両度之小休三歩斗宛、一日二一時斗り休、四時余働

とあり[23]、六ツ半から五ツ前までに集まって五ツ前から作業を開始し、夕方は暮六ツに仕事を終えたことが知られる。中間に昼食および「四ツ」と「八ツ」の休憩を合わせて約「一時」休むので、労働時間は『四時余』とされていた。

さらに慶応四年（一八六八）の丹後国田辺藩では、六ツ半に出揃い、七ツ半には仕事仕舞いにしていた例が認められる[24]。

では、西教寺出入りの大工たちは、いったい何時間労働したのであろうか。江戸時代の時刻表示については、民間では不定時法が採られていたので、季節によって日出から日没までの時間に若干の差が生じる。したがって厳密には、この史料が出された季節によって労働時間数がわずかずつ変化したであろうことは推測される（表2―4）[25]。なお、昼食と午前一回、午後二回の休憩時間がどれくらい取れたのかが判明しないので、実際に体を動かして働いていた実労働時間については不明である。したがって、朝造営現場に入り、夕方帰るまで現場にいたものと考え、これを拘束時間として扱うことにする。

春分（秋分）の時を例に考えるなら、朝は午前七時に登山することになる。いっぽう夕方については、一時を一〇分割した「七歩」とあるので、およそ一七時二四分頃に該

表2－4　江戸時代不定時法による時刻と現在時刻の対照

	六ツ半	七ツ七歩	拘束時間
夏　至	6時10分	18時18分	12時間08分
春・秋分	7時00分	17時24分	10時間24分
冬　至	7時50分	16時30分	8時間40分

当するかと考えられる。すると、昼食と途中の休憩を含んで約一〇時間半の拘束になる。また、夏至には一二時間〇八分で、冬至には八時間四〇分となり、拘束時間の差は三時間半となる。[26]

小結

近江坂本の大工中嶋次郎左衛門は、享保一五年（一七三〇）一二月に中井主水に宛て西教寺本堂の修理願を出した。南面する旧本堂を東向きに引直して修理し、一部増築するという内容であったが、その後の元文元年（一七三六）六月に再び中井藤三郎宛に『奉差上御断書』を差し出し、計画変更を願い出ている。旧本堂を東向きに引き直すのは費用が掛かり過ぎる、というのが変更の理由で、従来通りに南面した本堂とするが、後方を裏堂形式に整えるというものであった。内陣の部分に「古堂」の名称を書き入れて、あくまでも旧本堂を修理するという姿勢を採りながら、二度にわたる願の図面からは、修理を名目にした新築再建であったことが窺える。また、修理工事に伴う調査からも、天正二年（一五七四）に建てられた旧本堂を修理したとはとうてい解釈できないものであった。

これらの修理願や御断書から、畿内近江六カ国の大工が建物を造営する際には、中井役所への届出が義務付けられており、その許可を待って着手することが建て前になっていたことが明らかである。しかし、六カ国から出されてくる普請願や修理願は膨大な量に及び、各造営現場でその内容が守られているか否かを確かめていたとは考えられない。すくなくとも西教寺本堂造営に関しては、実地検査なりが行なわれたことは認められない。願を提出する側の大工たちの脳裏には、中井役所へ出す書面の内容と実施工事との間に相当な隔たりが生じてもこれを是とする意識が内在していたと推測され、「修理」の名を借りた新築も実際には行なわれていたことが読み取れる。

享保一五年の修理願から、次郎左衛門は高嶋郡大工組の横江組に属する大工であったことが知られる。以降文政五年（一八二二）まで、代々横江組であった。ところが、嘉永三年（一八五〇）の坂本大師堂供所の造営に関する書付に、初めて「坂本大工」「同所向寄」の語が記されている。「向寄」は大工組に同じで小組の意味であるから、文政五年から嘉永三年までの間に、高嶋郡大工組の横江組から滋賀郡坂本向寄の大工組が分派編成されたことが知られる。

西教寺塔頭実成坊の享保一六年（一七三一）の建立で、棟梁は下坂本の松井小兵衛であった。この時、中嶋次郎左衛門は村井佐兵衛と共に「世話役」を務めている。村井佐兵衛は近江八幡の大工で、西教寺本堂造営の副棟梁を務めた大工である。実成坊では松井小兵衛を棟梁として立て、次郎左衛門と同じ横江組の北河一族三人と小川九兵衛を応援として呼んだ。これら大工の構成から、大規模な造営や手不足の場合には、単独のグループのみで造営に当たるのではなく、同じ大工組に属する大工の応援を要請することは無論のこと、時には法縁等により他地域または他組の大工を呼ぶことも行なわれていたことが導き出される。

歴代の中嶋次郎左衛門の作品は、西教寺の諸建物を中心とし、西教寺の末寺や延暦寺関係の諸堂に集中している。一八世紀前半から一九世紀後半にかけての約一世紀半は、天台宗の寺院を中心とし、地元周辺を主な活動領域にしていた。ところが、慶応元年（一八六五）に、京都の中心部である数屋町二条の地でも仕事をしたことが知られる。普請願によると、利生院は元治元年七月の「どんどん焼け」に見舞われて焼失したため、仮建物再建を次郎左衛門に依頼したものであった。おそらく、天台宗関連の造営を多く手掛けた実績に加え、大火後の京都では大工の確保が困難であった背景もあり、法縁をたどって坂本向寄の次郎左衛門に仕事が廻ってきたものであろう。普請願には、坂本向寄年寄の新蔵の名に加え、この地を活動領域にしていたと考えられる「京廿組大工年寄大工太郎兵衛」の名も連署されている。大火後の復旧という特殊な状況下にあっても、同地で活動していた太郎兵衛の領域に入り込んで仕事をするには、やはりそこの大工の了解を得た上で連署して中井役所へ提出するという、営業圏にからむ問題のあったことが窺える。

西教寺本堂の野地板に転用されていた、大工の出面を記した板が発見された。月の大小や工事の進捗状況から、この板は元文三年（一七三八）のものと判断される。縦横を碁盤目に区切り、板の長辺方向に日付を、短辺には表裏に大工の名が書かれ日々の仕事振りが、七月を除く五月から一〇月までの五カ月にわたって記されている。就労した日は黒丸「●」で表記されるが、なかには白丸「〇」も幾分混じっている。五カ月を通じて、全員が揃って休んだ日は一日も無かった。この間に節句は二度あるが、端午の節句には三人、重陽は五人が就労している。江戸時代後期の例では、節句などは休日とすることが見られるが、西教寺本堂の造営に際しては節句といえども休むことはなかったようである。グループの中心的存在とみられる大工は、他の大工に比べて就労日数が多く、さらには二カ月ないし三カ月近くも無休で働くこともあった。

中嶋家に伝わる『定』には、現場における大工や諸職人の注意事項が記されている。最も注意を払う火の用心について、「くはえきせる」すなわち喫煙は定められた湯小屋以外では禁止されている。また、大工・木挽・日雇の各職人たちは、朝は「六ツ半時」に登山して仕事を始め、夕方は「七ツ七歩」に下山する、とある。休憩は午前に一回、午後は二回の定めになっていた。朝造営現場に入り、夕方帰るまで現場にいたものと考え、これを拘束時間として扱うと、春分（秋分）の時では朝は午前七時に登山、夕方の下山は一時を一〇分割した「七歩」とあるので、一七時二四分頃に該当すると考えられる。すると、昼食と途中の休憩を含んで約一〇時間半の拘束になる。また、夏至には一二時間〇八分で、冬至には八時間四〇分となり、拘束時間は、夏と冬で三時間半の開きがあったことになる。

（1）序章参照。

（2）西教寺の創建については詳らかでないが、文明一八年（一四八六）に比叡山西塔黒谷青龍寺から真盛上人が西教寺に入寺し、以後念仏弘通と円頓戒の根本道場となった。そのため西教寺は真盛上人を中興の祖とし、天台真盛宗の宗祖としてその思想を相承することとなった。なお、本堂については昭和六一年に国の重要文化財に指定されている。

（3）上梁から建具が完備するまでの経緯は、以下の如くである。

元文四年（一七三九）六月五日　上梁（棟札銘文）
寛延二年（一七四九）八月　瓦葺完了（獅子口箆書）
安永三年（一七七四）三月　向拝擬宝珠取付（擬宝珠陰刻）
安永四年（一七七五）一〇月一〇日　脇陣天井張り（天井板墨書）
安永六年（一七七七）三月　須弥壇前大机寄進（大机陰刻）
天明四年（一七八四）二月　正面唐戸取付（唐戸陰刻）
文化八年（一八一一）三月　側面唐戸蔀戸取付（唐戸陰刻）

この間の状況を、安永三年八月に発行された『御觸状写』（久居市引接寺、小泉法吽氏蔵）は次のように記している。

山門坂本西教寺先年本寺建立之節過分借銀有之相續難相成之處末門檀中之助力を以借銀返弁且本堂瓦葺も相済候由
乍去本堂之儀も内造作出来無之素立同然之儘テ有之候由（後略）

（4）旧本堂棟札（西教寺蔵）によると、

棟上奉再興近江州志賀郡東坂本西教寺本堂壹宇
時天正二甲戌稔三月十日乙酉本願納所永玉大法師敬白

とあり、この時の棟梁について、

大工藤原朝臣膳左衛門良廣　生年　三十一歳

と記されている。

（5）『戒光山西教律寺記』（西教寺蔵）による。

（6）註(5)に同。

（7）大津市、中嶋美津枝氏蔵。

（8）伊賀上野市台上寺、十河泰雄氏蔵。

（9）調査の内容については、『西教寺本堂修理工事報告書』（西教寺、昭和六一年）に詳しく述べておいた。
（10）谷直樹『中井家大工支配の研究』（思文閣出版、平成四年）六頁に、京都大工頭としての中井家の職務について、「大工組を介して六ケ国に所在する社寺や大規模な民家の新築、増改築の家作内容を審査し、幕府の家作禁令の遵守を監督していた」とある。
（11）西近江の大工組については、吉田高子『中井役所支配六箇国大工組の構成形態と変遷に関する研究』（私家版、昭和六二年）に詳しく述べられている。
（12）中嶋家所蔵文書の一通に、

大工中嶋治良左衛門豊治
書院建築棟梁申付
大正四年九月三十日
盛門本山西教寺　寺務所

とある。
（13）棟札によると、実成坊の造営組織は次の通りであった。

大工　棟梁松井小兵衛　下坂本太間町　北河孫右衛門　高嶋加茂
肝煎北河五郎兵衛　高嶋加茂　同　庄兵衛　同
小川九兵衛　同
世話役　中嶋治郎左衛門
村井佐兵衛　八幡

（14）本堂の野地板に転用されていた「地開寄進」を記した中に、西教寺の末寺や地元坂本の人々に混ざり、他村名や「他宗」も書き上げられている。詳細に関しては修理工事報告書参照。
（15）『奉願中門造作之事』（中嶋家所蔵）は、寛延四年一〇月に西教寺から寺社奉行へ出され、翌宝暦二年三月に次郎左衛門によって中井主水宛に普請願が提出されたことが、同一紙の後半に記されている。
（16）棟札文言による。
（17）中嶋家所蔵。
（18）昭和六一年に本堂が国の重要文化財に指定されたのに伴ない、この出面板も附指定となり、そこに「出面板　一枚」

と記されている

(19) 註(3)に採り上げた『御觸状写』の文言による。

(20) 宮澤智士「普請帳　建築する手と心　伝統建築の蓄積三」(『ディテール』七五、彰国社、昭和五八年)によると、大阪府柏原市にある三田家住宅建造に関する明和年間の出面では、●は一日、○は半工という表記上の区別があったようであるが、西教寺の場合はこれとは異なると考えられる。

(21) 註(15)に同。

(22) 生駒勘七「近世における信州木曾大工の実態」(『信濃』、昭和四五年)で紹介されている享保一四年正月の「木曾谷中大工木挽共江申触趣」による。

(23) 『大阪市史』第四(大阪市参事会、明治四五年)、一九八頁。

(24) 『御用日記文政二己卯八月ヨリ日記之内入用出祓諸色心覚控帳』(舞鶴市、瀬尾正太郎氏所蔵)によると、

　六ツ半出揃(中略)

七ツ時　一分五厘煙草　三分五厘仕事　五分仕舞

とあり、七ツ半には仕事仕舞いであったことがわかる。

(25) 『角川第二版　日本史辞典』(角川書店、昭和五四年)所収の江戸時代不定時法の表を元にして作成した。

(26) 註(20)同右書によると、大正九年(一九二〇)に修理工事の行なわれた長野県大法寺三重塔と、昭和八〜九年に修理された東京都正福寺地蔵堂の現場での労働時間の例が紹介されているが、江戸時代における労働時間についての報告例は管見の限りでは知り得ない。

第三章　丹後地方における大工の活動と宮津葛屋町の大工たち

はじめに

江戸時代を通して、畿内および近江六カ国の大工の活動に関しては、数々の先行研究が示すように[1]、幕府の京都御大工頭中井家および中井役所の支配下に置かれていたことが明らかである。では、これら六カ国以外の周辺地域において、中井役所の支配を受けない大工たちはどのような活動を行なっていたのだろうか。ここでは、一七〜一八世紀の丹後国を中心にして、一部丹波国を含む地域での大工の活動状況を採り上げる。なお、大工の活動範囲は現在の京都府下に限っており、兵庫県については扱っていない。

また本章の後半では、宮津城下で大工が多く住んでいた葛屋町に視点をあてて、町の構成や住民の職業などについて考察するものである。

第一節　宮津藩内における大工の活動

次章で詳しく述べるが、宮津を中心に多くの仕事を手掛けた大工「冨田」氏の活動が知られるのは寛文一二年（一六七二）以降である。しかし、その活動が活発になるのは元禄七〜一〇年（一六九四〜九七）頃であり、それまで彼らの作品はわずか数例しか確認されていない。すなわち、「冨田」氏が出現して活動を活発化するまでは、他の大工たちによって多くの社寺造営が行なわれていたものと考えられる。そこで、ここでは元禄一〇年まで時期を下げて、「冨田」氏以外の大工たちによる丹後地方での活動状況を見てみたい。

ただし、田辺藩における大工の活動状況に関しては第六章で採り上げるので、ここでは宮津藩内に地域を限っている。

(1) 丹後国支配の概要

天正八年(一五八〇)七月、細川忠興は織田信長から丹後一二万石を与えられ、八月に入国した。はじめは八幡山城に居住したが、後に宮津城を築いて移った。忠興の父藤孝も同時に丹後へ入ったが、本能寺の変に際して明知光秀には与せず、剃髪して幽斎玄旨と号し、田辺城へ移った。慶長五年(一六〇〇)には、関が原の戦の論功行賞により忠興は豊前に移封され、三九万九〇〇〇石が与えられた。

翌慶長六年には、京極高知が丹後国へ入封し、石高は一二万三二〇〇石であった。元和八年(一六二二)京極高広の時に、高三へ田辺藩三万五千石を、また高通には峰山藩一万石を、それぞれ分与した。

宮津藩では、その後たびたび藩主が交代することになるが、これらの目まぐるしい様相を左に示した。いずれも一〇年余から二〇年程の短い期間で、転封していったことが読み取れる。

寛文　六年(一六六六)　京極高国　除封
　同　九年(一六六九)　永井尚征　山城淀より入封
天和　元年(一六八一)　阿部正邦　武蔵岩槻より入封
元禄一〇年(一六九七)　奥平昌成　下野宇都宮より入封
享保　二年(一七一七)　青山幸秀　信濃飯山より入封

青山氏による宮津藩の統治はそれまでに比べてやや長く続いたが、その後宝暦八年（一七五八）には、松平（本荘）資昌が遠江浜松より入封し、以降明治維新までの一世紀余りは松平氏による統治が続いた。このように宮津藩では、京極高国が除封した寛文六年から松平氏が入封するまでの約九〇年間、安定した統治が隅々まで浸透していたかどうか、定かではないように思われる。

いっぽうこれに対して田辺藩では、寛文八年（一六六八）に牧野親成が京都所司代を辞して摂津国内より入封し、明治に至るまで代わることなく牧野氏による統治が続いたのである。

（2） 大工の活動

天正年間の細川氏による丹後一国支配から元禄一〇年までの約一二〇年間に、大工名の判明している社寺造営は、表3―1に示したように、天正六年（一五七八）の日吉社（宮津市）をはじめとして、一九件が判明している。ただし、丹後国内における他国大工の活動に関しては次節で採り上げるので、表3―1からは省いてある。

これらのなかでは宮津・加悦・伊根など宮津城下と近隣における仕事が過半数を占め、他は丹後半島北西部に多い。社寺の比率をみれば、寺院は智恩寺（宮津市）の五件を中心に七件と少ない。これは、寺院造営に比べると神社では、式年造替もしくはそれに準じた建て替えが割合頻繁に行なわれること、そのつどそれまでの棟札を社殿内に神宝として保管継承することなどが要因となり、神社の棟札数が寺院の棟札より多く残存しているものと考えられる。

先述した如く、寛文六年以降宮津藩では藩主が短期間にたびたび交替するという状況であった。ところが、それより前の慶長から明暦にかけて、宮津と伊根で田辺住の大工が神社三件を造営している。

慶長一七年（一六一二）、和貴宮神社（宮津市、表3―1、№3）の造営は、田辺住の「清左衛門」が携わり、また、京極高広によって田辺藩・峰山藩への禄高の分与が行なわれた元和八年（一六二二）には、日吉神社（宮津市、表3―1、№4）がやはり田辺住の「茂介」と「久二郎」によって造営されているが、これらについては、他所大工の活動と解釈するわけにはいかないであろう。さらに、明暦元年（一六五五）には、宮津・田辺・峰山の三藩に分封後三〇年を経ているにも関わらず、宇良神社（伊根町、表3―1、№8）の造営を田辺大工の「林田清兵衛」が手掛けており、藩境にとらわれない仕事例がみられる。これについては、京極氏一族による丹後一国支配下における大工活動の名残りであったと捉えられる。

いっぽう寛文八年の牧野親成入封以降の田辺城下に住んでいた大工による他所稼ぎは、三件が確認されている。詳細については後に述べるが、延宝二年（一六七四）の西屋八幡宮（綾部市）と、元禄一五年（一七〇二）の真嶋神社（伊根町）、さらに宝永四年（一七〇七）の宝泉寺大師堂（美山町）の造営であった。真嶋神社では宮津の「冨田清左衛門」の「脇大工」として、また他の二件は、各地の大工による合同組織としての仕事であり、中心的な役割を果たした仕事例は認められず、その背景に田辺藩の牧野氏による大工の他所稼ぎに関する制限のあったことが推測される。

天正年間以降約一二〇年間において、「冨田」氏以外の大工の関わった作品としては一九件が確認されたに過ぎず、普遍的な動向を把えるには至らない。しかし、この地域における大規模な大工集団の存在は認められず、大工の組織化や特定の出入場を確立する動きはまだ芽生えていなかったようである。寛永一七年（一六四〇）から貞享二年（一六八五）までの間に、五件の造営および修理などが行なわれた智恩寺では、

方丈　（寛永一七年）……棟梁大工中尾清左衛門　当寺大工尾関長左衛門

庫司　（慶安　五年）……棟梁大工大江長左衛門　脇肝煎大江喜助

建物不明　（万治　二年）……棟梁大工小沓与兵衛

表3－1　丹後地方における大工の活動一覧

No	年　号	建 物 名 （所在地）	大 工 名	典　拠
1	天正6 (1578)	日吉社 （宮津市）	大工日出 次郎左衛門	棟札
2	慶長4 (1599)	宝厳寺 （加悦町）	大工棟梁 三郎左衛門	棟札
3	慶長17 (1612)	和貴宮神社 （宮津市）	大工田辺住 清左衛門	棟札
4	元和8 (1622)	日吉社 （宮津市）	加佐郡田辺住大工　同 茂介、　久二郎	棟札
5	寛永17 (1640)	智恩寺方丈 （宮津市）	棟梁大工　当寺大工 中尾清左衛門藤原宗次、尾関長左衛門藤原宗続	棟札
6	寛永21 (1644)	大宮神社 （弥栄町）	大工野間村 藤原朝臣作左右門家久	棟札
7	慶安5 (1652)	智恩寺庫司 （宮津市）	棟梁大工　脇肝煎 大江長左衛門、大江喜助	棟札
8	明暦元 (1655)	宇良神社 （伊根町）	大工田辺 林田清兵衛	棟札
9	万治2 (1659)	智恩寺 （宮津市）	棟梁大工 小沓与三兵衛	棟札
10	寛文元 (1661)	八幡社 （宮津市）	大工棟梁 柴山与三衛門	棟札
11	寛文13 (1673)	石上神社 （弥栄町）	丹後宮津　当村 柴山九郎兵衛宗里、山村甚太夫	棟札
12	寛文13 (1673)	宝厳寺 （加悦町）	松本源右衛門、小沓太兵衛、小池角兵衛	棟札
13	延宝4 (1676)	智恩寺多宝塔 （宮津市）	当寺大工　同助工 半三郎、　作兵衛	下層修理札
14	延宝5 (1677)	網野神社 （網野町）	大工宮津住頂料　小工 今井文之□、　又四郎	棟札

15	延宝6 (1678)	石上神社 (弥栄町)	大工当国宮津　同名　　　当村 柴山四郎兵衛、与五兵衛、山村甚太夫	棟札
16	貞享2 (1685)	智恩寺山門 (宮津市)	大工 太右衛門	修理棟札
17	元禄4 (1691)	網野神社 (網野町)	大工藤原氏　　　同弟子 池辺吉左衛門尉、池辺次郎兵衛	棟札
18	元禄6 (1693)	宇良神社 (伊根町)	番匠宮津住 伊兵衛	棟札
19	元禄10 (1697)	三嶋神社 (丹後町)	宮津町住人　　　喜兵衛□子 柴山喜兵衛重次、柴山市三郎	棟札

多宝塔　(延宝　四年)……当寺大工半三郎　同助工作兵衛
山門　(貞享　二年)……大工太右衛門

とあるように、「当寺大工」を称する者や棟梁大工たちの中に同一人物や同姓の大工が見られないことからも、このことは裏付けられるであろう。

第二節　他国大工の活動

近世の丹後地方における大工の活動状況を考える上で、地元の大工ではなく他所大工がどの程度その地域で仕事を行なったのか、ということは、営業圏に関わることだけに出入場についての係争問題が起こるなど、地元の大工たちにとっては生活基盤を揺るがすことにもなったであろう。管見の限りでは、この地方における他国大工の活動例はさして多くないが(図3―1および表3―2～6)、丹波・丹後からは遠く離れた淡路や大坂をはじめ、地理的には比較的近い但馬の出石城下や豊岡、さらに若狭高浜の大工たちの足跡が残されている。また一方では、丹波・丹後国間での大工の入込み例も見られる。そこで本節では、彼らが残した足跡を把え、地域的あるいは時期的な特色などについて、この地方における国境を越えた他国大工の活動について通覧してみたい。

（1）丹波・丹後両国大工の入込み状況

宮津藩の領域で田辺藩に住む大工が活動をしている例は、表3―1にも示したようにしばしば見られ、一七世紀前半において入込みのあったことが確認される。

ところが、丹波国内、たとえば福知山・綾部などに住む大工が丹後で仕事をしているのは、管見のかぎりでは見当たらない。

これとは逆に丹波国内で丹後国の大工が仕事をしている例として、宝永四年（一七〇七）の宝泉寺大師堂（美山町大字小淵）の造営に、宮津の「冨田河内守盛常」が参画している。しかし宝泉寺大師堂の棟札には、

大匠　丹後宮津住　　冨田河内守藤原盛常
　　　同国田辺　　　川崎六郎兵衛信綱
　　　丹波上杉住　　河崎次郎右門信正
　　　同国和知住執柄　久保治兵衛尉重次
　　　同国山家住　　佐々木左五右門高昌

とあって、丹後田辺住の「川崎六兵衛」の他に、丹後上杉住の「河崎次郎右衛門」、同和知住の「久保治兵衛」、同山家住の「佐々木左五右衛門」たちが連名で書き上げられているので、はたしてどのような組織で実際の仕事が行なわれたのか、よくわからない。

あと一例は、宝暦八年（一七五八）綾部の楞厳寺造営で「河内又左衛門」が棟梁を務めている。冨田又左衛門は、宝泉寺大師堂に関わった冨田河内盛常と同じ受領名であるが別人であり、盛常の弟であった可能性もある(2)。

このように、丹波国における丹後国住大工の活動例はわずかに二例で、いずれも「冨田」氏の関わっていた仕事であり、その時期は一八世紀前半であるが、事例数が少なく普遍的な傾向を把えるには至らない。

（2）若狭大工

やや時代がさかのぼって室町時代の例であるが、山口神社（舞鶴市字堂奥）では、

康正　三年（一四五七）　藤原守宗
天文一八年（一五四九）　大三郎藤原政継
永禄　元年（一五五八）　藤原政継

などの、若狭高浜大工の名が見える[3]。

江戸時代になると、慶長一四年（一六〇九）には、真嶋神社（伊根町）の造営に若狭大工の「彦兵衛正家・孫四良」父子の携わった例（表3—2、№1）がある。

丹後国内の例ではないが、於与岐八幡宮（綾部市、表3—2、№2）では、正徳五年（一七一五）の造営に若狭高浜大工の「一瀬喜兵衛貞住」が関わっていた。

さらに、享保一二年（一七二七）の松尾寺本堂造営に関する史料によると[4]、高浜大工の「仁兵衛」が名を連ねている（表3—2、№3）。この時の工事は高名な大工「冨田」氏一族が名指しにされており、やや複雑な形態だったようである。しかし、実質的に中心になって仕事をしたのは、「仕手大工頭」と記されたもう　人の地元の大工「七左衛門」と仁兵衛であったことが想定される。

（3）出石大工

棟梁または補佐役としての出石大工がこれまでに確認されているのは、三件を数えるにすぎない（表3—3）。それとても、宝暦一四年（一七六四）から明和五年（一七六八）までのわずか数年間に集中しており、しかも出石に近い夜久野・加悦での仕事であった。

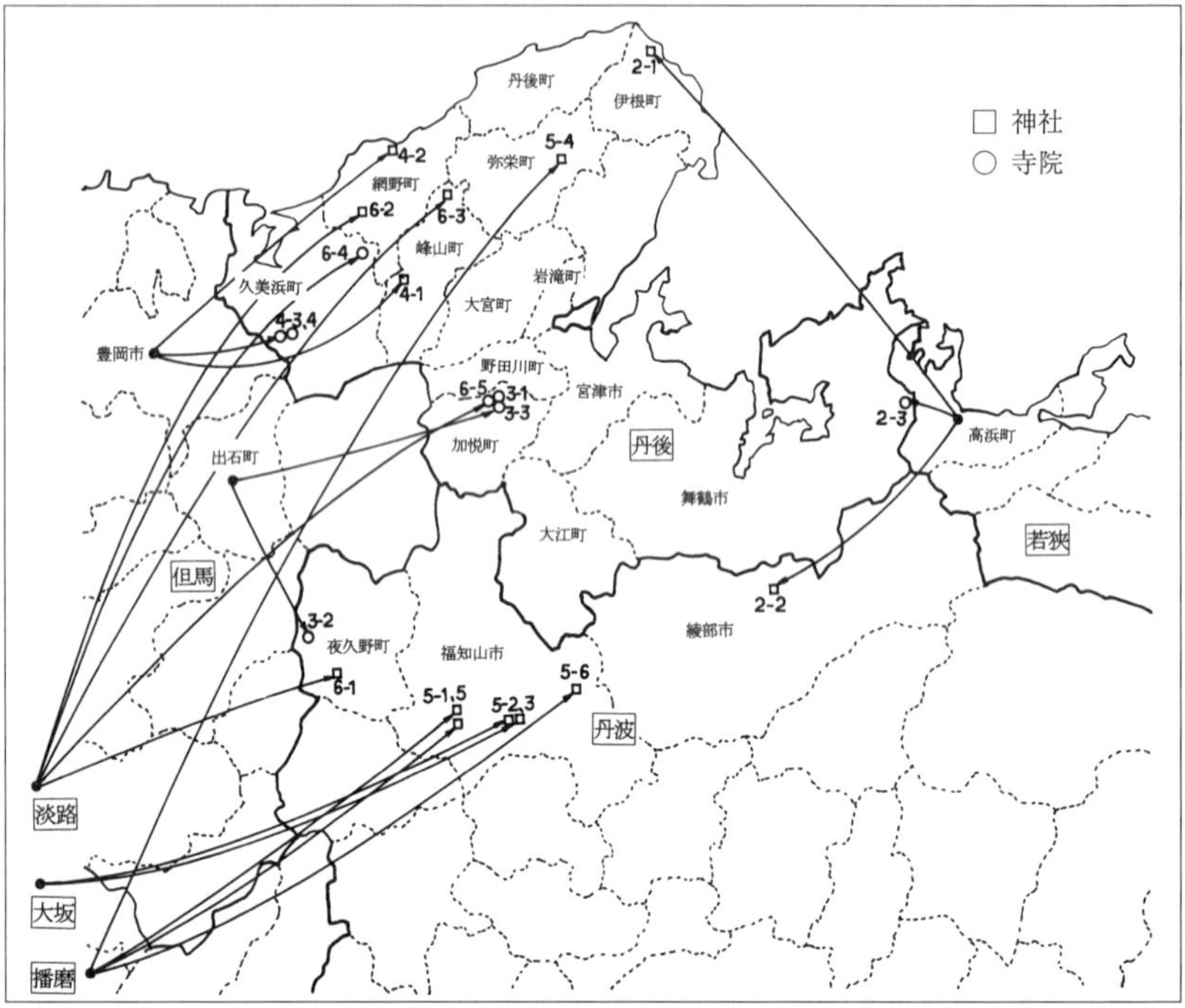

図３－１　他国大工の活動状況

（図中、２－１、２－２とあるのは、表３－２　No.１、No.２を示す）

表３－２　若狭大工の活動

No	年　号	建　物　名 （所在地）	大　工　名	典　拠
1	慶長14 （1609）	真嶋神社 （伊根町）	若州□□大工　同子息 彦兵衛正家、　孫四良	棟札
2	正徳５ （1715）	於与岐八幡宮 （綾部市）	若狭州大飯郡青野郷日置村大工 一瀬喜兵衛貞住	棟札
3	享保12 （1727）	松尾寺本堂 （舞鶴市）	奉行役平太後見　同断（仕手大工） 河内事冨田匠慶、高浜大工仁兵衛	古記録

表3－3　出石大工の活動

No	年　号	建　物　名 （所在地）	大　工　名	典　拠
1	宝暦14 （1764）	実相寺本堂 （加悦町）	太田半左衛門宣安	第21回郷土史展 パンフレット
2	明和４ （1767）	本光寺 （夜久野町）	但馬出石城下材木町住人 角岡儀八郎宗貞、　角岡喜太夫	棟札
3	明和５ （1768）	浄福寺本堂 （加悦町）	丹州宮津城下住　但馬出石城下住 冨田宇右衛門盛広、太田半左衛門宣安	旧町誌所収過去帳

旧加悦町誌には、明和二年の加悦後野大火の際に浄福寺は本堂・庫裏を焼失したことや、その後の再建に関する過去帳の文言を掲載している(5)。過去帳によると、明和五年（一七六八）の浄福寺本堂造営に、宮津の「冨田宇右衛門盛広」と共に出石城下に住む「太田半左衛門宣安」が棟梁として関わっている。そこで、加悦町内における他の社寺造営を見てみると、大火後に、

明和四年　常栖寺材木屋　　冨田清右衛門
明和六年　常栖寺土蔵　　冨田庄次郎
明和七年　西光寺仏殿・前堂　嶋川善七・善右衛門
明和九年　常栖寺庫裏　　冨田庄治郎

などが再建され、それぞれの造営に携わった大工たちの名が判明している。

いっぽう浄福寺本堂の過去帳の文言には、棟梁二人の名に続いて、「冨田」姓の大工が五名、「太田」姓の大工がやはり五名書き上げられている。これらのことから、加悦では大火後の再建造営が一時に重なり、「冨田」氏のみでは仕事をこなしきれず、何らかの関係から、出石の大工「太田」氏のグループが加わったものと推測される。あるいは、太田半左衛門宣安は少し前の宝暦一四年（一七六四）にも実相寺本堂の造営を手掛けているので（表3―3、№1）、加悦における実績や評判をすでに得ていたことも想定され、「冨田」氏と共同体制を採ったのかもしれない。

表3―3には示していないが、享保七年（一七二二）に行なわれた円頓寺山

表3－4　豊岡大工の活動

No	年　号	建　物　名 （所在地）	大　工　名	典　拠
1	宝永2 （1705）	比沼麻奈為神社 （峰山町）	但州豊岡住　　　　丹後国峰山住 池内杢左衛門友重、池内与左衛門重能	棟札
2	天明2 （1782）	網野神社 （網野町）	大工頂料当村　但州豊岡町後見 河田弥三良、　彦四良	棟札
3	天明5 （1785）	大雲寺方丈 （久美浜町）	大工棟梁無南垣村　　同豊岡　　　大工結村 仲井与一左衛門保高、同名庄三郎、仲井政七	棟札
4	享和3 （1803）	大雲寺山門 （久美浜町）	棟梁豊岡　　　　　後見結村 中井幸左衛門広由、中井政七広成	棟札

門（久美浜町円頓寺）の造営では、「喜助」「八兵衛」など出石の大工が助工として参加しているので、久美浜との関わりは他にもあったことが推測される。

（4）豊岡大工

丹後国内における豊岡大工の活動の足跡は、現在四件が確認されているにすぎない（表3―4）。宝永二年（一七〇五）に行なわれた比沼麻奈為神社（峰山町字久次）の造営では、豊岡の「池内杢左衛門」と峰山の「池内与左衛門」の二人が棟梁を務めており、助工として豊岡の「池内源助」も参加していた。彼らは同姓であるので、互いに血縁あるいは師弟関係など、何らかの関係にあったのかもしれない。この時の造営は、棟梁のみならず助工とも、豊岡と峰山の混成組織で仕事が行なわれていた。

天明二年（一七八二）の網野神社（網野町字網野）の造営では、地元の「河田弥三良」が棟梁として実務にあたりながらも、後見には豊岡大工の「彦四良」をたてている。

天明五年（一七八五）と享和三年（一八〇三）に行なわれた大雲寺方丈および山門（久美浜町字須田）の建立でも、やはり同様の混成組織と考えられる。大雲寺は大工「中井」氏の出入場であったようである。

表3－5　播磨および大坂大工の活動

No	年号	建物名（所在地）	大工名	典拠
1	享保2（1717）	天照玉神社宝蔵（福知山市）	播州三木 室田佐次右衛門	棟札
2	享保4（1719）	一宮神社天満神社（福知山市）	棟梁大坂北御堂前 鳥居甚兵衛尉藤原朝臣勝重	『京都の社寺建築』中丹編
3	享保4（1719）	一宮神社八幡宮（福知山市）	棟梁攝州大坂北御堂前 鳥居甚兵衛尉藤臣勝重	『京都の社寺建築』中丹編
4	宝暦4（1754）	大宮神社（弥栄町）	はりま 太兵衛	棟札
5	寛政5（1793）	天照玉神社宝蔵（福知山市）	播州高木村 清水両右衛門吉広	棟札
6	寛政11（1799）	稲粒神社（福知山市）	禁裏御大工頭木子但馬正門弟播磨三木住人 棟梁三木　室田儀右衛門家久	『京都の社寺建築』中丹編

方丈建立の際に大工として実質的な仕事をした結村の「仲井政七」は、山門造営では後見として参加している。

以上の四件の造営組織を概観すると、距離的にかなり近い土地における仕事であっても、地元大工との共同の形を採っているので、他国大工が国境を越えて活動する場合の体制の一端が窺われるであろう。

(5)　播磨および大坂大工

播磨や大坂といった、丹後や丹波地方からは遠く離れた所から大工たちがやって来て、社寺の造営に携わっており（表3―5）、八〇年余の間で六件の事例が確認される。

享保二年（一七一七）、天照玉神社宝蔵（福知山市字今安）の造営に、播州三木の大工「室田佐次右衛門」の名が初出する。また、寛政一一年（一七九九）に行なわれた稲粒神社（同市字川北）の造営でも、やはり三木住の「室田儀右衛門」が関わっている。時代は隔たっているが、同じ「室田」姓の大工であることから、何らかの姻戚関係にあった可能性も否定できない。室田儀右衛門はその

表3－6　淡路大工の活動

No	年　号	建　物　名 （所在地）	大　工　名	典　拠
1	寛文4 （1664）	高倉神社 （夜久野町）	淡州津名之郡来馬荘浦村之住 北条播磨之大□平野時定	棟札
2	貞享2 （1685）	春日神社 （網野町）	淡州津名郡来馬庄浦村住人　権大工 □条播磨守平時定、　　　　同名藤九良	棟札
3	貞享3 （1686）	縁城寺金堂 （峰山町）	淡州津名郡来馬庄浦村住　権大工子息 北条播磨守平時定、　　　北条□兵衛平時房	棟札
4	元禄6 （1693）	八田八幡社 （久美浜町）	淡州津名郡浦村住 北条主馬平時貞	棟札
5	享保元 （1716）	宝厳寺本堂 （加悦町）	淡路国 北条四郎兵衛、同藤九郎	旧町誌

肩書きに、「禁裏御大工頭木子但馬正門弟」と記しているが、どのような関係にあってそう称しているのか、興味の湧くところである。寛政五年（一七九三）に天照玉神社宝蔵を七六年ぶりに建立したのは三木の大工ではなく、播州高木村の大工「清水両右衛門」であった。六件中五件の造営は、いずれも丹波国福知山における事例であった。

いっぽう丹後国内では、北方に位置する大宮神社（弥栄町）の造営に、「はりま　太兵衛」の名が確認されるのみである。

大坂北御堂前の鳥居甚兵衛（屋号「宮屋」）の活動については、永井規男博士によってすでに報告されているので、(6) ここでは省略する。

（6）　淡路大工

淡路国浦村に集住していた大工「北条」氏についても、やはり永井規男博士によって詳細な論文が発表されているので、(7) ここでは丹波・丹後の両国における彼らの仕事を表3―6にまとめ、少し補足するにすぎない。なお、表3―6には、『京都の社寺建築（与謝・丹後編）』に収録された北条氏による作品を加えた（No.2・5）。

縁城寺金堂（表3―6、No.3、峰山町）の造営に関する貞享三年（一六八六）の棟札によると、「大工淡州津名郡来馬庄浦村住北条播磨守平時定　権大工子息北条□兵衛平時房」の二人は、小工として「淡州河内村　河内市郎兵衛」をはじめ四人の淡路大工と「小六」という丹波の大工を従えて、この度の造営にあたったのである。また、木挽も浦村から「□井□郎右門　□田利兵衛」の二人を連れて来ていたことが確認される。棟札からは二人の姓名が明確に読み取ることができなかったが、「北条」氏の集団は大工のみならず木挽を伴って動いていたことが知られる。管見の限りでは、このように木挽を引き連れて移動する集団を知らず、希少な例といえるのではないだろうか。

第三節　宮津葛屋町の大工たち

丹後地方の社寺造営に多くの事績を残している大工「冨田」氏の中には、宮津の葛屋町（現在の蛭子町）に住む大工たちのいたことが棟札などに記されている。最も早い例としては、貞享五年（一六八八）の日吉神社（宮津市）の棟札に、

棟梁葛屋町藤原氏　冨田平左衛門盛久
同役　子　市郎衛門盛庸

とあるのがそうで、葛屋町に住んでいたことを特に記していた。

そこで本節では、時代はやや降るが、天保年間における葛屋町の構成を明らかにするとともに、大工をはじめ木挽・左官などの建築関係職人が集住していた同町の状況などについて考察する。

（1）『細見帳』の記述

ここで検討する『細見帳』(8)の表紙には、

天保六未年七月
葛屋町 壱番組 細見帳
組頭藤治

天保六未年七月
葛屋町 弐番組 細見帳
居宅同町四番組　組頭鍛冶屋
在家順　勘治

などと書かれており（図3―2）、三・四番組は天保六年（一八三五）六月に、また壱・弐・五番組は七月に記されたものである。ただし、六番組だけは同時期のものではなく、「庚子六月改」すなわち天保一一年（一八四〇）六月に記されたもので、他の組とは五年間の隔たりがある。

それぞれの『細見帳』に記載されている内容の一部を示すと、壱番組のある家について、

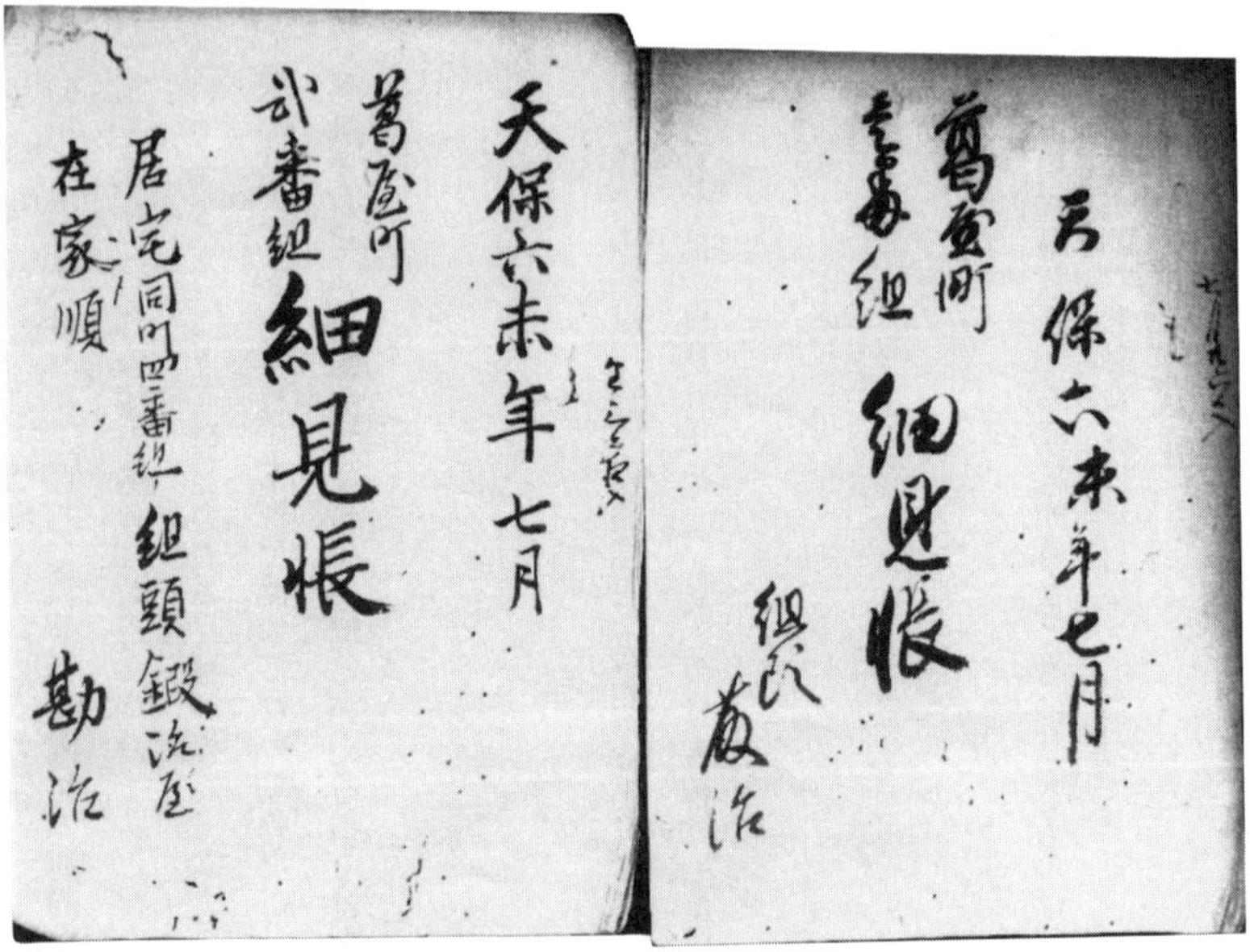

図3－2　壱番組・弐番組の『細見帳』

東側　本家
一表口　弐間半
　蔵壱ヶ所壱間半四方
　大工職
　家内八人　男四人 女四人

吉田屋
喜兵衛　年四十五才
年四十三才
女房志を
女子年十七才
なか
二男年十六才
亀蔵
三女年十二才
とめ
四男年十才
寅蔵
五男年五才
本蔵
年六十二才
母とよ

　地子米九升八合壱夕

とある（図3—3）。

ここでは最初に、この家が通りの東側に位置し、住人は男四人女四人の合計八人であること、主人は「吉田屋喜兵衛」という四五歳の大工で、彼の家族についても一人一人の名前・年令・続柄など詳しく書き上げられている。また、この家の「表口」は二間半であることが知られるが、奥行きについては記されていない。敷地内には一間半四方の蔵が一棟あることが加えられ、「地子米」は九・八一升であったことも判明する。

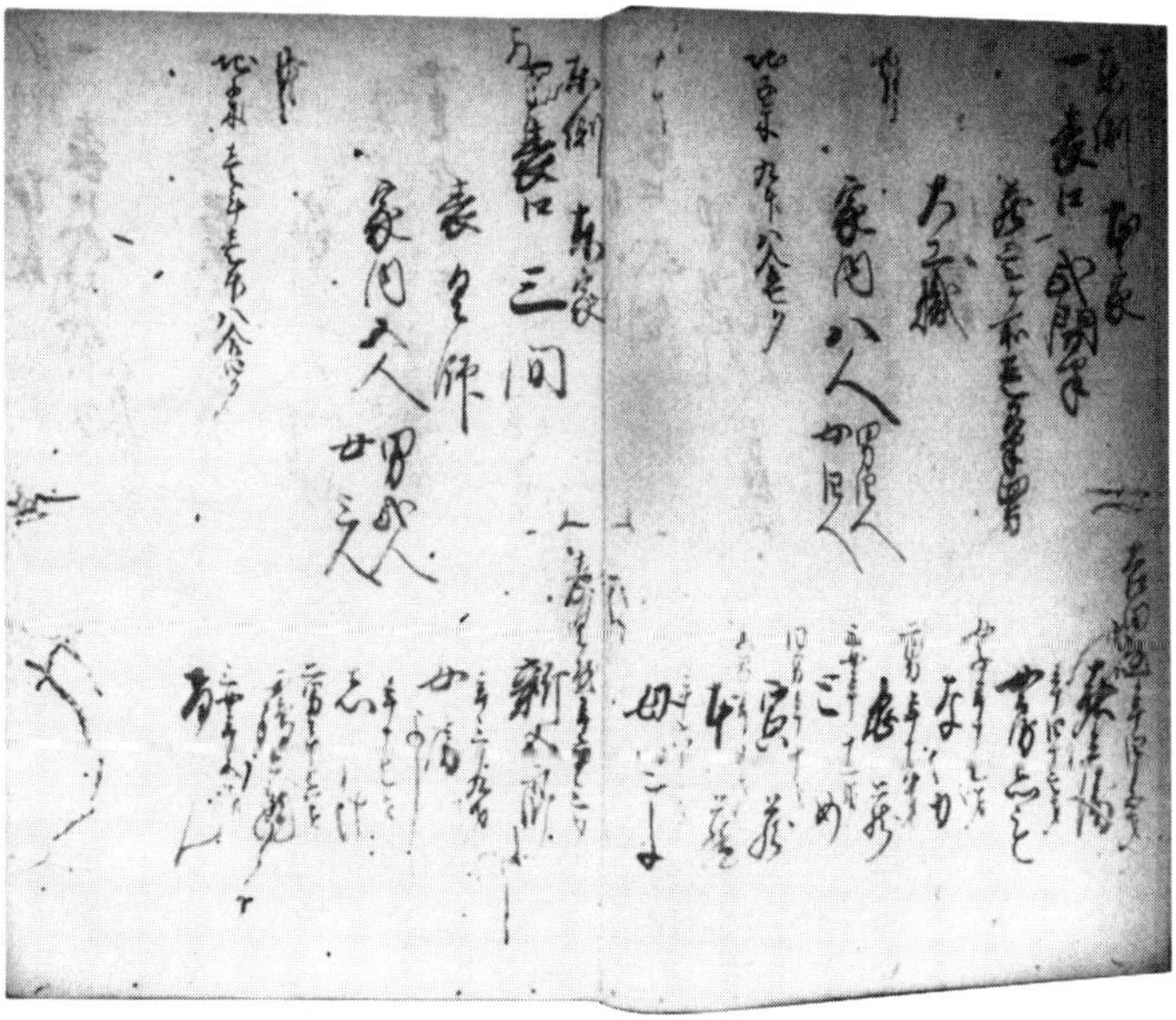

図3－3　壱番組『細見帳』の一部

このように、基本的に各家は、本家・借家の区別をはじめ、間口・奥行、家族構成および各人の続柄や年令、職業などが記されている。さらに、

家居無之合宿之者弐軒（壱番組）

家居無之合宿ノ三人（弐番組）

とあるように、「合宿」の者、すなわち独立して家を構えず他家に同居している人についても書かれている。また、借家の場合は、

□□□境西側本借家

一表口壱間半　　同町中嶋屋八郎右衛門店

石工職　　石屋　年三十八才

政七

のように記される。これによると、壱番組の一三軒目に書き上げられている石工の「政七」は、同じ葛屋町の、実は隣に住む大工「中嶋八郎右衛門」所有の借家に住んでいる店子であったことが知られる。このように借家の場合は、家主の居住する町名や職業・名前なども記している。

蔵や物置・小屋などの存在や規模も合わせて知ることができるが、主屋の大きさについては記されていない。例えば、三番組一六軒目の鍛冶屋「兵助」の場合は、

表口三間裏行八間　蔵壱ケ所弐間ニ壱間半

とあるが、三×八間とあるのは敷地の大きさのことであり、その中に主屋と二×一・五間の蔵が建っていたと解釈するのが妥当であろう。

(2) 葛屋町の概要

葛屋町は主として南北に延びる道路の両側筋で形成されており、したがって各組の『細見帳』は、東西の「在家順」に記載されている。

町は壱〜六番の組に分けられていた（表3—7）。各組の表口数は四〇間弱から五五間となっており、必ずしも東西両側が同じ間数では無い。家数一四〜二一軒で組が構成され、人数は五〇人余から七〇人程度であった。

各家の種別は、「本家」「本借家」「平借家」「枝借家」などと書かれる。ここにいう「本家」とは、居住人の持家であろうことは容易に理解されるが、三種に分けられた借家の相違については詳らかでない。「枝借家」と記されたのは、弐番組の一二軒目に住み魚小売業を営んでいた「福□屋幸助」で、

表口弐間半ノ裏行　枝借家

△間口弐間（後略）

とあるのが唯一の例であるが、この記述からは「枝借家」に関する実態はわからない。なお、弐番組西側の六軒目の家は「平本家」とあるが、「本家」「平本家」、「本借家」「平借家」とは、あるいは「二階屋」「平屋」という意味かもしれない。

「一つ書」によって各家の「表口」の幅が記されることは先にも触れた。表口の幅はさまざまであるが、最小一間半から最大四間半までである。壱番組東側の九〜一二軒目の四軒はいずれも、

表口弐間弐尺三寸六分弐厘五毛

とあって、随分細かい数値であるが、これを見る限りでは実測した値とは考えられない。東側全体の三〇間から四軒以外の表口を減ずると、四軒分として九間半になるので、これらは九間半を四つに分割した、計算上の値であったことが想定される。さらに、端数の「弐尺三寸六分弐厘五毛」からは、

表3－7　葛屋町の概要

項　目	家　数	家　居	合宿	蔵　等	地子米	人　数
壱番組	17軒 東側12軒、西側５軒 本家　８軒 本借家６軒 平借家３軒	表口42間 東側30間 西側12間	２軒	蔵２	1.6576石	58人 男33 女25
弐番組[1]	18軒 東側９軒、西側９軒 池之谷南２軒 本家　７軒 本借家５軒 平借家３軒 枝借家３軒	表口44間半 西側28間 東側15間半 池之谷小路南７間	３人	蔵１ 立物小屋１	1.4569石	72人 男36 女36
三番組	21軒 （東西不明） 本家　　９軒[2] 本借家10軒 平借家　２軒	間口53間 43間半 ９間半	３人	土蔵４	2.1166石	53人 男27 女26
四番組	14軒 西側11軒、 池之谷南２軒、 同北１軒 本家　９軒 本借家３軒 平借家２軒	表口38間半 西側30間半 池之谷南側４間 北側４間	１軒	蔵５	1.4879石	65人 男31 女34
五番組	20軒 東側６軒、 西側13軒[3] 本家　15軒 本借家２軒 平借家２軒 枝借家１軒	表口55間[4] 東側18間半 西側36間半	２軒	蔵４	2.1710石	68人 男39 女29

合計	90軒	233間		蔵16 小屋１	8.8900石	316人 男166 女150
六番組 （天保11年）	21軒 東側10軒 西側11軒 本家　　９軒[5)] 本借家10軒 平借家　２軒	表口55間 東側26間半 西側28間半	８人	蔵３ 物置１	2.1370石	74人 男37 女37
仮合計	111軒	288間				

註１）家数の合計は19軒、表口は55間半になるなど、これら以外にも弐番組には不明な点が多いが、ここでは各組『細見帳』の末尾にまとめられている数値を記した。
２）各家の記述内容によると、本家８軒、本借家11軒となる。
３）東側は７軒であるが、その内１軒は隣接する大工「波見屋勘七」の物置で、これを算入していないと考えられる。
４）註３）の物置（間口２間）を除くと55間になる。東側の18間半も同様。
５）記述によると、本家11軒、本借家７軒、平借家２軒の合計20軒となり、１軒は種別の記入がない。

（二一・三六二二五尺×四）÷一・五間＝六・三尺となる。したがって、この時の一間は六・三尺で計測されたことが導き出される。

敷地の奥行きについて、壱・四・六番組では記述が無い。他の組では、「裏行町並」「裏行町並拾間」「裏行六間」「北方四間裏行三間」などと記される箇所もあるが、各家の全てについて奥行きを知ることはできない。

以上のような各家に関する記述の他に、

・池之谷小路道幅七尺五寸　内弐尺三寸川巾（弐番組）
・石橋幅凡三尺余池之谷川（同組）
・葛屋町小路幅七尺五寸　但シ溝川幅凡弐尺　石橋幅凡三尺（三番組）
・藪田作場道幅凡五尺外ニ溝幅凡弐尺（五番組）
・如願寺見通道幅壱間四尺　内弐尺五寸用水川幅壱尺余□水川幅（同組）

など、道路や川・溝・用水路・石橋についても記され、町の構造を理解するのに役立つ。「池之谷小路」「葛屋町小路」「如願寺見通」は、葛屋町を形成する南北の主要道路に交差する東西方向の道路と考えられる。

元禄一七年（一七〇四）に著された『宮津旧記』[9]には、元禄一六年に改められた城下絵図（図3―4）を掲載して、各町の家数やその構造についても記している。それによると、葛屋町に関しては、

白柏町分家数合三百貳軒　内（中略）九拾三軒　葛屋町（中略）
葛屋町町ノ長サ北南百五拾六間壱尺　町積リ弐町三拾六間壱尺
如願寺下石橋迄五拾五間山王下町長サ紺屋七左衛門かとより徳右衛門家迄四拾三間

とある。

天保六年と一一年で葛屋町全体の表口数が変わったとは考えられないから、合計は　表3―7に示したように

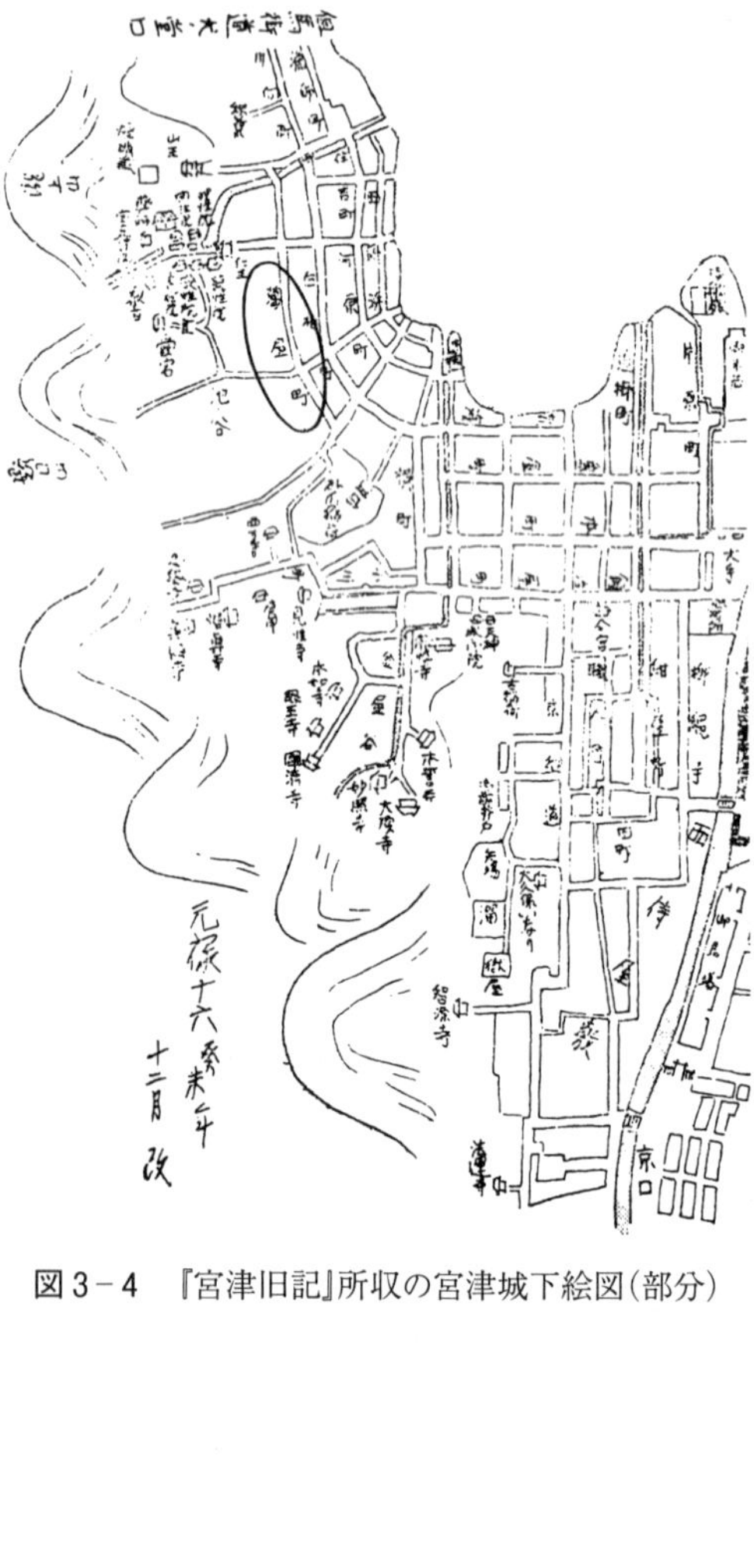

図3－4　『宮津旧記』所収の宮津城下絵図（部分）

二三三間とみてよいだろう。すると町の長さは、各家が道路の両側に配されていたと仮定すると一一六間半となり、元禄年間の一五六間一尺には合致しない。約一世紀半の間に町割りが微妙に変化したのか、あるいは、元禄年間にも六・三尺一間で計測されたのか否か明らかではなく、数値の違いについては不明とせざるを得ない。

（3）　住人の職業

壱～五番組の住人たちの職業は多岐にわたっている。「植木売」「くた物小売」「蕎麦切屋」「あんま」などは葛屋町で一軒だけの商売で、「田畑作」も一軒だけであった。その中では、葛屋町の北東すぐ近くに漁師町があるという地理的要因も影響して、「魚仲買」「魚小売」が一〇軒と多い。また一方では、丹後縮緬機業が加悦谷を中心に隆盛であったことから、葛屋町でも「糸賃繰」や「機賃職」が一〇軒余ある。天保一一年改めの六番組でも「絹屋下職」が多いが、「合宿」の単身女性がほとんどである。

では、さまざまな職業の中で、大工をはじめとする建築関係の仕事を家業にしていた者はどれくらいいたのか、次に見てみる（表3―8）。なお、六番組は他の五組とは五年のずれがあるので、同時に論ずることは叶わないが、参考として随時採り上げてみたい。

表3―8に掲げた六業種のうち、鍛冶職と表具師は、必ずしも全てが建築関係の仕事に専従していたかどうか疑問も残るが、一応ここでは関係業種として扱う。

壱～五番組の家数九〇軒のうち、これら六業種の合計は三七軒（「合宿」の者を除くと三四軒）にも及び、およそ五軒に二軒は何らかの形で建築に携わっていたことが知られる。このことは六番組でもほぼ同じ傾向が認められ、二一軒中六軒すなわち七軒に二軒の割合である。天保一一年の六番組を合わせた仮合計で算定すると、葛屋町一一一軒の内で約四割近くの四三軒が建築に関係した家業であった。

表3－8　建築関係家業一覧

家業／組	家数	大工	木挽	左官	石工	鍛冶	表具	合計	建築関係以外
壱番組	17軒	2軒			1軒		1軒	4軒	13軒
弐番組	18軒	2軒（1軒）	1軒	1軒		2軒（1軒）		6軒（2軒）	12軒
三番組	21軒	3軒				4軒（1軒）		7軒（1軒）	14軒
四番組	14軒	5軒		2軒		1軒		8軒	6軒
五番組	20軒	8軒				4軒		12軒	8軒
合計	90軒	20軒（1軒）	1軒	3軒	1軒	11軒（2軒）	1軒	37軒（3軒）	53軒
六番組	21軒	1軒	1軒			4軒		6軒	15軒
仮合計	111軒	21軒（1軒）	2軒	3軒	1軒	15軒（2軒）	1軒	43軒（3軒）	68軒

註：(　)内の数字は「合宿」の者を示す。

葛屋町に隣接する吹屋谷では[10]、六九軒のうち大工が九軒（「合宿」一軒を含む）、木挽二軒、左官一軒となっており、約六軒に一軒の割合である。一方、葛屋町六番組と同じく天保一一年に記された、やはり隣接の如願寺下と山王下の『細見帳』[11]によると、不明な点が残るものの、家数五〇余軒のうちで大工が一軒だけしか確認されない。このように葛屋町周辺の他の町と比べると、いかに葛屋町に建築関係業種の職人が集住していたか明らかとなる。

関連六業種の中では大工が一番多く、「合宿」の者を含めると九〇軒のうち二〇軒である。大工に次いで鍛冶職が多く一一軒あり、木挽・左官・石工などは一～三軒で、大工や鍛冶に比べると少ない。このように、壱～五番組の家並四～五軒に一軒は大工を家業としていたのである。さらに後にも述べるが、この中には親子が大工であった家も含まれるから、実質的にはさながら大工町の様相であったといってもよいだろう。

（4）葛屋町に住む大工たち

葛屋町の壱～五番組に住んでいた大工は、「合宿」の一人を含めると二〇軒であった（表3―9）。表中［　］内は、大工の息子や弟などで、一五歳を越した者も記入している。彼らの全てが大工であったか否か確定はできないが、通例的に考えて、ここではいちおう大工であったと仮定すると、合計三四人の大工数となり、実に五組中に住む子供から大人までの男性の三人に一人は大工であったことになる。

このうち、屋号もしくは姓が記されているものは一四軒である。「中島屋」と「播屋」を称する大工が各三軒、「吉田屋」「河内屋」が二軒ずつ、他には「山中や」および「藤屋」「波見屋」「冨田屋」が各一軒で、残り六軒は「大工」または「大工屋」などと記されている。これを見る限りでは、「冨田」姓の大工は一軒のみであるが、「大工」「大工屋」と記された者の中にも「冨田」姓であったことが確認される大工もいる。

『細見帳』の記された前年の天保五年（一八三四）九月の年紀を有する宮津の日吉神社拝殿棟札によると、棟梁を務めたのは、「葛屋町住」の冨田茂兵衛であった。『細見帳』には姓が記されていないが、葛屋町四番組に住む「大工屋　茂兵衛」（分類番号四・六）がこの時の棟梁に同人であったと考えてよいだろう。棟札には茂兵衛を助けて仕事をした「冨田」姓の大工たちが何人か書き上げられている。これらの大工には「葛屋町」の書き込みはないが、「和三良」（三・八）、「藤兵衛」（三・一四）、「清兵衛」（五・六）などが比定される。

いっぽう茂兵衛宅にはこの年二六歳になる長男「作藏」と二二歳の二男「新助」が同居している。約一〇年後の弘化二年（一八四五）三月の籠神社（宮津市）棟札には、「大工棟梁宮津葛屋町住　冨田佐久造藤原好燭」の名前が見られる。この「佐久造」が茂兵衛の長男「作藏」に同人と推定され、その他にもやはり葛屋町を特に記す「冨田茂兵衛」すなわち作藏の父親と「冨田藤兵衛」の名があり、葛屋町云々は無いが「冨田新助」の名も見られる。作藏は父親や弟と共に他の「冨田」姓の大工と組んで仕事をしていたことが知られる。

表3－9　葛屋町に住む大工

組	分類番号	大工		備考
		姓・屋号等	名前(年齢)	
壱番組	1・7	吉田屋	喜兵衛(45)、[亀蔵(16)]	
	1・14	中嶋屋	八郎右衛門(65)、[清八(32)、勘助(30)、勘右衛門(24)]	
弐番組	2・4	大工や	勘兵衛(50)、[佐兵衛(20)、□蔵(17)]	
	2・7	山中や	喜十郎(33)	合宿
三番組	3・5	吉田屋	清治(58)、[安治(20)]	
	3・8	大工	和三郎(31)	冨田
	3・14	冨田屋	藤兵衛(37)	
四番組	4・6	大工屋	茂兵衛(54)、作蔵(26)、新助(22)	冨田
	4・8	中嶋や	六郎右衛門(59)、[孫右衛門(21)]	
	4・9	大工屋	清助(33)	
	4・13	大工屋	又右衛門(39)	
	4・14	藤屋	清右衛門(不明)	
五番組	5・1	中嶋屋	友治(61)、[太助(27)]	
	5・2	河内屋	政七(69)、[利兵衛(22)]	
	5・4	播屋	平太(49)、[藤三郎(18)]	
	5・5	河内屋	吉衛門(34)	
	5・6	大工	清兵衛(31)	冨田
	5・7	播屋	七郎右衛門(47)	
	5・9	播屋	市十郎(40)	
	5・15	波見屋	勘七(32)、[長治(23)]	
六番組	6・18	大工	和三郎(30)	天保11年

註：分類番号１・７とあるのは、壱番組７軒目の住人を意味する。

[　]内は息子や弟などで、厳密には大工であったか否か不詳であるが、ここでは一応大工とした。

以上のように、天保年間の『細見帳』には特に「冨田」の姓を記していない「大工」や「大工屋」の中にも、「冨田」姓であったことが確認される大工も数人いて、その合計は四軒六人であった。ところが、かつては

大工棟梁　冨田河内　中古受領　于今此支流八九家冨田ヲ名ノリ葛屋町ニ住ス

と記され、[12]葛屋町に「支流八九家」あったと伝えられる「冨田」氏も、他の町へ住地が拡散したことをうけて、天保年間ではその数が減少している。

小結

丹後国宮津藩内では、天正年間から元禄一〇年までの約一二〇年間に、大工「冨田」氏以外の大工が一九件の社寺造営を手掛けていたことが判明する。宮津城下と近隣地域での仕事が過半数を占め、他は丹後半島北西部に多かった。一七世紀前半では、宮津や伊根の神社造営を隣藩である田辺の大工が手掛けている。寛文八年（一六六八）牧野氏による田辺への入封以降は、田辺城下に住んでいた大工による他所稼ぎは二件が確認されているが、いずれもその地の大工との合同組織として仕事をしているので、牧野氏による他所稼ぎに関する制限のあったことが推測される。宮津の大工が丹波国内で仕事をした例は二例あるが、いずれも各地の大工と合同で仕事をしたもので、大工「冨田」氏が関わっていた。

この地方における他国大工の活動例はさして多くないが、比較的近い若狭や但馬の大工のみならず、遠く離れた大坂・播磨・淡路の大工たちの足跡も残されている。但馬国の出石大工がこの地方で活動したのは、宝暦・明和年間のわずか数年間に限られていた。一方、豊岡大工が仕事に来る際は、距離的に近い土地での仕事であっても、地元大工との共同形態を採っており、他国大工の活動形態の一端が窺える。淡路国浦村の大工「北条」氏は、一七世紀後半から一八世紀にかけて丹後半島北西部を中心に作品を残しており、享保初年でその活動が停止して

か。

いる。彼らは木挽を二人伴っているが、このように木挽も引き連れて移動する大工集団は、希少ではないだろう

丹後地方の社寺造営に多くの事績を残す大工「冨田」氏の中には、宮津の葛屋町に住む大工のいたことが知られる。葛屋町に関して、天保六年（一八三五）と一一年の『細見帳』によると、各家は本家・借家に区別されていたこと、間口・奥行、家族構成と続柄や年令、職業、他家に同居する「合宿」の者などについても、細かく記されている。

葛屋町は主として南北に延びる道路の両側筋から成り、壱～六番組に分けられていた。「一間」に対する実長は時代や地方によって六尺、六・三尺、六・五尺などまちまちであるが、壱番組東側の四軒分の記述から、この時一間は六・三尺で計測されたことが判明した。

住人の職業はさまざまであるが、「大工」「鍛冶」をはじめ、建築関係の仕事に従事している家が多数ある。なかでも大工は四～五軒に一軒の割合で集住しており、人数は合計三四人を数え、周辺の町に比べてさながら「大工町」の様相を呈していた。彼らの中には、丹後地方で活躍していた「冨田」氏一族の含まれていたことが明らかになった。しかし、数十年前の安永年間には葛屋町に「支流八九家」あったと伝えられる「冨田」氏も、他の町へ住地が拡散したことをうけて、天保年間ではその数が減少している。

（1）序章参照。
（2）建部恭宣・日向進「近世丹後の大工冨田氏について」その一・その二（『日本建築学会近畿支部研究報告集』、昭和六〇年）。
（3）井上金次郎編『田辺藩寺社史料集　その一　建築文献編』（長谷山房、昭和五二年）。
（4）日向進博士によって記された、松尾寺本堂・仁王門の調査報告書に収録されている、享保一二年の『御本堂大工方入

用之覚』による。
（5）永浜宇平『加悦町誌』（別書名『丹後加悦町誌』、加悦町役場、昭和六年）。
（6）永井規男「近世大坂大工宮屋とその営業形態」（『日本建築学会計画系論文報告集』三九〇号、昭和六三年）。
（7）永井規男「播磨と淡路の集住大工について」（『近世建築の生産組織と技術』、中央公論美術出版、昭和五九年）。
（8）京都府立丹後郷土資料館寄託、三上家文書。
（9）元禄一七年に成就院頼元によって書き留められたもので、ここでは『宮津府志・宮津旧記』（世界聖典刊行協会、昭和五四年）によった。
（10）天保六年七月に記された『吹屋谷細見帳』による。この細見帳には、吹屋谷と池之谷が書き上げられている。註（8）同右。
（11）註（8）同右。
（12）安永年間に記されたと考えられる『丹後州宮津府志拾遺』に収録された「中古宮津名匠」の項による。

［付記］　本章で採り上げた棟札などの各資料は、筆者も参加した京都府による近世社寺建築調査の成果に負うところが大きく、ここに謝意を表する次第である。

第四章　宮津の大工「冨田」氏の活動とその意義

はじめに

大正一五年に刊行された『丹後宮津志』は[1]、その典拠を明らかにしていないが、大工「冨田」[2]氏について次のように記している。

御用大工として幅を利かせたるは富田氏にして累代藤原を称せり、御城内並に御家中の建築営繕の御用を勤め、社寺の建築を業としつつあり。

これによるならば、「冨田」氏は御用大工として活躍するとともに、社寺建築を専門にした大工であったことが伝えられている。また、「中古宮津名匠[3]」のなかにも、

大工棟梁
富田河内
中古受領、于今此支流八九家富田ヲ名ノリ葛屋町ニ住ス

とあって、大工棟梁として特に「冨田河内」が採り上げられている。このように、近世丹後地方における建築界の動向を理解するためには、宮津城下の葛屋町（現在の蛭子町）を拠点にして、広い地域で活躍していた「冨田」姓の大工が果たした役割について注目しなければならない。

そこで本章では、彼らの事績や活動領域・営業的特色および周辺に及ぼした影響などについて検討し、近世丹後地方の建築界における存在意義を考察する。

第一節　活動の時期と領域

現在のところ、寛文一二年（一六七二）に如願寺本堂（宮津市）を再建した「大工　藤原朝臣冨田平左衛門尉茂平」が「冨田」を称する大工の初見である。平左衛門は、その後の貞享五年（一六八八）、如願寺に隣接する日吉山王社を造営した「冨田平左衛門盛久」と同名であるが、名乗りが異なるので一応別人とみられる。寛文一二年以降江戸時代末期まで、約九〇件もの社寺造営に「冨田」大工が関係している。[4]これらの事績を年代順に整理したのが表4―1で、図4―1には建物の所在を示した。

ただし本章では、近世社寺遺構を対象にした調査を主なよりどころとしているので、[5]表4―1には社寺だけを採り上げている。したがって社寺以外の建築、たとえば住宅を手掛けたのかどうかということは、社会機構における「冨田」氏の位置付けなどを論ずる上で十分に検討されなければならないが、ここではその点について触れることができない。

(1)　活動時期

では、表4―1および図4―1にしたがって「冨田」氏がいかに仕事をしていったのか、その活動状況を見ていきたい。

事績全般を通覧して気付くのは、社寺の割合では神社が約四〇％、寺院が六〇％と、やや寺院建築の多いことである。彼らの仕事は、特定の宗派寺院に限られることはないが、丹後地方における宗派別分布に対応しており、

表4－1　大工「冨田」氏の事績（原則として冨田姓を省略）

No	年　号	建　物　名 （所在地）	大　工　名	典　拠
1	寛文12 (1672)	如願寺本堂 （宮津市）	平左衛門茂平	棟札
2	貞享5 (1688)	山王社 （宮津市）	葛屋町　　　子 平左衛門盛久、市郎左衛門盛庸	棟札
3	元禄7 (1694)	大宮神社 （弥栄町）	宮津 河内守	棟札
4	元禄8 (1695)	八坂神社 （伊根町）	後見 市郎左衛門盛庸、又左衛門、吉之助、平左衛門盛久	棟札
5	元禄9 (1696)	八坂神社 （伊根町）	伝兵衛	棟札
6	元禄10 (1697)	三嶋神社 （丹後町）	宮津　　　　弟子　　　弟子 柴山喜兵衛重次、柴山市三郎、冨田安兵衛	棟札
7	元禄10 (1697)	上山寺 （丹後町）	宮津 河内盛庸	『丹後竹野郡誌』
8	元禄11 (1698)	大屋神社 （大宮町）	又左衛門盛久	『大宮町史』
9	元禄11 (1698)	三宮神社 （大江町）	宮津　　　　後見 市郎左衛門盛庸、平左衛門盛久、又左衛門	棟札
10	元禄11 (1698)	愛宕神社 （宮津市）	宮津 七郎右衛門森定	旧村誌
11	元禄12 (1699)	八坂神社 （伊根町）	日出 又左衛門盛敦	棟札
12	元禄12 (1699)	六神社 （丹後町）	一男　　　　　　　　二男 河内守盛庸、平左衛門盛久、外記盛久	棟札
13	元禄12 (1699)	日恩寺 （伊根町）	日出村 又左衛門	棟札
14	元禄15 (1702)	真嶋神社 （伊根町）	葛屋町　　　　　　　　　　清左衛門弟 清左衛門森重、宗左衛門、善左衛門、七良左衛門、伊之助	棟札
15	元禄15 (1702)	藤波神社 （綾部市）	宮津 河内守	古記録
16	元禄16 (1703)	山王社 （宮津市）	葛屋町 河内	『宮津日記』
17	宝永3 (1706)	石上神社 （弥栄町）	宮津　　　　　宮津 山口忠右衛門盛常、冨田長左衛門、伊兵衛、山村甚太夫	棟札

18	宝永 4 (1707)	宝泉寺 (美山町)	宮津 河内守盛常	棟札
19	正徳 3 (1713)	和貴宮神社 (宮津市)	宮津 又左衛門盛厚	棟札
20	享保 3 (1718)	宇良神社 (伊根町)	宮津　　　弟 又左衛門、十郎兵衛	棟札
21	享保 6 (1721)	智恩寺本堂 (宮津市)	河内、又左衛門、十郎兵衛、清左衛門	修理札
22	享保 7 (1722)	縁城寺 (峰山町)	冨田河内守舎弟 又左衛門盛敦、吉左衛門、長左衛門、忠兵衛、平右衛門、他	棟札
23	享保 7 (1722)	智恩寺暁雲閣 (宮津市)	森重、吉左衛門、加左衛門、喜左衛門	『丹後吉津村誌』
24	享保12 (1727)	生野神社 (宮津市)	重郎兵衛庸隆、吉左衛門盛廣	棟札
25	享保12 (1727)	松尾寺本堂 (舞鶴市)	河内匠慶盛庸、重郎兵衛、吉左衛門、平太	古記録
26	享保17 (1732)	国清寺山門 (宮津市)	清左衛門森重、橋本庄兵衛家定	棟札
27	享保20 (1735)	蛭子神社 (伊根町)	平左衛門、重良兵衛、権左衛門、西村市左衛門、柴山清八	棟札
28	宝暦 4 (1754)	日吉神社 (加悦町)	吉左衛門、宇右衛門	棟札
29	宝暦 8 (1758)	楞厳寺 (綾部市)	宮津河原町 河内又左衛門	古記録
30	宝暦 8 (1758)	安養寺 (弥栄町)	宮津 浅田治左衛門、冨田新六	棟札
31	宝暦 8 (1758)	皇大神社 (大江町)	五右衛門	棟札
32	宝暦12 (1762)	智恩寺観音堂 (宮津市)	老親　　弟 庄次郎、喜左衛門、清右衛門	棟札
33	宝暦12 (1762)	妙円寺 (宮津市)	宇右衛門盛信	棟札
34	明和 4 (1767)	常栖寺材木屋 (加悦町)	清右衛門	古記録
35	明和 4 (1767)	智恩寺山門 (宮津市)	葛屋町　　相棟梁庄次郎父　後見　　番匠庄次郎弟 庄次郎盛定、喜左衛門盛行、　十郎兵衛盛澄、清右衛門	棟札

36	明和５ (1768)	浄福寺本堂 (加悦町)	宮津 右衛門盛広、太田半左衛門宣安	『丹後加悦町誌』
37	明和６ (1769)	常栖寺土蔵 (加悦町)	造作　弟子 庄次郎、清右衛門、庄右衛門	棟札
38	明和６ (1769)	岩屋寺 (大宮町)	宮津　宮津 重郎兵衛盛澄、重郎兵衛道賢	『大宮町史』
39	明和６ (1769)	売布神社 (久美浜町)	宇右衛門盛廣、繁七郎□□、理平治義矩	棟札
40	明和８ (1771)	薬師堂 (加悦町)	宮津 七郎右衛門	棟札
41	明和９ (1772)	常栖寺庫裏 (加悦町)	葛屋町住　番匠庄治良弟 庄治郎盛定、清右衛門、　吉右衛門、伊右衛門	古記録
42	安永２ (1773)	盛林寺山門 (宮津市)	宮津　宮津　助勢　宮津　小工 吉左衛門義矩、七郎右衛門盛定、宇右衛門盛廣、繁七、他	棟札
43	安永３ (1774)	成相寺本堂 (宮津市)	宮津　舎弟　嫡子　二男 重郎兵衛盛澄、市郎左衛門惟親、平太道賢、和十郎重好、他	棟札
44	安永５ (1776)	常栖寺鐘楼門 (加悦町)	番匠　助工 庄治郎盛定、清右衛門、惣四郎、清七、與七、庄九郎	棟札
45	安永５ (1776)	八坂神社／ 日出(伊根町)	日出村　弟 平太、　平左衛門	棟札
46	安永５ (1776)	日恩寺 (伊根町)	日出村　弟 平太、　平左衛門	棟札
47	安永７ (1778)	八坂神社／ 日出(伊根町)	宮津　弟　父 幸治良、丑之助、吉右衛門	棟札
48	安永８ (1779)	如願寺山門 (宮津市)	弥四郎、藤左衛門、庄五良、幸次良、平右衛門	棟札
49	天明２ (1782)	常栖寺方丈 (加悦町)	葛屋町住人 庄治良	墨書
50	天明５ (1785)	醍醐寺鐘楼門 (福知山市)	平左衛門	棟札
51	天明８ (1788)	西方寺 (弥栄市)	宮津 吉田重助繁久、馬渕忠治郎、冨田平四郎、他	棟札
52	寛政２ (1790)	西光寺楼門 (加悦町)	当村　助勢工宮津 嶋川□右衛門尚重、冨田吉左衛門善矩	棟札
53	寛政４ (1792)	常栖寺宝蔵 (加悦町)	助工　当村住　同 清右衛門、庄次郎、惣七、　新次郎	棟札

54	寛政5 (1793)	梅林寺楼門 (野田川町)	嫡子　算所村　宮津　加悦　小工 宇右衛門盛信、宇平次、佐平次、平太、平兵衛、清兵衛、他	棟札
55	寛政6 (1794)	山王社杉末社 (宮津市)	金左衛門、庄五郎、惣四郎、他	棟札
56	寛政7 (1795)	江西寺方丈 (宮津市)	葛屋町　宮津　宮津　当村　宮津 清右衛門保久、今井利兵衛、柴山利兵衛、冨田清七、冨田庄次良	棟札
57	寛政9 (1797)	畠中神社 (加悦町)	宮津 清左衛門、吉兵衛	棟札
58	寛政9 (1797)	西光寺庫裏 (加悦町)	加悦 清兵衛	『丹後加悦町誌』
59	寛政11 (1799)	智恩寺庫司 (宮津市)	葛屋町 清右衛門、庄次郎、喜左衛門	棟札
60	寛政12 (1800)	瀧馬神社 (宮津市)	子 重郎兵衛道堅、平左衛門、和十郎	『丹後宮津志』
61	文化元 (1804)	雲竜寺 (宮津市)	手伝大工　当村 冨田兵吉	棟札
62	文化4 (1807)	和貴宮神社 (宮津市)	職人町　後見　萬町 清水清助景利、冨田弥四郎算口、庄五郎、茂兵衛、勘六、他	棟札
63	文化5 (1808)	岩屋寺 (大宮町)	葛屋町　次男 重郎右衛門道堅、平治積信	棟札
64	文化6 (1809)	西光寺本堂屋根(加悦町)	伊兵衛正則	棟札
65	文化8 (1811)	大屋神社 (大宮町)	葛町　当村 大和正苗清、平右衛門苗次	棟札
66	文化8 (1811)	如願寺歓喜天堂(宮津市)	繁七盛興、長五良、重良兵衛、政七、庄次良、平左衛門	棟札
67	文化10 (1813)	如願寺護摩堂 (宮津市)	弥四郎算□、庄五良、茂兵衛、又右衛門、惣四良、伊兵衛、他	棟札
68	文化13 (1816)	深田神社 (野田川町)	喜平治森廣	棟札
69	文化15 (1818)	宝厳寺総門 (加悦町)	清兵衛、儀兵衛、武平治、以下冨田姓11名　他に前田姓	棟札
70	文化15 (1818)	吉祥寺総門 (加悦町)	清兵衛、儀兵衛、佐吉、□治良、清治良、武平治、他	棟札
71	文政2 (1819)	宝厳寺鐘楼門 (加悦町)	儀兵衛	『丹後加悦町誌』

72	文政 2 (1819)	和貴宮神社 (宮津市)	清水清助景利、冨田弥四郎算□	棟札
73	文政 3 (1820)	和貴宮神社 (宮津市)	職人町 清水清助景利、冨田弥四郎算□	棟札
74	文政 9 (1826)	常徳寺 (丹後町)	当村井上 冨田伊助	棟札
75	文政 9 (1826)	経典寺 (大宮町)	清兵衛、新治郎、嘉介、武平治、儀兵衛、□蔵	棟札
76	文政10 (1827)	西光寺鎮守 (加悦町)	清兵衛	『丹後加悦町誌』
77	文政13 (1830)	宝厳寺本堂 (加悦町)	加悦町　同町 儀兵衛、前田忠兵衛	棟札
78	天保 2 (1831)	妙立寺 (宮津市)	葛屋町　　　中野村 冨田茂兵衛、井上与七郎安篤	棟札
79	天保 3 (1832)	籠神社 (宮津市)	国分村　　　後見　加悦　　　小工　国分　加悦 弥四郎、他、儀兵衛言定　他、武助、兵吉、徳四郎、他	棟札
80	天保 4 (1833)	吉祥寺鐘楼 (加悦町)	儀兵衛	『丹後加悦町誌』
81	天保 5 (1834)	西禅寺本堂 (野田川町)	儀兵衛言定、柳蔵、兵吉、新治良、徳四良、林蔵、嘉四良、他	棟札
82	天保 5 (1834)	山王社拝殿 (宮津市)	葛屋町　後見　萬町 茂兵衛、金左衛門算□、他冨田姓多数	棟札
83	天保 4～5	吉祥寺本堂 (加悦町)	彫工　加悦住 儀兵衛言定	欄間銘
84	天保 6 (1835)	宝厳寺本堂 (加悦町)	儀兵衛、武平治	『丹後加悦町誌』
85	弘化 2 (1845)	籠神社拝殿 (宮津市)	葛屋町　　葛屋町　　同　　　同　　　宮津 佐久蔵好燭、金左衛門、茂兵衛、藤兵衛、新助、梅蔵、助六、他	棟札
86	弘化 4 (1847)	実相寺 (加悦町)	加悦町 儀兵衛	『丹後加悦町誌』
87	嘉永 7 (1854)	智恩寺弁天社 (宮津市)	荘次郎為周	棟札
88	嘉永 7 (1854)	宇良神社 (伊根町)	当国加悦住 儀兵衛言定、他冨田姓 5 名	棟札
89	安政 5 (1858)	深田神社 (野田川町)	国分村　幾地村　国分 良蔵、　嘉平治、万吉	棟札

禅宗寺院が最も多く、次いで真言宗寺院が挙げられる。

「冨田」氏による活動は、幾分重複する時期もあるが、大きく三期に区分することが可能である。

第一期は、河内守・又左衛門・十郎兵衛兄弟を中心とするグループが活動した貞享から享保年間の時期で（図4―1、○印）、河内守兄弟は一八件の社寺造営を行なった。

第二期は庄次郎・清右衛門兄弟が活動していた宝暦～寛政年間（同、□印）で、庄次郎たちは一三件の社寺造営を手掛けた。

第三期（同、△印）は加悦の清兵衛と儀兵衛が活躍する文化年間以降で、彼らは同地域を主な出入場として一五件の社寺を造営した。これら三グループが関係した社寺造営は、「冨田」氏による全事績の過半数を占めており、それぞれがエポックメーカー的な存在であったことが知られる。

またこれらの三期は、期間として第一期が六〇年余、第二期が五〇年弱、第三期は五〇年余とほぼ半世紀間の区分となり、事績の数も各期が三〇件前後で、「冨田」氏にとって安定した活動状況であったと考えられる。

（2）活動領域

次に、彼らの活動領域を見てみると、丹後半島では、網野町における「冨田」氏の仕事は確認されていない。隣接する峰山町では享保七年（一七二二）縁城寺造営に又左衛門盛敦が、また久美浜町では明和六年（一七六九）売布神社の造営に宇右衛門盛賡が関わった各一件にすぎない。いっぽう丹後国の東部では享保一二年（一七二七）の松尾寺（舞鶴市）本堂造営文書に、河内守や他の大工たちの名が見られる。

旧丹波国に含まれる福知山市では、天明五年（一七八五）醍醐寺鐘楼門造営に平左衛門が携わっていたことが確認されている。綾部市では、元禄一五年（一七〇二）に藤波神社の社殿改築を河内守が手掛けており、さらに宝暦

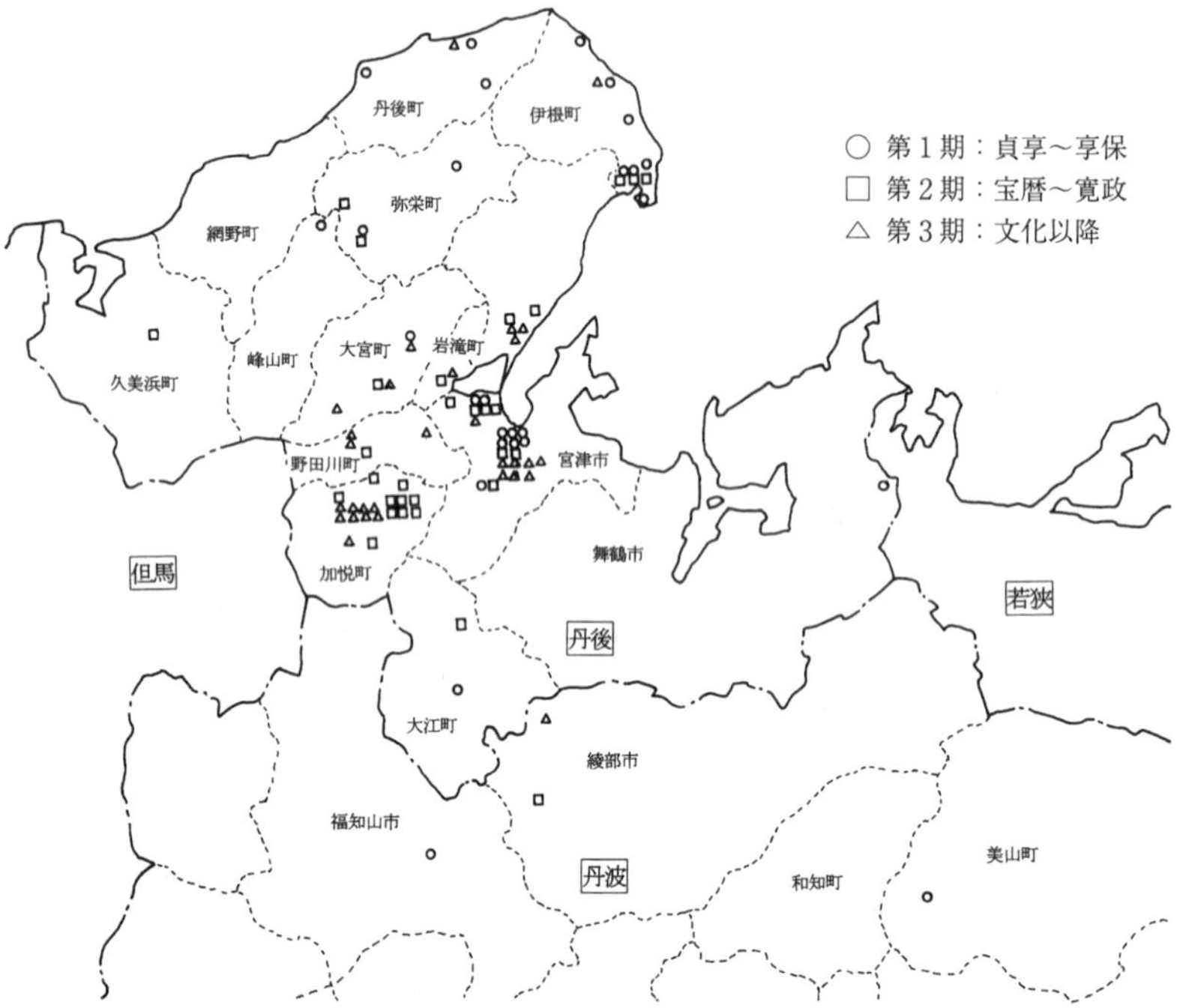

図４－１　大工「冨田」氏による事績の分布と時期

八年（一七五八）楞厳寺本坊書院の造営に又左衛門が当たっている。宮津からは最も遠く離れた宝泉寺（美山町）大師堂の宝永四年（一七〇七）の棟札には、他姓の大工四人とともに河内守の名が記されていた(6)。このように、旧丹波国内での「冨田」氏の活動例は現在のところ四例しか知り得ないが、今後の調査によってさらに増える可能性がある。

　宮津に近い加悦町や野田川町など、いわゆる加悦谷地域も「冨田」氏の主要な活動領域であった。宝暦四年（一七五四）日吉神社（加悦町）に初めて吉左衛門・宇左衛門の名が現われ、特に寛政期以降に仕事が増えているが、それは地元に住む「冨田」氏の一派が出現したことによる。寛政五年（一七五四）、梅林寺（野田川町）の楼門造営では宮津の冨田宇右衛門が棟梁を務めた。このときの大工の構成は総勢二九人で、その中で「冨田」を称するものが二〇人もいる。棟札には各「冨田」大工の住地が記されており、それによると、宮津から参加した大工は棟梁宇右衛門以下一二人と最も人数が多い。相棟梁と考えられる大工四人のうち、算所村（現野田川町）の冨田左平次や加悦町の冨田平兵衛の名が見られる。算所村からは左平次を含む四人、加悦町からは二人、さらに「当所」（野田川町三河内）の二人という地元の「冨田」大工たちが加わっていた。この例のように、宮津の「冨田」の下で補佐役や「小工」を務めた地元の大工が「冨田」を称し、さらに次代へと「冨田」姓が継承されていく例は深田神社（野田川町）や籠神社（宮津市）でも見られ、弥栄町や丹後町の「冨田」なども同様であったと考えられる。宮津の「冨田」と彼らの関係（血縁や師弟関係など）は不詳だが、「冨田」氏の影響力の大きさを示すものということができる。

第二節　各グループの系譜と彼らの仕事

寛文一二年に初出した平左衛門茂平をはじめ、「冨田」氏の系譜については、寛文以前を含めてよくわからない。宮津市と舞鶴市に冨田氏の子孫が在住されていることはわかったが、両家に伝わる過去帳や菩提寺の調査でも断片的な事柄しか判明しておらず、残念ながら総合的な系譜は不詳とせざるを得ない。そこで、棟札や社寺造営に関する諸記録に記された父子・兄弟などの小系譜を採り上げて、彼ら各グループの仕事ぶりを見てみたい。

(1)　河内守とその一族

はじめに、「加藍度々造立仕候切者之大工」として名の知られた冨田河内守とその一族について述べる（表4―2、図4―2）。

「中古受領」したと伝えられる河内守であるが、[7] ではいつ頃に「河内守」の受領名が許されたのであろうか、こ

表4―2　河内守とその一族の事績

No	年号	建物名（所在地）	冨田平左衛門盛久	冨田市郎左衛門 河内守、盛庸	冨田又左衛門 外記、盛久、盛敦	冨田十郎兵衛	典拠
2	貞享 5（一六八八）	山王社（宮津市）	棟梁　葛屋町 冨田平左衛門盛久	子　市郎左衛門盛庸			棟札
3	元禄 7（一六九四）	大宮神社（弥栄町）		番匠　宮津住 冨田河内守			棟札
4	元禄 8（一六九五）	八坂神社（伊根町）	後見 平左衛門盛久	棟梁 冨田市郎左衛門盛庸	又左衛門		棟札
7	元禄 10（一六九七）	上山寺本堂（丹後町）		大工宮津 冨田河内守盛庸			『丹後竹野郡誌』
8	元禄 11（一六九八）	大屋神社（大宮町）			冨田又左衛門盛久		『大宮町史』
9	元禄 11（一六九八）	三宮神社（大江町）	後見 同名平左衛門盛久	棟梁大工　宮津住 冨田市郎左衛門盛庸	同名又左衛門		棟札
11	元禄 12（一六九九）	六神社若宮社（丹後町）	冨田平左衛門盛久	棟梁　宮津住 一男　冨田河内守盛庸	二男　冨田外記盛久		棟札、旧本社
12	元禄 12（一六九九）	八坂神社（伊根町）			伊根日出村　棟梁大工 冨田又左衛門盛敦		棟札
13	元禄 12（一六九九）	日恩寺（伊根町）			日出村 冨田又左衛門		棟札
16	元禄 16（一七〇三）	山王社（宮津市）		葛屋町 河内			『宮津日記』
18	宝永 4（一七〇七）	宝泉寺大師堂（美山町）		丹後宮津住 冨田河内守盛常			棟札

19	正徳3（一七一三）	和貴宮神社（宮津市）			宮津住　棟梁大工 冨田又左衛門盛厚		棟札
20	享保3（一七一八）	宇良神社（伊根町）			宮津之住人　頭領大工 冨田又左衛門	同弟十郎兵衛	棟札
21	享保6（一七二一）	智恩寺本堂（宮津市）		大匠 冨田河内	同又左衛門	同一郎兵衛	修理札
22	享保7（一七二二）	縁城寺（峰山町）			冨田河内舎弟 冨田又左衛門盛敦		棟札
24	享保12（一七二七）	生野神社（宮津市）				重郎兵衛庸隆	棟札
25	享保12（一七二七）	松尾寺本堂（舞鶴市）		奉行役　河内事 冨田匠慶盛庸		後見 重郎兵衛	古記録
27	享保20（一七三五）	蛭子神社（伊根町）	棟梁大工 冨田平左衛門			大工 冨田重良兵衛	棟札
29	宝暦8（一七五八）	楞厳寺本坊書院（綾部市）			宮津河原町住人 河内　冨田又左衛門		古記録

れを知る直接の史料は見出せない。元禄七年（一六九四）大宮神社（弥栄町）の棟札に、「番匠　宮津住　冨田河内守」とあるのが受領名の初見である。河内守は、棟札などに受領名と「盛庸」の名乗りを併記することが多い。いっぽう八坂神社（元禄八年、伊根町）の棟札によると、棟梁は「冨田市郎左衛門盛庸」とあるので、河内守盛庸とは市郎左衛門であったことが知られる。また、六神社若宮社（元禄一二年、丹後町）や他の棟札から、父平左衛門・弟又左衛門のいたこともわかる。貞享五年（一六八八）山王社（宮津市）の造営に初めて父子の名が見られるが、この時は父の平左衛門が棟梁であったから、単に「子　市郎左衛門盛庸」とあるのみで未だ受領名は付して

いない。したがって、受領名の許された「中古」とは、元禄七年をあまり遡らない頃だったと推測される。

大宮神社棟札には河内守だけの名を記すが、八坂神社造営では市郎左衛門が棟梁を務めたのに伴って父平左衛門は「後見」に退いているので、元禄七~八年頃に父子の世代交代が行なわれたと解釈される。この時期は、「冨田」大工による活動が急速に活発化し始めた時と合致する。いっぽう弟の又左衛門は同一一年に大屋神社（大宮町）造営を独自で手掛けているから、以後は市郎左衛門と又左衛門兄弟の活躍する時期に移行したと考えてよい。河内守の名が史料に見られる最終は享保一五年（一七三〇）で、[8] 貞享以来四〇年余に及ぶ活動もこれをもって終えたのである。

図4―2　河内守一族の小系譜（貞享～享保頃）

平左衛門（盛久）
- 市郎左衛門（河内守、盛庸）
- 又左衛門（外記、盛久・盛敦）
- 十郎兵衛

二男の又左衛門については、よくわからない点もある。表4―2によると、又左衛門の名乗りには「盛久」「盛敦（盛厚）」の二種があり、六神社若宮社（元禄一二年）の造営では「外記」を称している。また住地についても、八坂神社（元禄一一年、伊根町）棟札に「伊根日出村」とあるいっぽう正徳三年（一七一三）和貴宮神社（宮津市）や享保三年（一七一八）宇良神社（伊根町）では「宮津住」「宮津之住人」などと記す。これらのことから別人の又左衛門かとも考えられるが、享保七年縁城寺（峰山町）の棟札に「冨田河内舎弟　冨田又左衛門盛敦」と明記しているので、又左衛門はやはり河内守の弟、平左衛門の二男としてよいだろう。すると、元禄一一～一二年頃に名乗りを「盛久」から「盛敦」へ変え、住まいも宮津から伊根日出村へ移したが十余年後には再び宮津へ戻ったことも想定できる。あるいは何らかの理由によって、これらを使い分けていた可能性もあるだろう。宝暦八年（一七五八）楞厳寺本坊書院（綾部市）の造営を手がけた又左衛門は「宮津河原町住人　河内」と称しているが、全く別人なのか、または市郎左衛門から「河内」の受領名を継いだ弟の又左衛門なのか不明である。又左衛門の名が初出してから六〇年余も経過しているので、市郎左衛門に縁のあった別人が「河内」を継承したのかもしれない。

市郎左衛門・又左衛門兄弟には、もう一人の弟と考えられる十（重）郎兵衛がいた。宇良神社（享保三年）棟札に、棟梁又左衛門の「同弟　同名十郎兵衛」として登場し、以降享保二〇年まで五件の社寺造営にその名が確認される。

河内守を中心とする一族の事績は一九件に及ぶが、楞厳寺本坊書院を一応ここでは省いて論を進める(9)。彼らが活動していた時期は貞享五年から享保二〇年までの約五〇年間で、宮津市と伊根町で各五件、丹後町で二件の仕事をしている。丹後半島北西部の網野町・久美浜町と宮津市に隣接する岩滝町・野田川町・加悦町では活動の足跡は窺えない。宮津での仕事は貞享五年山王社造営と一五年後の同社再造営で、この間は宮津城下を離れ丹後半島北東部に仕事が集中している。この頃は宮津城下や近隣地域での評価が、未だ定着していなかったのであろう。河内守と弟又左衛門の手掛けた社寺造営は各々一〇件であるが、二人が同時に関わったのは八坂神社（元禄八年）・三宮神社（同一一年）・六神社若宮社（同一二年）・智恩寺本堂修理（享保六年）の四件であった。これら以外は別々に活動し、特に又左衛門は、伊根で八坂神社（元禄一二年）・日恩寺（同年）・宇良神社（享保三年）を造営している。このように、宮津城下からは少し離れた周辺の地域において兄弟で仕事を分担し、その結果、正徳から享保年間にかけて宮津城下でも徐々に評価が高まっていったものと考えられる。享保二〇年（一七三五）までの「冨田」大工による二六件の仕事の中では、河内守一族が手掛けた仕事は約七割にもなり、「冨田」の名を不動のものにした業績はまことに大きいと言わねばならない。

彼らが関わった一八件の内訳は、神社一二件、寺院六件である。その中で同じ出入り場は山王社（宮津市）唯一であることから、未だ特定の出入り場を確保するには至ってなかったとみてよいだろう。寺院では曹洞宗・臨済宗が各一カ寺、他は真言宗であるが、高野山真言二カ寺、御室派と醍醐派各一カ寺となっている。この限りでは宗派を特定していたとは考えられず、したがって法縁などによる仕事の紹介が行なわれていたかどうか不明である。では、どのようにして活動の領域を広げていったのであろうか。高い評価を得た技術的特色や営業活動については、後に述べる。

（2）清左衛門兄弟

元禄一五年（一七〇二）に上棟した真嶋神社（伊根町）の棟札によると、大工棟梁は河内守たちと同じく「宮津くつや（葛屋）町」に住む冨田清左衛門森重であった。真嶋神社は、慶長一四年（一六〇九）に若狭大工の彦兵衛・孫四良父子によって建立されて以来、約一世紀ぶりの造営であった。この時清左衛門は、二人の弟七良左衛門と伊之助（図4―3）の他に宗左衛門・善左衛門という二人の「冨田」姓の大工、さらに二人の助工を従えて造営に当たった。木挽二人と檜皮葺三人はいずれも宮津から同行しているが、助工の一人は「田辺新町　平左衛門」という田辺城下に住む大工であった。助工とはいえ、他所大工の入り込みが認められるのは、規制が無かったのか、あるいは制限されていたとしても比較的緩やかだったことが窺える。

図4—3　清左衛門兄弟

- 清左衛門（森重）
- 七良左衛門
- 伊之助

その後清左衛門は、河内守兄弟とともに智恩寺本堂（享保六年）を修理し、享保七年には他の「冨田」大工を率いて同寺の鐘楼門暁雲閣造営に尽力した。国清寺山門（享保一七年、宮津市）の棟札には、肩書きとして「大匠」を称しているが、これは智恩寺暁雲閣扁額の文言中にもあり[10]、宮津城下での評価を徐々に得てきた「冨田」氏の誇らしげな姿が想像される。清左衛門の活動する時期は河内守からわずかに遅れているが、同じ葛屋町に住み、「冨田」大工活躍の一翼を担った清左衛門の存在も忘れることはできない。名乗りの「森重」は「盛重」に通じ、「盛」の一字（音）を共に使用していることから河内守と何らかの血縁関係にあったのかもしれない。

このようなことから、河内守一族と清左衛門兄弟が活躍していた享保年間までは、大工「冨田」氏にとって「確立期」とでも称する時期であった。

(3)　庄次郎・清右衛門兄弟と重郎兵衛

河内守たちに続いて顕著な活動がみられるのは、やはり葛屋町に住む庄次郎・清右衛門兄弟と彼らの父喜左衛門の一族である（表4—3、図4—4）。

表4―3　庄次郎・清右衛門兄弟と重郎兵衛の事績

No	年号	建物名（所在地）	冨田喜左衛門盛行	冨田庄次郎盛定	冨田清右衛門保久	冨田重郎兵衛盛澄	典拠
23	享保7（一七二二）	智恩寺暁雲閣（宮津市）	番匠 冨田喜左衛門				『丹後吉津村史』
32	宝暦12（一七六二）	智恩寺観音堂（宮津市）	老親 同喜左衛門	大工棟梁 冨田庄次郎	弟 同清右衛門		棟札
34	明和4（一七六七）	常西寺材木屋（加悦町）			清右衛門		古記録
35	明和4（一七六七）	智恩寺山門（宮津市）	相棟梁　庄次郎父 冨田喜左衛門盛行	本棟梁　宮津葛屋町住　当寺大工 冨田庄次郎盛定	番匠　庄次郎弟 冨田清右衛門	後見 冨田十郎兵衛盛澄	棟札
37	明和6（一七六九）	常西寺土蔵（加悦町）		大工 冨田庄次郎	造作 冨田清右衛門		棟札
38	明和6（一七六九）	岩屋寺（大宮町）				宮津 冨田重郎兵衛盛澄	『大宮町史』
41	明和9（一七七二）	常西寺庫裏（加悦町）		大工棟梁　宮津葛屋町住 冨田庄治郎盛定	番匠　庄治良弟 冨田清右衛門		古記録
43	安永3（一七七四）	成相寺本堂（宮津市）				宮津 冨田重郎兵衛盛澄	棟札
44	安永5（一七七六）	常西寺鐘楼門（加悦町）		棟梁　宮津住 冨田庄次郎盛定	番匠 冨田清右衛門		棟札
49	天明2（一七八二）	常西寺方丈（加悦町）		葛屋町住人　棟梁 冨田庄治良			墨書
53	寛政4（一七九二）	常西寺宝蔵（加悦町）		助工 同庄次郎	棟梁 冨田清右衛門		棟札

56	寛政7（一七九五）	江西寺方丈（宮津市）		宮津 冨田庄次良	宮津葛屋町住　棟梁 冨田清右衛門保久		棟札
59	寛政11（一七九九）	智恩寺庫司（宮津市）	同苗喜左衛門	同苗庄次郎	宮津葛屋町大工棟梁 冨田清右衛門保久		棟札

図4―4　庄次郎・清右衛門兄弟の小系譜

―喜左衛門（盛行）―┬―庄次郎（盛定）
　　　　　　　　　└―清右衛門（保久）

表4―3を一瞥してわかるのは、彼らの仕事場はごく限られていることである。宮津における仕事は智恩寺と江西寺での造営のみで、加悦では常栖寺の六棟だけである。智恩寺と常栖寺は、彼らにとって特定の出入り場として定まっていたことを示しており、智恩寺山門の棟札に庄次郎が「當寺大工」を称していることからも傍証されよう。三カ寺はいずれも臨済宗妙心寺派の禅刹で、法縁によって仕事が紹介されたと考えられる。

智恩寺と「冨田」氏の繋がりは、河内・又左衛門・十郎兵衛・清左衛門の四人が本堂内陣廻りを享保六年に修理したのに始まり、翌享保七年には暁雲閣造営で清左衛門を棟梁にして吉左衛門・加左衛門・喜左衛門の三人が番匠を務めている。それ以前は、「冨田」氏は智恩寺に出入りしていなかった。寛永一七年（一六四〇）の方丈造営では、棟梁中尾清左衛門宗次と「當寺大工」の尾関長左衛門宗続が担当していた。延宝四年（一六七五）の多宝塔下層修理札には、「當寺大工半三郎　同助工作兵衛」の両人が記されている。このように一七世紀後期までは、智恩寺の出入り大工は「冨田」氏以外であった。ところが、享保六～七年の二度の修理・造営にあたり「切者之大工」として知られていた河内守たちと関わりを持ったことを契機に、後の宝暦一二年（一七六二）観音堂造営で

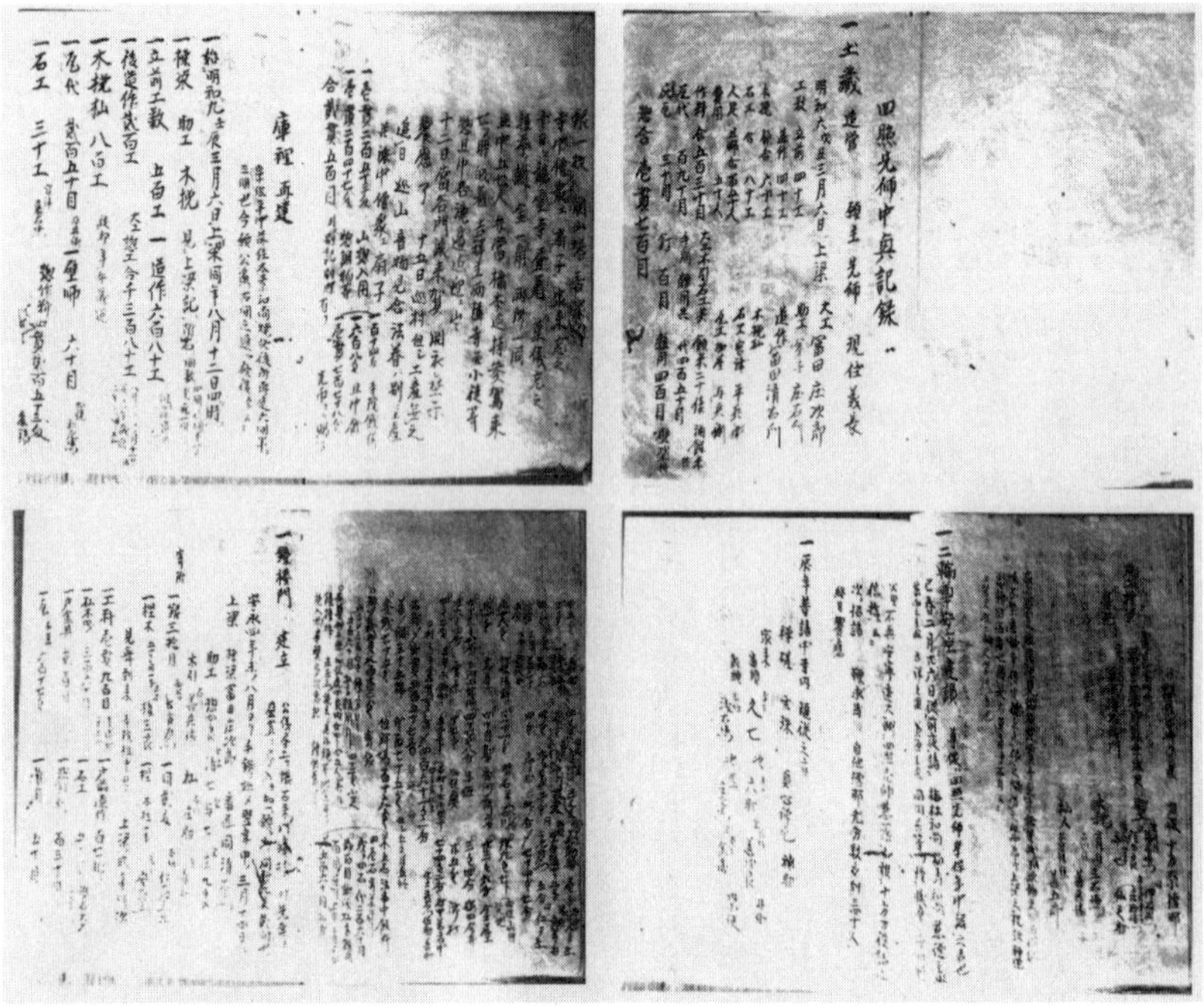

図4－5　『回照先師中興記録』各部抜粋

は、喜左衛門の嫡子庄次郎に棟梁としての大役が巡ってきたものと推測される。

　次に、庄次郎と清右衛門による造営の経緯や組織などが判明する例として、常栖寺庫裏と鐘楼門を採り上げてみたい[11]（図4－5）。

　享保年間焼失後に再建された庫裏は六間半×三間の規模であったが、「古間之通り修復」することになり、明和九（安永元）年三月六日に着手した。七月二二日に礎石を据え、八月五日から柱立てを行なって一二日に上梁した。完成は翌々年の安永三年を俟たねばならなかったが、その間数は「四間ニ七間半一尺　東庇一間通り」という、従前に比べて約一・七倍の広さに増築された。造営に要した大工工数は、

　立前工数　五百　工
　造作　六百八十工
　後造作　弐百　工

大工惣工数　合千三百八十工

であった。大工は棟梁庄次郎、番匠清右衛門のほかに、助工として宮津の吉右衛門・伊右衛門・□三良の三人と

清右衛門弟子　与七

庄二良弟子　庄右衛門　仙之助

たちであった。弟子については、清右衛門と庄次郎が別々に育てており、それをあえて書き残していることが注目される。

庫裏に続いて安永四年（一七七五）八月には鐘楼門の釿始めを行ない、五年三月一四日に上梁した。大工は兄弟のほかに助工惣四郎、弟子は清七・与七・庄九良の三人であった。所要大工工数は一〇〇〇工で「工料壱貫九百目」であったから、賃金は大工一人当たり一匁九分だったことが知られる。宮津におけるこの頃の大工手間は一匁八分に決められているが[12]、常栖寺の場合わずかに一分だけ高い工料になっているのは、加悦谷の山麓という地理的条件が原因しているのだろうか。天明二年（一七八二）造営の本堂には、庄次郎ひとりの名前しか書かれていなかった。しかし寛政四年（一七九二）の経蔵造営では、棟梁が庄次郎から清右衛門に交代している。以降、江西寺方丈や智恩寺庫司造営でも清右衛門が棟梁を務め、庄次郎は一線から身を引いて清右衛門を補佐する立場に退いたようである。天明二年から約一〇年の間に、兄弟間で役割の転換が行なわれたことがわかる。

庄次郎と清右衛門兄弟が活躍する同じ頃、もうひとりの重郎兵衛の存在が目に止まる。庄次郎が棟梁を務めた智恩寺山門造営では、父喜左衛門は「相棟梁」、弟清右衛門が「番匠」であったが、重（十）郎兵衛は「後見」として参加している。山門造営は宝暦一二年（一七六二）九月から明和五年（一七六八）までの期間を費やしたが[13]、この頃重郎兵衛は、天橋立を挟んで対峙する成相寺本堂の造営に全力を注いでいたのである。当地方きっての大建築として知られる成相寺本堂は、宝暦一〇年に再建発願した。翌一一年九月一五日に釿始めを行なったが造営の

進展ははかばかしくなく、京・大坂にて出開帳を実施した。明和九年にやっと基礎工事の「石場搗」を行ない、安永三年（一七七四）八月にようやく上棟したのである。[14] この間に重郎兵衛は、岩屋寺（明和六年、大宮町）を造営している。岩屋寺と成相寺はいずれも高野山真言宗に属し、やはり法縁によって仕事が依頼されたと推測される。

庄次郎たちの活躍していた時期は、河内守一族の後を受けて、「冨田」大工による活動の「定着期」と称してもよいだろう。

（4） 加悦の清兵衛と儀兵衛

これまでに採り上げた各グループの他にも、宝暦～寛政年間に妙円寺（宮津市）・梅林寺楼門（野田川町）を手掛けた宇右衛門盛信と嫡子宇平次、寛政一二年（一八〇〇）瀧馬神社（宮津市）の重郎兵衛道堅とその息平左衛門・和十郎、天保～弘化頃に葛屋町に住まい妙立寺・山王社拝殿・籠神社拝殿（いずれも宮津市）を造立した茂兵衛・佐久造・新助父子などのように、いくつかの小系譜が判明している。しかし血縁関係に限らず、例えば師弟関係なども「冨田」の勢力を拡大する上で大きな要素であっただろう。前にも少し触れたが、宮津の「冨田」氏が地方の「冨田」へと派生していった事例とみられる加悦の清兵衛と儀兵衛について述べてみたい（表4—4）。

寛政五年（一七九三）梅林寺楼門（野田川町）造営の棟梁は、「宮津城主松平伯耆守御用大工」を称する冨田宇右衛門盛信が務め、小工の一人として清兵衛が加わっていた。同九年に清兵衛は西光寺庫裏（加悦町）造営に棟梁として腕を振るい、その後文政一〇年まで宝厳寺・吉祥寺・西光寺（いずれも加悦町）・教典寺（大宮町）など、加悦を中心に活動を展開している。文化一五年（一八一八）宝厳寺総門の造営で清兵衛は、儀兵衛を筆頭に「冨田」姓一二人、「前田」姓四人の小工を指揮して工事に当たった。同年上棟の吉祥寺総門は宝厳寺と道路を挟んで隣接しており、二棟を同時に施工したもので、清兵衛以下全く同じ大工の構成であった。両寺の宗旨は異なってい

表4－4　清兵衛・儀兵衛の事績

No	年　号	建　物　名 (所在地)	冨田清兵衛	冨田儀兵衛	典　拠
54	寛政5 (1793)	梅林寺楼門 (野田川町)	小工 同(冨田)清兵衛		棟札
58	寛政9 (1797)	西光寺庫裏 (加悦町)	大工加悦 冨田清兵衛		『丹後加悦町誌』
69	文化15 (1818)	宝厳寺総門 (加悦町)	大工棟梁 冨田清兵衛	小工 同儀兵衛	棟札
70	文化15 (1818)	吉祥寺総門 (加悦町)	大工棟梁 冨田清兵衛	小工 同儀兵衛	棟札
71	文政2 (1819)	宝厳寺鐘楼門 (加悦町)		大工棟梁 冨田儀兵衛	『丹後加悦町誌』
75	文政9 (1826)	経典寺 (大宮町)	大工棟梁 冨田清兵衛	同儀兵衛	棟札
76	文政10 (1827)	西光寺鎮守 (加悦町)	清兵衛		『丹後加悦町誌』
77	文政13 (1830)	宝厳寺本堂 (加悦町)		大工棟梁　加悦町 冨田儀兵衛	棟札
79	天保3 (1832)	籠神社 (宮津市)		後見　加悦住 冨田儀兵衛言定	棟札
80	天保4 (1833)	吉祥寺鐘楼 (加悦町)		工匠 冨田儀兵衛	『丹後加悦町誌』
81	天保5 (1834)	西禅寺本堂 (野田川町)		大工棟梁 冨田儀兵衛言定	棟札
83	天保 4～5	吉祥寺本堂 (加悦町)		彫工　加悦住 冨田儀兵衛言定	欄間銘
84	天保6 (1835)	宝厳寺本堂 (加悦町)		大工棟梁 冨田儀兵衛	『丹後加悦町誌』
86	弘化4 (1847)	実相寺 (加悦町)		棟梁加悦町住 冨田儀兵衛	『丹後加悦町誌』
88	嘉永7 (1854)	宇良神社 (伊根町)		大工棟梁　当国加悦町住 冨田儀兵衛言定	棟札

るが、立地などの諸条件から同時造営をしたものとみられる希な例である。これ以降、加悦における「冨田」氏の七件の仕事は、全て清兵衛と儀兵衛の両人またはいずれかが関わっている。

文政九年（一八二六）教典寺山門（大宮町）造営の頃まで、儀兵衛は清兵衛の許で助工をしていたが、同一三年宝厳寺本堂（加悦町）再建に際して、同じ加悦町の前田忠兵衛と共同で棟梁を務めている。前田忠兵衛の名は先の宝厳寺総門と吉祥寺総門造営の小工の中にも記されていた。清兵衛の配下から同時に二人が独立して、本堂再建に当たったものであった。その後儀兵衛は、嘉永七年（一八五四）宇良神社（伊根町）造営に至るまでの約三〇年間、棟梁や後見として指導的な役割を果たした。

最後に、儀兵衛は建築のみならず彫刻においても、並々ならぬ技倆を有していたことを付け加えておきたい。吉祥寺本堂（天保四～五年、加悦町）仏間上部の欄間は、躍動する唐獅子の彫刻が嵌め込まれ力量感に溢れている。欄間裏に「彫工　加悦住　冨田儀兵衛言定、助工　加悦住　細見武平治信重」の銘があり、この唐獅子は儀兵衛の作品であることが明らかである。丹波・丹後地方では、彫物師が大工から分化する時期はほぼ一八世紀初めであることが報告されているが[15]、依然として儀兵衛のように彫物を得意とする大工もいたのである。

第三節　営業的特色と大工の動員力

寛文一二年以降（厳密に言えば元禄七～八年頃から）「冨田」氏が急速に台頭してきたのはどうしてだろうか。その背景について述べるためには、「冨田」氏の出自や系譜に関する考察も必要であるが、現時点では残念ながら不詳とせざるを得ない。

（1）営業的特色

ところがここに、「冨田」氏が台頭してきた理由を推測し得るひとつの史料がある。[16] 西国二九番札所の松尾寺本堂（舞鶴市）は正徳六年（一七一六）に焼けた後、享保年間に再建されている。その後の再建をめぐる諸記録の中に、大工の人選に関する次のような文書が残されている。

（前略）先年之本堂ハ諸事勝手悪敷候而破損多出来仕候間、此度者加藍度々造立仕候切者之大工ニ申付度奉願候。則當国宮津ニ冨田河内と申大工方々ニ而加藍数多仕候由、松尾寺本堂も此大工ニ申付候ハヾ宜出来仕候様ニ奉存候。殊ニ河内ニ造立仕候得者當寺之勝手ニ宜敷事御座候間、乍恐大工ニ此仰付被為下候ハヾ難有奉存候、以上。

これによると、宮津の大工「冨田河内」の名は、多数の社寺を造営した「切者之大工」として田辺藩まで知れ渡っていたことがわかる。ひとり河内守に限らず、この頃までに各地で約二〇件の社寺造営を手掛けてきた「冨田」氏の活動は、丹後国内一円で高い評価を得ていたことが容易に推察できるのである。このような高い評価を基盤にして、「冨田」氏一族はさらに活動領域を広げていったものと考えられる。

松尾寺本堂造営では、先に紹介したように「冨田」氏の技術の優秀さによって寺側から指名された形になっている。やはり同寺の『御本堂大工方入用之覚』によると、[17] 河内守たちは細部にわたる見積りをしており、その末尾部分に、

奉行役平太後見　　河内事冨田匠慶
棟梁　　　　　　　同名平太
同　名代宮津　　　同名重郎兵衛
同断　　　　　　　同　吉左衛門

仕手大工頭　　杉山　大工七左衛門
同断　　　　高浜大工　仁兵衛

とある。冨田河内は棟梁平太の後見を務め、重郎兵衛と吉左衛門の両名が名代であったが、実務の中心になった「仕手大工」は杉山村の七左衛門と若狭高浜大工の仁兵衛であったことが窺える。七左衛門はその後の延享二年（一七四五）に、境内の権現社造営で地元の小工四人を従えて大工棟梁を務めているので、あるいは七左衛門が従来松尾寺の出入大工だったのかもしれない。しかし大規模な本堂再建ということで、たとえ名目だけにせよ評判の高い河内守が参劃することは寺側にとっても意義があり、また河内守たち「冨田」氏にしてみれば業績の拡大にもつながり、双方の思惑が一致した結果と考えられる。

『御本堂大工之入用覚』には、

（前略）〆工数五百九拾工。此作料飯米共、壱貫四百七拾五匁。但シ壱人ニ付、弐匁五分ツヽ。
京都ニてハ弐匁八分ニ候へとも、此□ニて之儀弐匁五分之積リニ致候。

という一文を敢えて記入している。すなわち、京都では一人工の作料が二匁八分であるにもかかわらず、この度の本堂造営に際しては約一割値引きをして二匁五分にする、ということに注目したい。棟梁となる「平太」は、同年の『御堂大工方積り替申覚』によると「大工棟梁京都　冨田平太」とあり、特に「京都」を肩書きしている。「京都」が何を意味するのか不明であるが、わざわざ肩書きしていることや、「京都ニてハ弐匁八分云々」という記述からは、営業的な姿勢が多分に感じられる。実は二人の仕手大工が別にいることから、この場合の河内守たちはプロデューサーもしくは総合請負者としての性格が濃かったものと解釈される。

（2）大工の動員力

第一節でも採り上げたが、「此支流八九家富田ヲ名ノリ葛屋町ニ住ス」とあったように、河内守や清左衛門・庄次郎など、特に住地の「葛屋町」を棟札に記す例が多く確認されている。葛屋町に住んでいたことが知られる「冨田」氏の最も早い例は、貞享五年（一六八八）に日吉山王社を造営した平左衛門盛久で、彼の子河内守や又左衛門もしばしば「葛屋町」を棟札に記している。後には河原町や萬町などへと住地の拡散している例もあるが、第三章でも触れたように、天保・弘化年間に至るまで、葛屋町は依然として「冨田」大工の主な拠点であった。

「冨田」の名の許に結集した大工たちによって、数々の社寺建築が造営されてきたが、大工の動員力には見るべきものがある。なかでも成相寺本堂と智恩寺山門の造営に関係した大工の多さは際立っている。

宝暦一〇年（一七六〇）発願から安永三年（一七七四）上棟までの長い期間を費やした成相寺本堂の造営には、棟梁冨田重郎兵衛盛澄を筆頭に弟の市郎衛門・長男平太・二男和十郎一族、さらに「當山出入」の冨田甚右衛門・宇右衛門・吉左衛門・繁七など八人の「冨田」姓の大工を中心にして、総勢六二人もの大工が参加した（表4―5）。またそれ以外にも門前大工三四人の名が棟札に記され、合計九六人の大工が関わっていた。

いっぽう成相寺本堂とほぼ同時期の宝暦一二年から明和五年（一七六八）にかけて再建された智恩寺山門の棟札には、冨田庄次郎盛定を本棟梁として、父親の喜左衛門が「相棟梁」を、また弟の清右衛門が「番匠」を務めたことが記されている。もう一人の相棟梁である浅田治左衛門は宝暦八年（一七五八）に安養寺（弥栄町）造営を宮津の冨田新六とともに手掛けており、「冨田」大工と協働関係にある大工であったことが知られる。またもう一人の番匠浅田庄八は、相棟梁治左衛門の血縁関係にある大工と考えられる。成相寺本堂造営で棟梁を務める冨田重（十）郎兵衛は、智恩寺山門では、「後見」として庄次郎を補佐している。この棟札には、以下「小遣」に至るまで四五人もの大工名が記されているが（表4―6）、そのなかには後見重郎兵衛以外にも成相寺本堂棟札に見

表4－5　成相寺本堂棟札による大工名

No	職名等	大　工　名	備考	No	職名等	大　工　名	備考
1	棟梁	冨田重良兵衛盛澄	重複	32		庄二郎	
2	舎弟	同苗市郎衛門惟親		33		喜兵衛	重複
3	嫡子	同苗平太道賢		34		徳三郎	
4	二男	同苗和十郎重好		35		才兵衛	
5	当山出入	同苗甚右衛門		36		宇平次	重複
6		冨田宇右衛門		37		嘉右衛門	
7		同　吉左衛門		38		弥四郎	
8		同　繁七		39		庄五郎	
9		権四郎		40		庄兵衛	重複
10		権左衛門		41		吉右衛門	重複
11		与三右衛門		42		安次郎	
12		伊右衛門	重複	43		長八	
13		傳之丞		44		藤次郎	
14		善九郎		45		庄左衛門	
15		源八	重複	46		五左衛門	
16		惣兵衛		47		嘉兵衛	
17		平五郎		48		久右衛門	
18		□八		49		久兵衛	
19		重三郎		50		惣五郎	重複
20		重五郎		51		六兵衛	
21		孫八		52		長七	重複
22		庄七	重複	53		由兵衛	
23		松之助		54		次右衛門	
24		助次郎	重複	55		宗助	
25		善次郎		56		寅之助	
26		権六	重複	57		与七	
27		惣四郎	重複	58		寅吉	
28		利七		59		善八	
29		佐次右衛門	重複	60		善次郎	
30		藤左衛門	重複	61		市平	
31		左兵衛	重複	62		浅八	

表4－6　智恩寺山門棟札による大工名

No	職名等	大　工　名	備考	No	職名等	大　工　名	備考
1	本棟梁	冨田庄次郎盛定		24	助工	源八	重複
2	相棟梁	冨田喜左衛門盛行		25	〃	惣四郎	重複
3	〃	浅田治左衛門廣満		26	〃	左兵衛	重複
4	後見	冨田十郎兵衛盛澄	重複	27	〃	伊八	
5	番匠	冨田清右衛門		28	〃	佐次右衛門	重複
6	〃	浅田庄八		29	〃	善六	
7	助工	平右衛門		30	〃	與左衛門	
8	〃	清五郎		31	〃	庄七	重複
9	〃	五兵衛		32	〃	庄兵衛	重複
10	〃	利右衛門		33	〃	惣七	
11	〃	儀左衛門		34	〃	宇平次	重複
12	〃	喜右衛門		35	〃	平太	
13	〃	新右衛門		36	〃	平八	
14	〃	利兵衛		37	〃	日置村　助次郎	重複
15	〃	清助		38	〃	津母村　長七	重複
16	〃	伊右衛門	重複	39	〃	日ヶ谷村　次左衛門	
17	〃	吉右衛門	重複	40	〃	日ヶ谷　惣五郎	重複
18	〃	権六	重複	41	小遣	勘七	
19	〃	庄六		42	〃	清七	
20	〃	次兵衛		43	〃	久米松	
21	〃	籐左衛門	重複	44	〃	庄右衛門	
22	〃	喜兵衛	重複	45	〃	七之助	
23	〃	七兵衛					

える大工と重複する者が一六人認められる。

重郎兵衛・庄次郎という二人の棟梁に率いられて、成相寺本堂と智恩寺山門の造営に動員された「冨田」グループの大工は九二人を数え、さらに成相寺の門前大工三四人を加えると実に一二六人にも及ぶ。第六章で詳しく述べるが、同じ頃の明和三年（一七六六）、宮津藩の隣の田辺藩における町大工の人数は六七人であった。このことを考慮すると、一二六人という人数はおそらく、一八世紀後半の宮津城下と周辺における大工の大部分を占める数を示すものと考えられる。

このように、ある地域に集住し、多数の大工を動員することが可能であったということは、大規模な寺院造営の際や同じ時期に複数の仕事をこなすために、組織体として不可欠な条件であり、また仕事が始まった場合にも容易に対応できる体制だったのである。

小結

寛文一二年（一六七二）に如願寺本堂（宮津市）を再建した冨田平左衛門尉茂平が、大工「冨田」氏の初見で、これ以降江戸時代末まで一八〇年余の間で、約九〇件もの社寺造営に「冨田」姓の大工が関係している。彼らの活動領域について、丹後半島では峰山町と久美浜町で各一件にすぎない。丹後国東部では舞鶴市松尾寺（享保一二年）の本堂造営文書に「冨田」大工の名が見られる。旧丹波国では、福知山市・綾部市・美山町などで四例しか知り得ない。これら以外は宮津を中心にして、近隣の加悦町や野田川町などいわゆる加悦谷地域も「冨田」氏の主要な活動領域であった。

「冨田」氏による活動は、大きく三期に区分することが可能である。第一期は、河内守・又左衛門・十郎兵衛兄弟が活動した貞享から享保年間の時期であるが、この頃は未だ特定の出入り場を確保するには至ってなかったとみてよいだろう。享保二〇年までの「冨田」大工による二六件の仕事の中で河内守一族が手掛けた仕事は一八件と約七割にもなり、「冨田」の名を不動のものにした。少し時期が遅れて活躍する清左衛門兄弟とともに、「冨田」氏にとって「確立期」であった。第二期は庄次郎・清右衛門兄弟が活動していた宝暦～寛政年間で、庄次郎たちは一三件の社寺造営を手掛けた。仕事場はごく限られており、宮津での仕事は智恩寺と江西寺のみで、加悦では常栖寺の六棟だけである。智恩寺と常栖寺は、彼らにとって特定の出入り場として定まっていたことを示しており、河内守一族の後を受けて、「冨田」大工による活動の「定着期」であった。第三期は、宮津の「冨田」氏が地方の「冨田」へ派生したとみられる文化年間以降で、加悦の清兵衛と儀兵衛が活躍する。彼らは同地域を主な出入場として一五件の社寺を造営しており、「発展期」とでも呼ぶべき時期であった。これらの三グループが関係した社寺造営は、「冨田」氏の全事績の過半数を占め、それぞれがエポックメーカー的な存在であった。

享保年間の松尾寺本堂（舞鶴市）再建では、「冨田」氏の豊富な経験と技術の優秀さによって、寺側から指名された形になっている。宮津の大工「冨田河内」の名は、多数の社寺を造営した「切者之大工」として田辺藩まで知れ渡っていたのである。造営文書には、京都では一人工の作料が二匁八分だがこの度は約一割値引きをして二匁五分にするとあり、営業的な姿勢が多分に感じられる。実は二人の仕手大工が別にいることから、河内守たちはプロデューサーもしくは総合請負者としての性格が濃かったものと解釈される。享保以前にすでに各地で約二〇件の社寺造営を手掛けた「冨田」氏の活動は、丹後国一円で高い評価を得ており、これを基盤に一族はさらに活動領域を広げていった。

「冨田」氏の仕事の中で、重郎兵衛と庄次郎の二人が手掛けた成相寺本堂と智恩寺山門に動員された大工は、殊のほか多さを誇っている。これら二件の造営で総勢一二六人という多数の大工を動員しているが、おそらく一八世紀後半の宮津城下と周辺における大工の大部分を占める数と考えられる。ある地域に集住し、多数の大工を動員することが可能だったことは、大規模な造営や同時期に複数の仕事をこなすために組織として不可欠な条件であり、また様々な場面にも容易に対応できる体制であった。

（1）永浜宇平編『丹後宮津志』の復刻版（名著出版、昭和五〇年）によった。
（2）「冨田」姓に関しては、調査した棟札などの直接史料に「冨田」と記されることが圧倒的に多く、「富」の字を使う例が少ないので、本稿では原文引用のほかは「冨田」として論を進める。
（3）宮津藩主本荘侯の命により安永一〇年（一七八一）に編まれた『丹後州宮津府志拾遺』に収録。ここでは、『宮津府志・宮津舊記』（世界聖典刊行協会、昭和五四年）中の同史料による。
（4）例えば、国分寺（宮津市国分）鐘楼門の明治三一年再建棟札に「大工棟梁　冨田市蔵」の名が見られるように、明治期の社寺造営を含むと、「冨田」氏の作品はいっそう増加する。
（5）京都府による近世社寺建築調査の成果に負うところが大きく、さらに筆者によるその後の知見を加えた。
（6）冨田河内守以外の大工名は次の通りである。

同国（丹後）田辺　川崎六郎兵衛信綱
丹波上杉住　河崎次郎右衛門信正
同国和知住執柄　久保治兵衛尉重次
同国山家住　佐々木左五右衛門高昌

（7）註（3）前掲書。
（8）松尾寺（舞鶴市）本堂再建棟札写し（日向進博士による松尾寺本堂仁王門の調査報告書に収録）によると、「大工棟梁冨田匠慶入道藤原盛庸」とある。
（9）前述の如く、「河内　冨田又左衛門」とあるのが、河内守の弟又左衛門に同人であるか否か疑問である。
（10）『丹後吉津村誌』（昭和五年）所収の扁額銘文によると、「（前略）大匠二人冨田庸隆富田森重、番匠若干人（後略）」と記されている。
（11）常栖寺蔵『回照先師中興記録』および棟札による。
（12）『宮津日記』（『丹後史料叢書』第四輯、名著出版、昭和四七年に収録）に、

丁酉（安永六年）二月大工屋根屋木挽等作料ノ儀色々願候處一匁八分ニ相極ル

とある。

（13）山門造営に関する出面板による。山門造営については第五章で詳述する。
（14）成相寺本堂棟札による。
（15）日向進「丹波柏原の彫物師中井氏とその営業形態」（『日本建築学会計画系論文報告集』第二九六号、平成元年）。
（16）註（8）の調査報告書に収録された、享保四年三月の『乍恐奉願口上覚』。
（17）註（8）の調査報告書に収録された、享保一二年の『御本堂大工入用之覚』。

第五章　智恩寺山門再建と大工の就労状況

はじめに

ある時代における大工の仕事振りや現場での就労状況など、その実態を明らかにする手段のひとつとして、日々の出面を検討することは有効かつ不可欠である。このような見地からか近年では、江戸時代における大工の出面について、平井聖博士・宮澤智士博士・吉田高子博士・日向進博士などよる論稿が発表されている(1)。しかしながら、多くの近世史料が未発掘のまま所蔵されていることもあり、この種の記録は未だ十分に検索されているとはいえない。したがってこれまでは、大工の就労状況について詳細な研究が進められてきたとは考えられない状況である。

天橋山智恩寺（京都府宮津市）の山門修理に伴い、小屋裏から大工の出面を記した五枚の板が発見された。板に書かれた出面の例としては、西教寺（滋賀県大津市）の本堂造営に関する記録を知るのみであるが、これについてはすでに第二章で採り上げて考察した。

後述するように智恩寺山門の出面板(2)には、宝暦一二年（一七六二）から明和四年（一七六七）まで六年間に及ぶ大工たちの日々の就労状況が克明に記録されている。この期間は山門造営のほぼ全期間に相当し、これほど長期の出面に関する報告はこれまでに例がないと思われる。五枚の出面板を詳細に検討することによって、当時の造営現場での大工の仕事を数量的に把握することも可能である。そこで本章では、これらの出面板を主史料とし、一八世紀中頃の丹後地方における造営現場での大工就労状況と工事の進捗状況について考察する。

第一節　明和再建の背景

三間三戸、重層門形式の智恩寺山門は、両翼に山廊を備え、丹後地方に残存する近世社寺建築のなかでも有数の山門遺構である。現存の山門が再建される以前にも、山門はあった。旧山門は貞享二年（一六八五）に修理の手が加えられ、この時の修理棟札に「夫當時之山門者中興開山別源調大和尚建立」と記されている。(3)ここにいう「別源調大和尚」とは、

天橋立圖二曰、（中略）寛永年中國主高廣公別源禅師を請して住持せしむ。是より洛の妙心寺に属す。

とあるように、(4)寛永年間に、時の城主京極高廣に請われて智恩寺に住持した別源禅師のことで、以来智恩寺は京都の妙心寺に属した。旧山門がどのような形態であったのか詳らかでないが、(5)上述の如く貞享二年には修理が施され、さらに別源和尚による建立から約一世紀半後には、現存の山門が再建された。再建にあたっては前例により後桜町天皇および桜町上皇から黄金・白銀を下賜され、それ故に山門は「黄金閣」と称された。「黄金閣」の掲額は、摂政左大臣九条尚實公の筆によるものであった。(6)

山門の棟札によると、再建上棟は明和四年九月二四日のことで、造営工事の「大工本棟梁」を務めたのは、宮津葛屋町（現在の蛭子町）に住み、「當寺大工」を名乗る冨田庄次郎盛定であった。庄次郎はこれ以前にも山門脇に観音堂を建立しており、(7)観音堂の造営に引き続いて山門再建を手掛けたものであった。庄次郎とその父親および弟たち一族の大工は、智恩寺を檀那場のひとつとして、この頃には周辺の社寺造営にも活躍していたことを、第四章でも採り上げた。

図5－1　山門全景

第二節　智恩寺山門の「出面板」

五枚の出面板[8]はいずれも両面に大工の日々の就労を記し、そのうち四枚にはそれぞれ宝暦一三年から明和四年までの年号が書かれている。残りの一枚は年紀を欠くが、板の裏面に「智恩寺」と書かれ、当寺に関するものであることは明らかである。また、板表の日付欄の最上部には「山門工数」とあることや、記載の大工名が他の四枚にも共通することなどから、この板もやはりこの度の山門再建に関する出面を記したものであることが判明する。板表には九月から一一月までを、裏に一一月の続きと一二月の出面を記しており、九～一二月の月の大小からは、宝暦一二年が該当する。したがって五枚の板には、宝暦一二年九月二五日から再建上棟の行なわれた明和四年九月二四日に至る、六年間の出面を書き留めていたことになる。各出面板の概要を、表5―1に示した。

各板は両面とも碁盤目に区切られ、宝暦一二年のものと判明した一枚を除いて、板の右上端に年号を記す。その下の縦軸には日付を、横軸には大工名を並べてその上部に月を記す。大工名と日付を縦横軸に組み合わせてその交点に日々の就業を記すことは、他の史料にも共通する常套的な記法である（図5—2）。

智恩寺山門、西教寺本堂、平井聖博士の論稿による延宝度御所造営、さらに宮澤智士博士の採り上げた大阪府柏原市三田家住宅など、各出面表に記載された符号を表5—2に示した。智恩寺山門の出面板では大工が就労した日は一般に横線の「一」印にて表記されるが、部分的には白丸「○」で記されることもあったようである(9)（図5—3）。半日労働は「半」の符号が用いられる。一方、わずかではあるが三角「△」印が見られるが、この符号もやはり半日労働を意味するものと推測される(10)。

表5－1　出面板の形状一覧

		記載期間	板の形状	備考
第1枚	表	9月～　11月	1.5×0.9尺 厚2.5分	
	裏	11月～　12月		
第2枚	表	宝暦13年 1月～　12月	3.3×1.5尺 厚5分	板2枚を合釘にて接合
	裏	宝暦14年 1月～　12月 （明和元）		
第3枚	表	明和2年 1月～　12月	3.3×1.8尺 厚5分	同上
	裏	明和3年 1月～　6月		
第4枚	表	明和3年 7月～　10月 （11月の誤）	3.3×1.8尺 厚5分	同上
	裏	明和3年12月～4年3月		
第5枚	表	明和4年 4月～　7月	3.4×1.8尺 厚5分	同上
	裏	明和4年 7月～　9月		

早出や残業などの超過労働に該当すると思われる符号は見当たらない。西和夫博士によると、享保一四年（一七二九）に甲良若狭が書いた『大工積』には、夜四ツ（一〇時）までは一人前を、それ以後は「刻割り」すなわち時間給を支給することを紹介し、「勤務時間についても『早出』『居残り』に対しては時間外手当を出すのがやはり通例だった」と述べている(11)。また日向進博士は、京都の町屋大工が文政年間に記した『人福工数帳』を検討することにより、「大工手間の算出に際して、『水盛』、『ヨナベ』、『積り』に対しては、半人工が割り増しされてい

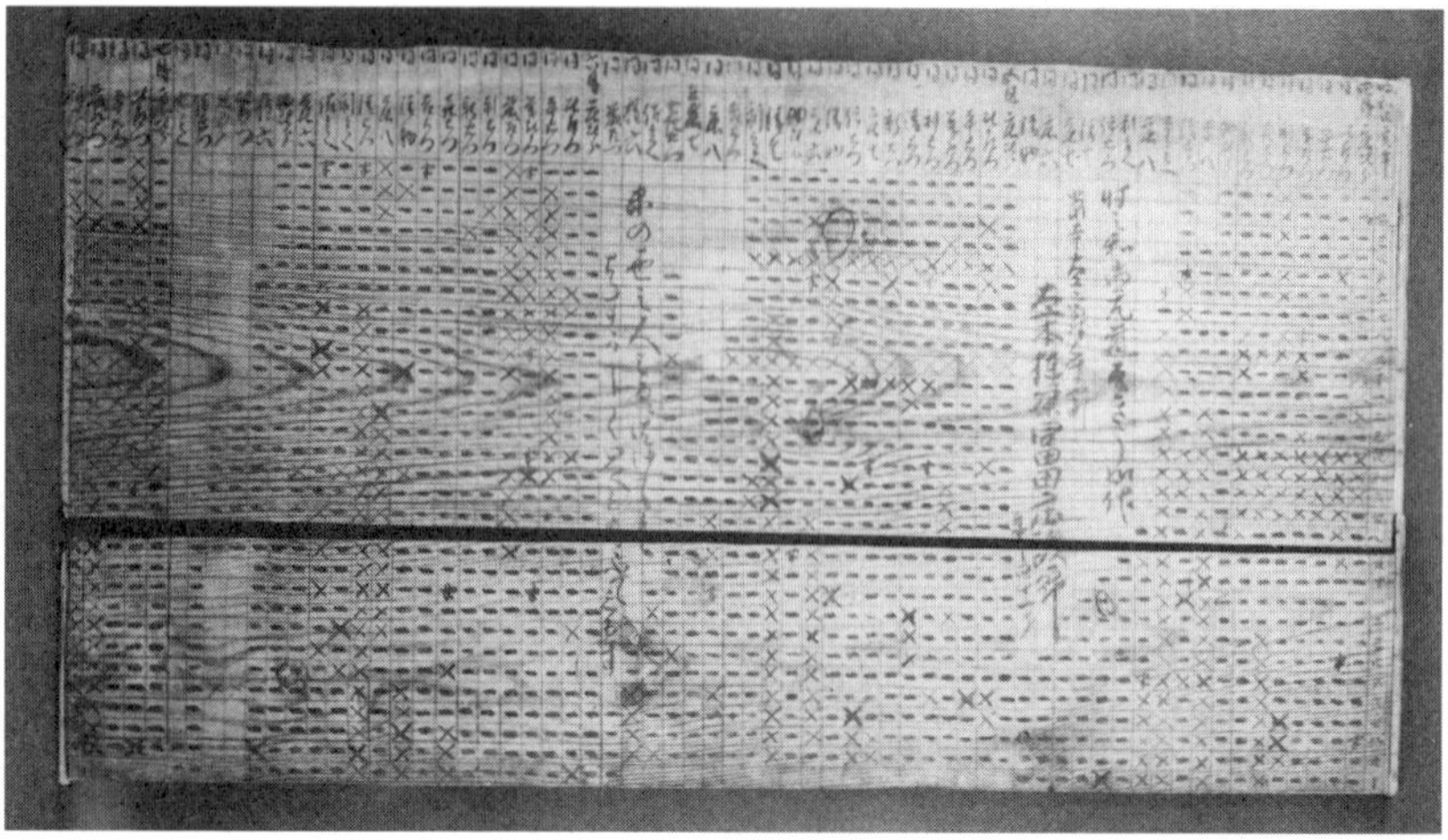

図５－２　出面板第５枚の表面全景(明和４年４～７月分)

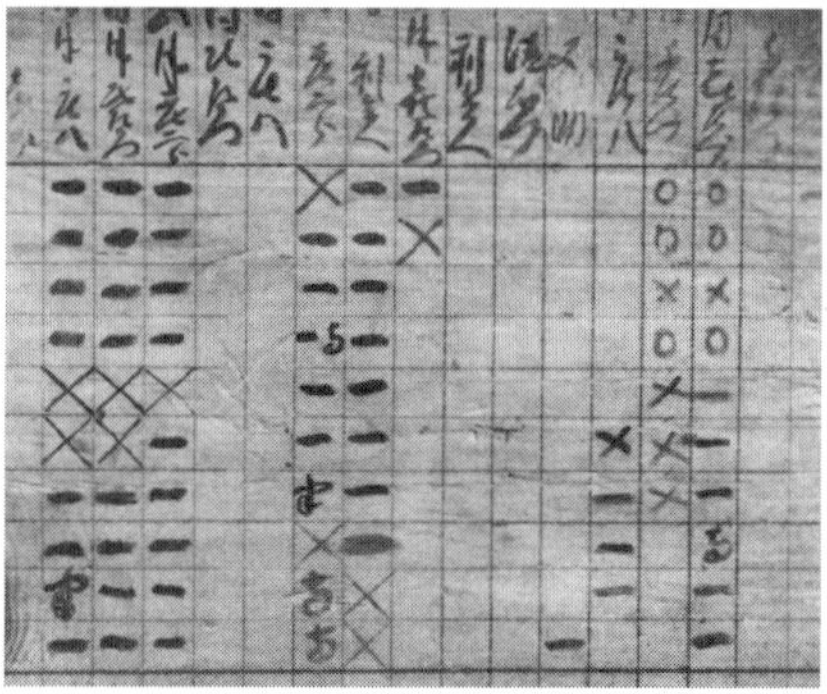

図５－３　宝暦13年３～５月の出面板
(部分)

表５－２　出面記載の符号

種別＼建物		智恩寺山門 宝暦12～明和４	御所造営 延宝２	西教寺本堂 元文３	三田家住宅 明和３～４
就業	全日労働	一　(○)	一	○　●	｜　●
	半日労働	半　(△)	半	(小)	○
	超過労働			(大)	
休業		×　空白	×	空白	×　空白
その他		寺、寺一、寺半			

註：(　)内の符号は推測を示す

た」と指摘している。[12] すなわち、大工仕事では超過労働はまれなことではなく、これに対する賃金面で充当のあったことが知られる。しかしながら、智恩寺山門造営の場合を振り返ってみると、出面を記した六〇カ月間を通じて[13]超過労働が一日もなかったとは考えられないが、出面板の記載からは超過労働のあった証左を得ることはできない。延宝度御所造営や三田家住宅に関わる出面表からも、これに相当する符号は見られないようである。西教寺本堂の場合は、「大」の符号が超過労働を意味するか、と推測されるが傍証が得られず詳らかではない。

この他に、宝暦一二年九月から一三年一二月にかけて、「寺」の符号が合計八〇件余り散見される。「寺」の表記は一三年一二月二三日を最終として、その後は一切見られない。何を表示したのか明らかではないが、おそらく山門造営に関する作業ではなく、智恩寺内の何らかの行事や作業に従事したのではないかと考えられる。この場合でも単に「寺」以外に、「寺一」「寺半」などと記された箇所もあるので、「寺」「寺一」は一工数、「寺半」は半工数として計算されたのであろう。「寺」「寺半」などと記されるのは、本棟梁庄次郎が四九件と圧倒的に多く、過半数を占めている。

板には日々の出面とは別に、いろいろな事柄が記されている。特に明和四年の板に集中して、工事に関する多くの背景が書き込まれている。まず四月の欄の末尾には、

時之和尚元道元きう様代
當寺大工宮津くすや町
大工本棟梁冨田庄次郎
年四十一才

とある（図5―4）。これによると、当時の住持は「元道元きう」と記されるがこれは誤りで、山門の棟札には「現住比丘完道玄牛謹誌」とあるので、「完道玄牛」が正しい住持名である。「本棟梁」を務めた大工は、宮津の葛屋町に住んでいた冨田庄次郎であることが知られるが、このことは先述したように棟札からも明らかであった。冨

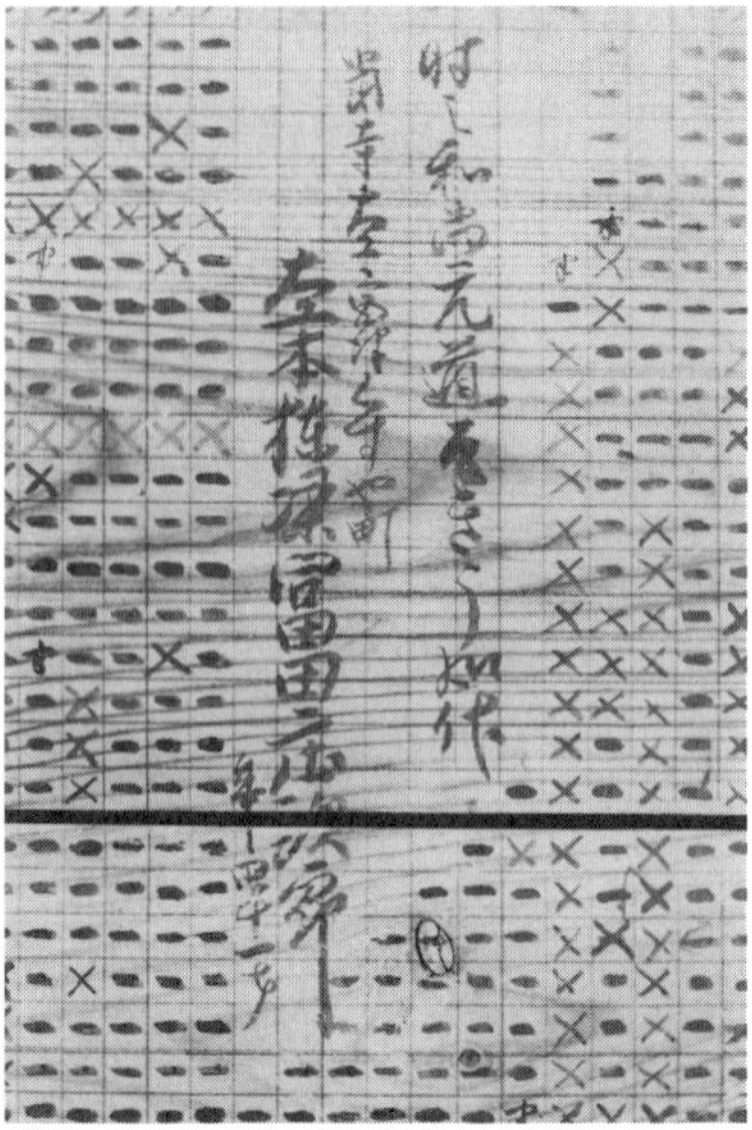

図5－4　明和4年4月欄

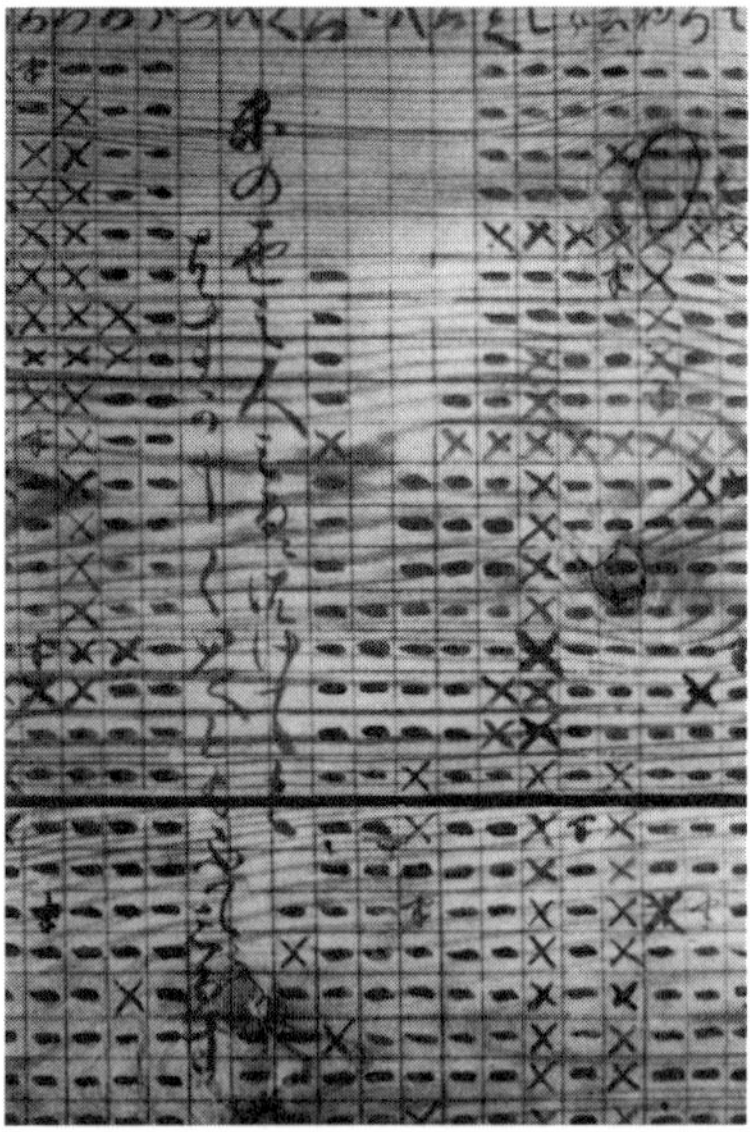

図5－5　明和4年5月欄

田庄次郎は「當寺大工」を名乗り、これらの文言を記した当時の年令は四一歳であったことなどが併せてわかる。

　また五月の欄には、

　末の世之人ミ（見）る二つけても　はす（恥）かしく思へともふて（筆）ニ志る寸（記す）

と書かれていた（図5―5）。さらに次節でも採り上げるが、九月欄の余白に、

　同（明和）五年子ノ二月廿三日そうさく（造作）出来仕

とあった。これらの墨書の内容や、各出面板の寸法・形態および仕上げ状況が均質であること、さらに各月の大工の最後欄に引き続いて一行も空けずに翌月の最初の大工欄を記すことなどから、これらの出面板は造作の完成した明和五年（一七六八）二月二三日以降に浄書され、その後のいずれかの時期に、後世に残そうというはっきりとした目的意識を持って、小屋裏に保存したと理解してよい。(14)

第三節　造営現場の稼働状況

（1）現場稼働日と非稼働日

明和四年九月欄の余白に、

宝暦十二年午ノ三月十五日釿立
明和四年亥ノ九月廿四日棟上ル
同五年子ノ二月廿三日そうさく（造作）出来仕
大工全工数惣〆八千七百八十工かかり申候
せんシう万せい（千秋万歳）と相すミ（済み）申候（後略）

とあり、山門造営の主な工程が記されている（図5―6）。いっぽう山門に先行して建立の進められていた観音堂は宝暦一二年六月八日に「造立」しているので、[15]この頃はまだ観音堂の造営途中であった。そこで何らかの事情があったものと思われ、山門再建に取りかかるため三月一五日に「釿立」の儀式が先行して行なわれたのである。六月八日以後も観音堂の残りの造作工事に従事し、その完成後直ちに九月二五日から山門再建へ移行したのであった。明和四年九月二四日には上棟が行なわれ、翌五年二月二三日に造作工事もすっかり終えて、造営は完了している。

出面を付け始めた宝暦一二年九月二五日から、上棟の明和四年九月二四日までの各月の現場稼働日数を表5―3にまとめた。

宝暦一二年は四カ月で九〇日間現場は稼働しているが、九月は二五日から仕事を始めたので、二五～三〇日の六日間のみである。算定に当たって九月の六日間を除外すると、月平均稼働日数は二八日間である。

表５－３　月別現場稼働日数（大工が一人でも現場で働いていた日数を示す）

年＼月	1	2	3	4	5	6	7	8	9	10	11	12	閏12	年間合計日数	1カ月の平均稼働日数
宝暦12年									⑥	29	㉚	㉕		90日	28.0日／月（註１）
宝暦13年	⑱	28	㉘	28	㉙	29	㉕	29	27	㉚	29	㉕		325日	27.1日／月
宝暦14年	⑲	29	㉙	㉚	28	㉚	10			22	⑪	29	25	262日	23.8日／月
明和２年	18	㉚	㉘	28	㉙	㉚	19	㉔	26	㉚	29	25		316日	26.3日／月
明和３年	㉒	28	㉙	25	㉘	㉚	16	㉙	㉘	29	㉚	16		310日	25.8日／月
明和４年	18	㉚	28	㉚	27	㉚	26	㉚	㉓					242日	26.9日／月
														1545日	26.1日／月（註２）

註１　算定に当たっては、９月を除く。
註２　宝暦12年９月を除く。
註３　○印は、「大の月」を示す。

明和元年七月（宝暦一四年六月二日改元）は、本棟梁の冨田庄次郎他三名が一日から一〇日まで働いた。ところが一一日以降月末まで出面は空白で、八月と九月も出面を欠く[16]。続く一〇月と一一月は、庄次郎だけが現場へ出ている。以上のことから、この年の七月中旬から一二月初め頃までの約五カ月間は、他の仕事に従事するなど何らかの理由によって、庄次郎を除いた他の大工たちは智恩寺山門の現場から離れていたことが考えられる。しかも庄次郎も一〇月は二一・五工、一一月には初旬の七日間と月末の四日間しか出面がなく、来る一二月からの作業再開へ向けて、準備作

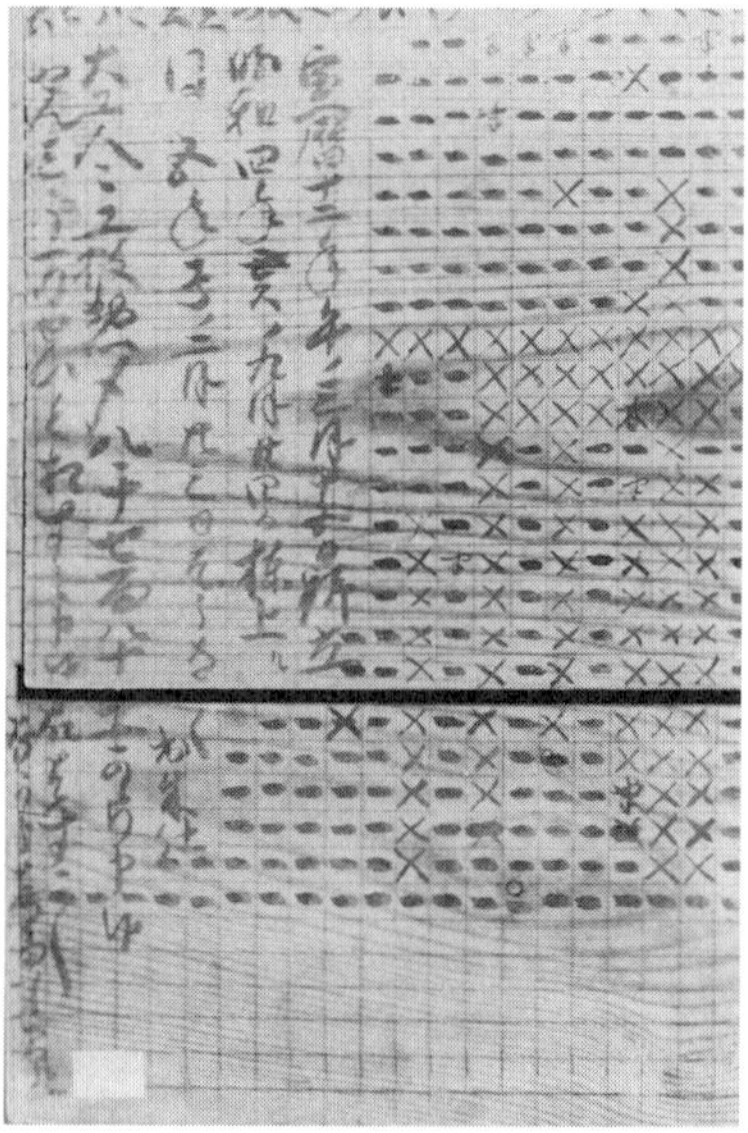

図５－６　明和４年９月欄

業に携わっていたものと推測される。

このように途中で約五カ月間も工事は中断された状況であったが、全工程（計一七七二日）を通じて一人でも大工が働いていた現場稼働日数は合計一五四五日となり、この間の現場の稼働率は八七・二％であった。ただし先述のように、宝暦一二年九月は六日間しか仕事をしていなかったことや、正月・盆など長期にわたって休業する月のあることを算定に当たっては考慮しなければならない。各年の一月における稼働日数の平均は一九日、七月は一九・二日、一二月はやや増えて二三・二日となるがいずれも他の月に比べて下回っている。そこで宝暦一二年九月と各年の一月・七月・一二月（明和元年は閏一二月）を除外すると、現場が稼働していたのは四四カ月一二三二日となり、一カ月平均の現場稼働日数は二八日である。すなわち月の大小によって異なるが、正月・盆など長期にわたる年中行事のある月を除くと、通常一カ月に一〜二日ほど現場は休業していたようである。

『文政年間漫録』(17)には、

大工が云、一日工料四匁弐分、飯米料一匁二分をうく、但一年三百五十四日の内、正月節句風雨の阻などにて六十日も休として、二百九十四日に銀一貫五百八十七匁六分なり（後略）

と記されていた。これによると、太陰太陽暦では閏月のない一年間を三五四日と数え、その内に正月や節句などの年中行事や、風雨のために仕事に出られない日数を合計するとざっと六〇日間あり、これを休業とする、ということである。すると一般的に大工は、年間六〇日間程の休業であるから、一カ月に約五日間仕事に行かなかったことになる。

智恩寺の場合と『文政年間漫録』の記述では、時代や地域さらに造営方法などの条件も異なるので単純には比較できないが、参考にはなるであろう。智恩寺山門造営における一カ月平均の就労日数が多いということは、現場では小屋掛けされた作業場があり、山門建設の現地にも何らかの形をした素屋根のようなものが架けられてい

七夕(7月)	盆(7月)	重陽(9月)	暮(12月)	その他
			12/25〜30	
–	7/12〜16	9/9〜10	12/26〜30	2/13, 3/15, 4/21
–	7/11〜(10/5まで)		12/26〜29	10/1〜5, 15, 20, 11/8〜26
–	7/11〜20	9/9〜10	12/26〜29	3/7, 4/27, 8/1〜6, 9/28
7/4〜16		9/9〜10	12/17〜29	2/16, 4/16, 17, 19, 21, 8/1
–	7/14〜16	9/9		5/10

た可能性も想定される。つまり風雨にあまり影響されずに作業ができたものと考えられる。では翻って、どのような日に現場は稼働していなかったのか[18]、ということについて表5—4にまとめたので、これを見てみたい。

〈年末・年始〉

年末の仕事納めは、明和三年が最も早く一二月一六日、その他の年は二四日または二五日である。正月の仕事始めは明和三年の一月八日が早く、例年は概ね一月一一〜一二日で、休業期間は一一日間（明和二〜三年）から二三日間（同三〜四年）と、年によって幅があったようである。

これらを平均すれば、正月休みは一六日間程となる。この他一月には小正月があり、一五日は各年とも休みであった。

〈盆〉

お盆は、概ね七月一一日から休みとなっていたようであるが、宝暦一三年は一一日まで働いて一二日から休みであった。明和四年の七月一一日から一六日まで、棟梁の庄次郎をはじめこの月の出面板に名を記す大工二〇人は一斉に休んでいるが、なぜか「助工」の次兵衛だけが七月一三日まで現場に出ている。

〈節句〉

五節句のうち一月七日の「人日」は正月休みに含まれている。三月の「上巳」と五月の「端午」は、原則として一日間の休日である。ところが明和四年の上巳は、例年とは異なり三月四日に休んでいるが、なぜなのか疑問が残る。「七夕」は休まずに働くが、その後間もなく一〇日過ぎには「盆」休みが数日間続くので、あえて七月七日は休まなかったものと推定される。九月の「重陽」は一日もしくは二日間の休業である。

〈その他〉

八月一日は「八朔」で、この日は贈答をして祝う習俗がある。宝暦一三年八月一日の本棟梁庄次郎の出面は「寺半」と記されているので、智恩寺の何らかの仕事に半日間携わったものであろう。それ以外の大工三人はいずれも休んでいる。明和元年は八月と九月の出面が空白であったから判らないが、明和二年は八月一日から六日まで一斉に休みになっている。明和三年の七月二九日は六人、八月二日もやはり六人の大工が働いているが、八月一日は一人も出面が付けられておらず、明らかに休業日であったことが判明する。明和四年八月一日は、一五人の大工が現場へ出て働いている。この時は九月二四日の上棟に向けて追い込みの時期であったから、八朔といえども休むことはなかったと考えられる。

表５－４　現場非稼働日

	正　月	小正月	上巳（３月）	端午（５月）
宝暦12年				
宝暦13年	1/1～11	1/15	3/3	5/5
宝暦14年	1/1～10	1/15	3/3	5/5
明和２年	1/1～10	1/15	3/3	5/5
明和３年	1/1～７	1/15	3/3	5/5～6
明和４年	1/1～10	1/15	3/4（？）	5/5

（2）　大工の動員

これまで述べた現場稼働日数（A）の他に、各月の動員大工数（B）や月間延べ工数（C）、累計工数（D）、一日平均稼働工数（C／A＝E）などをまとめて表5—5に示した。また併せて、A・B・Eの推移を捉えやすいようにグラフ化した。

現場稼働日数（A）を見ると、一月は概ね二〇日前後であり、七月と一二月もやはり他の月に比べて日数の少

表5－5　現場稼働日数および大工工数等

年	月	A)現場稼働日数(日)	B)動員大工数(人)	C)月間延べ工数(工)	D)累計工数(工)	E)平均稼働工数(工／日)	備考
宝暦12年	9	6	7	24.0	24.0	4.00	
	10	29	5	＊89.0	113.0	3.07	＊不明3
	11	30	7	＊66.5	179.5	2.22	＊不明1
	12	25	5	＊78.0	257.5	3.12	＊不明1
宝暦13年	1	18	9	＊74.0	331.5	4.11	＊不明5
	2	28	4	42.0	373.5	1.50	
	3	28	6	44.5	418.0	1.59	
	4	28	5	49.0	467.0	1.75	
	5	29	5	66.0	533.0	2.28	
	6	29	5	93.5	626.5	3.22	
	7	25	6	62.0	688.5	2.48	
	8	29	5	86.5	775.0	2.98	
	9	27	5	82.0	857.0	3.04	
	10	30	4	90.5	947.5	3.02	
	11	29	5	63.0	1010.5	2.17	
	12	25	7	115.0	1125.5	4.60	
宝暦14(明和元)年	1	19	8	83.0	1208.5	4.37	
	2	29	6	＊84.0	1292.5	2.90	＊不明1
	3	29	8	108.0	1400.5	3.72	
	4	30	4	72.0	1472.5	2.40	
	5	28	5	86.5	1559.0	3.09	
	6	30	5	78.5	1637.5	2.62	
	7	10	4	30.5	1668.0	3.05	
	8						
	9						
	10	22	1	21.5	1689.5	0.98	
	11	11	1	11.0	1700.5	1.00	
	12	29	4	74.0	1774.5	2.55	
	閏12	25	4	89.5	1864.0	3.58	
明和2年	1	18	7	114.5	1978.5	6.36	
	2	30	7	137.5	2116.0	4.58	
	3	28	7	104.5	2220.5	3.73	
	4	28	5	106.5	2327.0	3.80	
	5	29	5	104.0	2431.0	3.59	
	6	30	5	106.0	2537.0	3.53	
	7	19	5	61.0	2598.0	3.21	
	8	24	5	64.0	2662.0	2.67	
	9	26	5	57.0	2719.0	2.19	
	10	30	5	122.0	2841.0	4.07	
	11	29	4	78.0	2919.0	2.69	
	12	25	5	106.0	3025.0	4.24	
明和3年	1	22	16	236.0	3261.0	10.73	
	2	28	14	157.0	3418.0	5.61	
	3	29	10	113.5	3531.5	3.91	
	4	25	7	69.0	3600.5	2.76	
	5	28	7	113.5	3714.0	4.05	
	6	30	8	125.5	3839.5	4.18	
	7	16	11	84.0	3923.5	5.25	
	8	29	11	216.5	4140.0	7.47	
	9	28	15	209.5	4349.5	7.48	
	10	29	11	242.0	4591.5	8.34	
	11	30	14	＊292.5	4884.0	9.75	＊不明2
	12	16	17	159.5	5043.5	9.97	
明和4年	1	18	15	171.5	5215.0	9.53	
	2	30	17	232.5	5447.5	7.75	
	3	28	14	211.5	5659.0	7.55	
	4	30	18	271.0	5930.0	9.03	
	5	27	21	＊394.0	6324.0	14.59	＊不明1
	6	30	21	421.0	6745.0	14.03	
	7	26	21	＊331.5	7076.5	12.75	＊不明1
	8	30	23	494.5	7571.0	16.48	
	9	23	28	332.0	7903.0	14.43	
計	60	1545			7903.0		不明15

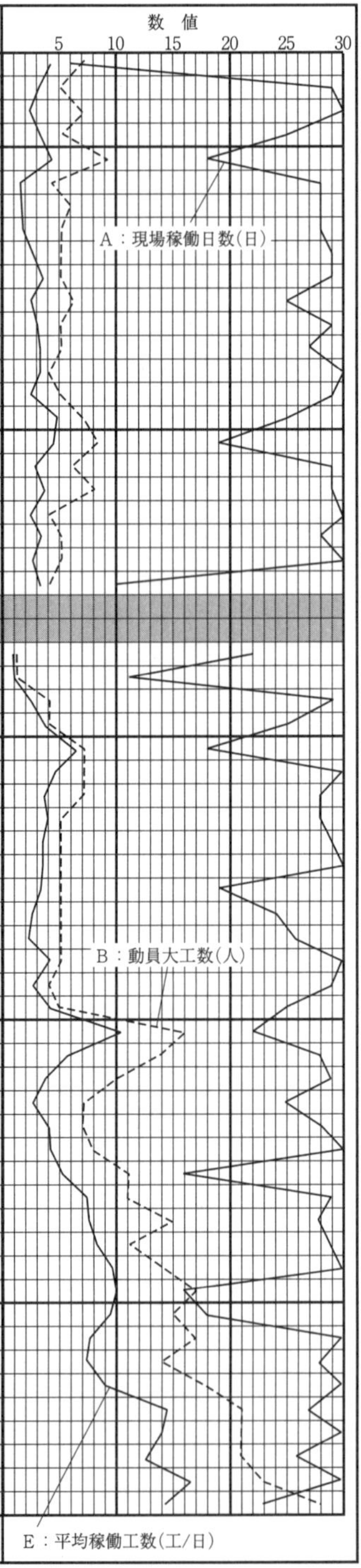

ないことが知られる。

明和二年一二月までの期間では、明和元年一〇・一一月の一人（冨田庄次郎のみ）を最少、宝暦一三年一月の九人を最多として、五人ほどの大工が動員されていたにすぎない。すなわち、工事期間の半ば過ぎ頃まではさして多くの人員を投入することはなかった。ところが年が変わり明和三年に入ると一転して、一月には前月までに比べて約三倍に相当する一六人もの大工を一挙に投入した。その後一時的に人数の減ることもあったが徐々に増員し、明和四年五月からは動員大工数も二〇人を越え、九月の上棟に向けて現場は活況を呈していたことが目に浮かぶ。

ただし、単に動員大工の人数のみを捉えて現場の稼働状況を判断することは注意を要する。例えば宝暦一二年一一月は七人の大工が動員されたが、一カ月を通じて二六日間（不明の一日を除く）働いたのはこのうち一人だけで、三人はこの間に三～四日しか現場には出ていなかった。また明和三年二月と四月には、動員された大工のうち半数以上はこの現場での就労日数が一カ月の半分にも満たなかった[19]。これに対し明和二年一月のように、動員された七人の大工全員が、一カ月を通じてほとんど毎日山門造営現場で働いた月もある。

以上のように、現場での就労状況の粗密は大工によってかなり差があった。そこで、その月の一日平均稼働大工数（C／A＝E）を求めて、併せて表5―5に示した。グラフから明らかなように、動員大工数（B）と一日平均稼働大工数（E）の値は当然差が生じるものの、両者の推移は概ね対応している。すなわち、造営開始から上棟までの期間を通じ、前半三分の二の間は平均一日三～四人ほどの大工を投入し、後半三分の一に当たる明和三年初め頃から二〇カ月余の期間は、現場で働く大工の数が徐々に増加する傾向にあった。このように稼働大工数の増加していった背景については、工事の進捗状況と密接な関係があるので、次節で採り上げる。

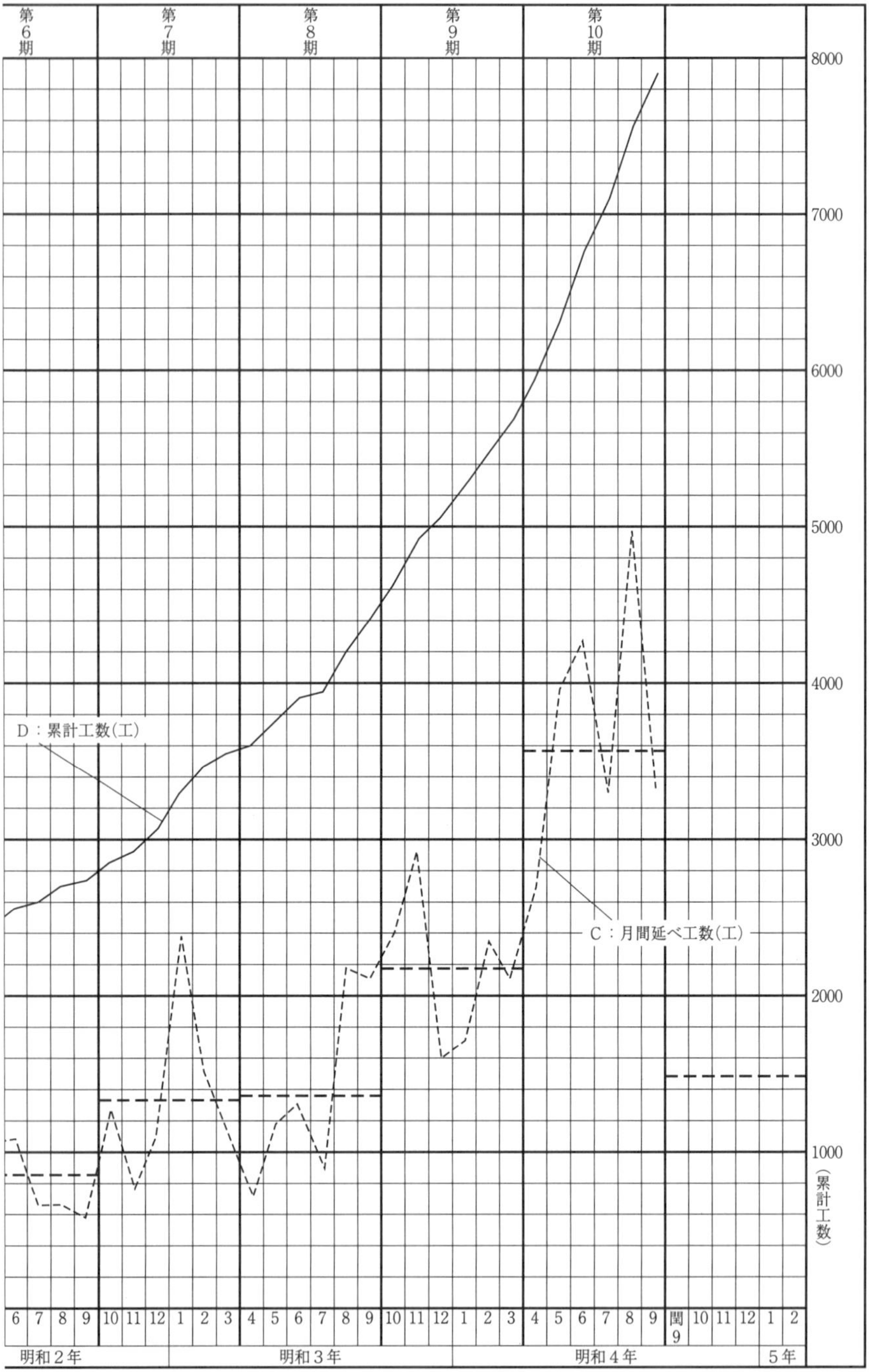
第6期
第7期
第8期
第9期
第10期
8000
7000
6000
5000
4000
3000
2000
1000
(累計工数)
D：累計工数(工)
C：月間延べ工数(工)
6 7 8 9 10 11 12 1 2 3 4 5 6 7 8 9 10 11 12 1 2 3 4 5 6 7 8 9 閏9 10 11 12 1 2
明和2年
明和3年
明和4年
5年

表5－6　月間延べ工数および累計工数

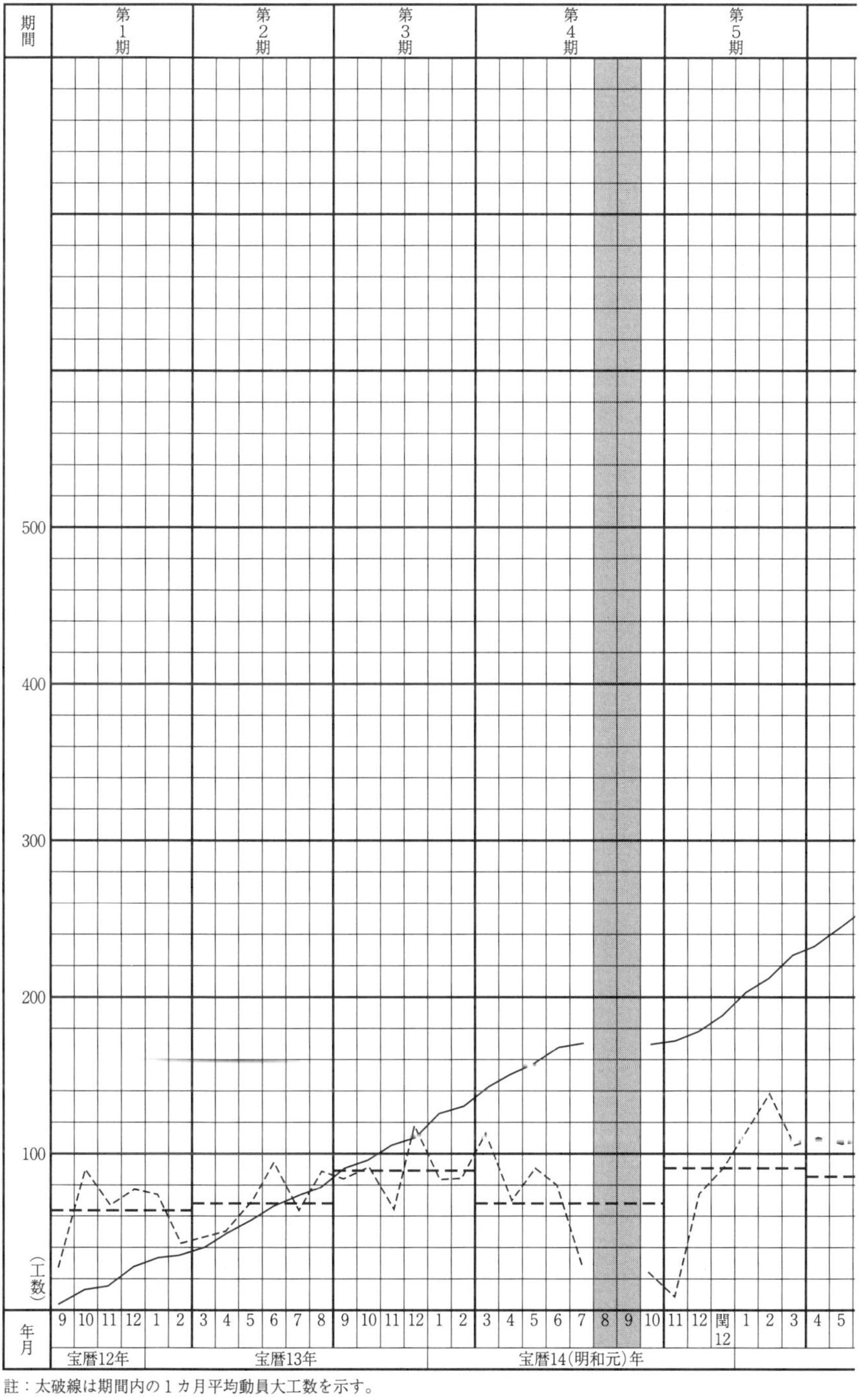

註：太破線は期間内の1カ月平均動員大工数を示す。

第四節　稼働工数と工事の進捗状況

各月の月間延べ工数（表5―5のC）と累計工数（D）の変動を表5―6に示した。なおここでは、六〇カ月間を便宜上六カ月毎に区切り、第一期～第一〇期を設定した。

前半の六期三六カ月間のうち、月間延べ工数は明和元年一一月の一一工、次いで同年一〇月の二一・五工が最も少ないが、これは先に触れたように工事が一時中断しており、本棟梁の庄次郎一人だけが現場に来ていたことによる。それに対して明和二年二月は一三七・五工と最も多く、各月によって大きな幅で変動が見られる。ところが各期間内における一カ月平均工数（表5―6中に太い波線で表示）を求めると、最少は第一期の六二・三工から最多で第五期の八八・五工までの範囲に分布している。したがってこの期間内は、月一〇〇工にも満たない大工が投入されたに過ぎず、工事の進捗は緩やかであった。

第七期以降では、明和二年一一月や同三年の四月・七月などのように、まれに一〇〇工を下回る月もあるが、全般的に工数の増加する傾向が見られる。上棟を翌月に控えた明和四年八月は、盆の長期休業（助工一人を除くと六日間）による工事の中断を挽回しようとしたのであろうか、一挙に七月の一・五倍に相当する四九四・五工もの大工を投入している。第七・八期の期間内一カ月平均工数はともに約一三五工で、第六期に比べて一・六倍の増加である。以降第九期と第一〇期はそれぞれ前期の一・六～一・七倍の上昇率で工数が増えた。

全期間を通じた累計工数の変動を一瞥すると、明和二年一二月を境にして、それまでは直線的に増加していたのが、急激に曲線的に増加する。六〇カ月のうち明和二年一二月までは三九カ月で期間全体の六五％を占めるものの、工数は約三八％しか投入されていない。反面、残りの工期は二一カ月で全体の三五％であるが、投入した工数は約六二％になり六割を超えている。後半三分の一に、いかに追い込んで工事を進めたかが明らかとなった。

さらには、このうち上棟をさかのぼる六カ月間の大工延べ工数は二二四四工となり、これは上棟までに要した累計工数七九〇三工の二八・四％になる。すなわち、上棟前半年間で全工数の約三割を投入したことが知られる。

先にも採り上げたが、明和四年九月欄に続いて「大工全工数惣〆八千七百八十工かかり申候」とあったので、工事開始から明和五年二月二三日の造作完了までに要した大工総工数は八七八〇工だったことがわかる。上棟までの累計総工数は七九〇三工であったから、上棟から造作完了までの工数はその差の八七七工となり[20]、この六カ月間の月平均工数は一四六・二工であった。この間の出面がないので各月の推移はわからないが、上棟後は投入大工数がずいぶん減少したことが知られる。

上棟までに要した累計総工数七九〇三工は、造作完了までの総工数八七八〇工のちょうど九〇％に当たる。建物の出来高を表す指標の一つとして累計工数が挙げられることは周知のところであるが、智恩寺山門造営の場合は、上棟時には建物の九割が施工済みであったことが導き出される。柱を立てながら貫や壁板を同時に嵌め込み、その上に組物を載せて軒廻りや小屋組を施工する社寺建築では、上棟までに相当な割合の造作工事も併せて行なうことは明らかであるが、智恩寺山門造営の例からは、上棟時の出来高を数量的に明確に捉えることができた。

第五節　各大工の就労状況

ここでは、「本棟梁」冨田庄次郎をはじめとする「相棟梁」「番匠」「後見」「助工」など、造営現場における各大工の就労状況を見てみる。

（1）「本棟梁」冨田庄次郎

庄次郎の就労状況からは、半日就労が全体で八四回と多いことに気が付く（表5―7）。上棟の一年ほど前から

表5－7　「本棟梁」冨田庄次郎の出面(総工数　1120.0工　不明２)

年月＼日		1	2	3	4	5	6	7	8	9	10	11	12	13	14	15	16	17	18	19	20	21	22	23	24	25	26	27	28	29	30	工　数
宝暦12年	9	▒	▒	▒	▒	▒	▒	▒	▒	▒	▒	▒	▒	▒	▒	▒	▒	▒	▒	▒	▒	▒	▒	▒	▒			一	一	一	一	4.0
	10	一	一	一	一	一	一	一	一	一	一	一		一	一						一	一	一	一				x	x		▒	2 x　17.0
	11																															
	12																															
宝暦13年	1																									一						1.0
	2																														▒	
	3																															
	4		一	一	一	一	一	半		一	一	一	一	一		半	一	一	一	一	半		一		一	半	一	一	一	一	▒	22.0
	5	一	一	一	一		一	一	一	一	一	一	一	一	一	一								一	一	一	一	一	一	一	一	22.0
	6	一	一	一	一	一	一	一		一	一	一	半	一	一	一	一	一	一	半	一	一	一	一	一	一	半				▒	23.5
	7																	一	一	一	一	一	一	一	一	一	一	一	一	一	一	14.0
	8	半	一	一	一	一	一	一	一	一	一	一	半	半	一	一			一	半											▒	15.0
	9		一	一								一	一	一	一	半	一	一	一	一	一	一		一	一	一		一	一	一	▒	19.5
	10	一	一	一							一	一	一	一	一	一	一	一	一	一	半	一	一	一	一	一	一	一	一	一	一	23.5
	11	一	一	一	一	一	一	一	一	一	一	一	一	一	一	一	一	一		一	一	一	一	一	一	一	一	一	一	一	▒	28.0
	12	一	一	一	一	一	半	一	一	一	一	半		一	半	一	一	一	一	一	一	一	一	一	一	一						22.5
宝暦14(明和元)年	1											一	一		一																	3.0
	2										一	一	一		一	一	一	半	一	一	一	一	一	一	一	一	一	一		一	▒	17.5
	3	一	一		一	一	一	一	一	一	一	一	一	一	一	一	一	一	一	一	一	一	一	一		一	一					24.0
	4		一	一	一		一	一		一	一	一	半	一	半	一	一	一									一	一	一	一	一	18.0
	5	一	一	一						一	一	一	一	一	一	一		一	一	一	一	一	一	一	一	一	一	一	一	一	▒	23.0
	6	一		一	一	一	一	一	一	一				一	一		一	一	一	一	一				一	一						17.0
	7					一	一	半	一	一	一																					5.5
	8	▒	▒	▒	▒	▒	▒	▒	▒	▒	▒	▒	▒	▒	▒	▒	▒	▒	▒	▒	▒	▒	▒	▒	▒	▒	▒	▒	▒	▒	▒	▒
	9	▒	▒	▒	▒	▒	▒	▒	▒	▒	▒	▒	▒	▒	▒	▒	▒	▒	▒	▒	▒	▒	▒	▒	▒	▒	▒	▒	▒	▒	▒	▒
	10						一	半	一	一	一	一	一	一	一		一	一	一	一		一	一	一	一	一	一	一	一	一	▒	21.5
	11	一	一	一	一	一	一	一																				一	一	一	一	11.0
	12	一	半	一	一	一	一	一	一	一	一	一	一	一	一	半	半	一	一	一	一	一	一	一	一	一	一	一	一	一	▒	27.5
	閏12	一	一		一			一	一	半		一	一	一	一	一	一	一	一	一	一		一	一	半	一					▒	19.0
明和2年	1											一	半	半	一		一	一	一	一	一	一	一	一	一	一	一	一	一	一	▒	17.0
	2	一	半				一	一	一	一	一	一	一	一	一	一	一	一	一	一	一	一	一	一	半	半	半		半	半	半	22.5
	3	半	半		半	一	半		一	半						一	一	一	一	一	一				一	一	一	一	一	一	一	17.5
	4	一	一				一	一	一	一	一	半	一																		▒	8.5
	5						半	一	半			一	半	一	一	一	一		一			一	一	一	一	一		一	一	一	一	17.5
	6		一	一	一	半	一	一	半	半					一	一	一	一	一	一	一				一			半	一	一	一	18.0
	7	一	半	一	一	半	一	一	一	一	一											半	一	半	一	一	半	半	一	一	▒	16.0
	8							一	一	一				一	一	一	一	一	一	半	半	半	一	一	一	一	一	一	一	半	一	19.0
	9	一	一	一	一	一	一	一	一			一	一	一	一	一	一	一	一	一	一	一	一	一	一	一		一		一	▒	25.0
	10	一	一	一	一	一	一	一	一	一	一	一	一	一	半	半	一	半	一	半			半	一	一	一	一	一	一	一	一	25.5
	11	一	一	一	一	一	一	半	一	一	一		一	一	一	一	一				一	一	一	一	一	一	一		一	一	▒	23.5
	12	一	一	一	一	一	一	一	一	一	一	一	一					一	一	一		一	一	一	一	一					▒	20.0
明和3年	1								一	一	一	一	一	一	一			一	一	一					一	一	一	一	一	一	一	17.0
	2	一	一	一	一	一	一	一	一	一	半	半	一	一	一	半		一	一	一	一	一	一	一	半	一	一	一	一	一	▒	26.0
	3	一	一		一	一	半	一		一	一	一	半		一	一	一	一	半				一	一	一	一	一	一	一	一	一	22.5
	4		半		一	一	一	一	一	一	一													一	一	一	一	一	一	一	▒	14.5
	5	一	一	一	半				一	一	一	一	一	一	一	一	一	一	一	一	半	半	一	一	一	一	一			一	一	23.5
	6	一	一					一		一	一	一	一	一	半	半	一	一	一	一	一	一	一	一	一	一	半	一	一	一	一	23.5
	7	一	一															一	一	一	一	一	一		一	一	半	一	一	一	▒	13.5
	8		一	一	一	一	一	一	一	一	一	一	一	一	一	一	一	一	一	一	一	一	一	一	一	一	一	一	一	一	一	29.0
	9	一	一	一	一	一	一	一	一			一	一	一	一			一	一	一	一	一	一	一	一	一	一	一	一	一	一	26.0
	10	一	一	一	一	一	一	一	半	一	一	一	一	一	一	一	一	一	一	一	一	一							一	一	▒	22.5
	11	一	一	一	一	一	一	一	一	一	一	一	一	一			一	一	一	一	一	一	一	一	一	一	一	一	一	半	一	27.5
	12	半	一	一	一	一	一	一	一	一	一	一	一	一	一	一	一														▒	15.5
明和4年	1											一	一	一	一		一	一	一	一	一	一	一	一	一	一	一	一	一	一	▒	18.0
	2	一	一	一	一	一	一	一	一	一	一		一	一	一	一	一	一	一	一	一	一	一	一	一	一	一	一	一	一	一	29.0
	3	一	一	一		一	一	一	一	一	一	一	一	一	一	一	一	一	一	一	一	一	一	一	一	一	一	一	一	一	▒	28.0
	4	一	一	一	一	一	一	一	一					一				一	一	一	一	一	一	一	一	一	一	一	半	一	一	22.5
	5	一	一	一	一		一	一	一	一		一	一	一	一	一	一	一	一	一	一	一	一	一	一	一	一	一	一	一	▒	27.0
	6	一	一	一	一	一	一	一	一	一	一	一	一	一	一	一	一	一	一	一	一	一	一	一	一	一	一	一	一	一	一	30.0
	7	一	一	一	一	一	一	一	一	一	一							一	一	一	一	一	一	一	一	一	一	一	一	一	▒	23.0
	8	一	一	一	一	一	一	一	一	一	一	一	一	一	一	一	一	一	一	一	一	一	一	一	一	一	一	一	一	一	一	30.0
	9	一	一	一	一	一	一	一	一		一	一	半	一	一	一	一	一	一	一	一	一	一	一	一	▒	▒	▒	▒	▒	▒	22.5
(凡例)　一：１工数(寺・寺一を含む)　半：半工数(寺半を含む)　x：不明																																2 x　1120.0

はさすがに半日就労は数回と少ないが、それまではずいぶん多かった。

また、もう一つの特徴は長期間の連続就労が多いことである。三〇日以上連続して現場で働いたのは、宝暦一三年一〇月一〇日から一一月一七日（三八日間）をはじめ、明和元年一一月二七日から閏一二月二日（三四日間）、明和三年は八月二日から九月八日（三七日間）、九月一七日から一〇月二一日（三五日間）、一一月一六日から一二月一六日（三一日間）と三回あった。明和四年になると三月五日から四月八日の三三日間、また九月の上棟に向けて五月一一日から七月一〇日までは五九日間、お盆の休業を挟み七月一七日から九月八日までの五一日間と、実に二カ月近くも休まず連続して現場に詰めている。

庄次郎の出面を見てまず目につくのは、全大工の中で就労工数が一一二〇工と最も高い値を示していることであり、総工数七九〇三工の実に一四・二％を占めている。工程全日数一五四五日のうち、半日就労を含めて一二〇四日間も現場へ出ていた。このことから、棟梁自身が率先して、一番多く現場で働いていたことが判明する。

（2）「相棟梁」冨田喜左衛門と浅田治左衛門

表5―7から庄次郎は、宝暦一三年四月二日まで延べ二〇工余と、この現場に専任していたとは思えないような就労状況であった。

これに対して、庄次郎の父親である喜左衛門の出面を見ると（表5―8）、庄次郎が本格的に山門の現場に参画するまで、すなわち宝暦一三年四月一日までは庄次郎に先行して、山門造営現場の基盤作りを行なっていたと考えられる。庄次郎を補佐してともに働くことはもちろんであるが、その後も幾度となく、庄次郎の不在期間を埋めるかのごとき就労状況が顕著であり、よく庄次郎の代わりを務めていたことが知られる。庄次郎と喜左衛門の出面を重ね合わせると、年末年始や盆のような長期休業を除いて、二人の就労は期間中のほとんどを埋めている

表5－8　「相棟梁」冨田喜左衛門の出面（総工数　670.0工　不明6）

年	月＼日	1	2	3	4	5	6	7	8	9	10	11	12	13	14	15	16	17	18	19	20	21	22	23	24	25	26	27	28	29	30	工数
宝暦12年	9																									一	一	一	一	一	一	6.0
	10	一	一							一	一	一	一	一	一	一	一		一		一	一	一		一	一	一	一	一	一		20.0
	11	一	一	一	一	一	一	一	一			一	一	一	一	一	一	一	一	一	一	一	一	一	一	一	x		一	一	一	1 x　26.0
	12	一	一	一	一	一	一	一	一	一	一	一	一	一	一	一	一	一	一	一	一	一	一	一	一	一						25.0
宝暦13年	1												一	一	一		一	一	x	x	x	x	x	一	一	一	一	一	一	一	一	5 x　13.0
	2	一	一	一	一	一	一	一	一	一	一	一	一		一		一	一	一	一		一	一	一	一	一	一	一	一			25.0
	3	一	一		一	一	一	一	一	一	一	一	一	一	一		一	一	一	一	一	一	一	一	一		一	一	一	一	一	27.0
	4	一																														1.0
	5																一	一	一	一	一	一	一	一	一	一	一	一		一	一	14.0
	6	一	一		一	一	一	一	一	半	一	一	一	一	一	一	一	一	一	一	一	一	一	一	一	一	一	一	一	一		27.5
	7	一	一	一	一	一	一	一	一	一	一	一						一														12.0
	8									一	一	一	一	一	一	一	一	一	一	半	一	一	一	一	一	一	一	一	一	一		20.5
	9	一	一	一	一	一	一	一	一					一	一	半	一	一	一			一	一	一	一	一	一	一		一		21.5
	10		一	一	一	一	一	一	一	一	一		一	一	一	一	一				一		一	一	一			一	一	一	一	22.0
	11	一																														1.0
	12				一	一	一	一	一	一	一	一	一	一	一	半		一	一	一	一	一	一	一	一	一						20.5
宝暦14（明和元）年	1																			一	一	一	一	一	一	一		一	一	一	一	11.0
	2	一	半	一	一	一	一	一	一	一																						8.5
	3																										一	一	半	一	一	4.5
	4		一	一	一		一	一	一	一	一	一	一	一	一			一	一	一	一	一	一	一	一	一	一	一	一	一	一	26.0
	5	一	一	一			一	一	一		一		一	一	一	一	一		一	一	一	一	一	一		一						19.0
	6																						半	一	一	一	一	一	一	一	一	8.5
	7	一	一	一	一	一	一	一	一	一	一																					10.0
	8																															
	9																															
	10																															
	11																															
	12							半	一	一	一	一		一	一	一	一	一	一	一	一	一		一	一	一	一	一	一	一		20.5
	閏12	一	一	一	一	一	一			一	一	一	一	一	一	半	一		一	一	一	一	一	一	一	一						21.5
明和2年	1											一	半	一	一		一	一	一	一	一	一	一		一	一	一		一	一		15.5
	2	一			一	一	一	一	一				一	一	一		一	一	一	一		一	一									15.0
	3		一		一	半	半		一	一	一	一		一		一	一	一		一	一	一	一	一	一				一	一	一	20.0
	4	一	一	一		一	一	一	一	一	一	一	一	一	一	一	一	一	一	一	一	一	一	半		一	一		一	一		25.5
	5	一	一	一	一		一	一	一	一	一	半								一	一	一		一	一	一		一	一	一	一	19.5
	6																	一	一	一			半	一	一	一	一	一	一	一	一	11.5
	7	一	半					一	一	一	一															半	一	一	一	一		10.0
	8								一	一	一		一	一																		5.0
	9											一	一	一	半	一	一	一	一							一	一	一		一		11.5
	10						一		一	一	一		一	一	一	一	一	一	一	一	一	一	一	一	一	一	半	一	一	一	一	22.5
	11				半	一	一	一	一	一	一	一		一	一	一	一	一	一	一	一	一	一	一	一	一	一	一	一	一		24.5
	12	一	一	一	一	一		一	一	一	一	一	一	一	一	一	一	一	一		一	一	一	一	一	一						23.0
明和3年	1								一	一	一	一	半	半	一		一	一	一	一	一	一				一						13.0
	2	一	一	一	一	一	一	一					一	一	一	半		一					半	一		半	一	一	一	一		17.5
	3	一	一			一		一	一	一					一	一	一	一	一	一	一	一	一	一	一	一	一	一	一	一	一	23.0
	4		一	半																												1.5
	5																															
	6																															
	7																															
	8																															
	9																															
	10																															
	11																															
	12																															
明和4年	1																															
	2																															
	3																															
	4																															
	5																															
	6																															
	7																															
	8																															
	9																															
（凡例）　一：1工数（寺・○を含む）　半：半工数　x：不明																																6 x　670.0

ことに気付く。喜左衛門の就労の特徴として、半月から一カ月半程現場を空けることがしばしばあることが指摘される。

ところが、この喜左衛門の出面も明和三年（一七六六）四月三日で終っており、その後は全く出面が空白である。第四章でも採り上げたが、庄次郎たちの事績のうち、寛政一一年（一七九九）の智恩寺庫司造営棟札に、「宮津葛屋町　大工棟梁冨田清右衛門保久　同苗庄次郎　同苗喜左衛門」と記され、棟梁を務めた弟清右衛門とともに庄次郎と喜左衛門の名があるが、この喜左衛門が庄次郎の父親と同人であったのか疑問も生じる。すなわち、宝暦一二年（一七六二）の智恩寺観音堂造営では庄次郎が三六歳であったことが知られ[21]、この時の棟札に喜左衛門は「老親　同（冨田）喜左衛門」とあるので、さらに三〇数年を経た寛政年間の庫司造営まで喜左衛門が存命していたのだろうか。もし健在であったとしても、ずいぶんと高齢になっていたと思われる。いずれにせよ智恩寺の出面の空白からは、明和三年四月以降は喜左衛門の現役引退が想像されるのである。喜左衛門は約三年半の期間山門造営に従事し、総工数は六七〇工に及んでいる。

もう一人の相棟梁である浅田治左衛門は、工事開始後半月ほどして、宝暦一二年一〇月一一日から一一月四日まで、一九工数従事した（表5—9）。その後約六カ月間智恩寺から離れ、次は宝暦一三年四月から一二月までの九カ月間で、一四五工数働いた。この間の一カ月平均工数は、一六・一工であった。その後再び約三カ月間現場を離れ、宝暦一四年三月には一九・五工数現場へ出ている。

次に浅田治左衛門の出面が付けられたのは、一〇カ月以上後の明和二年正月明けである。その後、途中で最長一カ月程現場を離れたことはあるが、上棟の明和四年九月二四日まで、断続的ながらも山門再建に六四〇・五工数貢献した。この間の月平均就労工数は、一九・四工であった。

安養寺（弥栄町）の本堂は、宝暦八年（一七五八）一一月七日に上梁しており、「宮津大工棟梁　浅田治左衛門」

表５－９　「相棟梁」浅田治左衛門の出面（総工数　824.0工）

年	月＼日	1	2	3	4	5	6	7	8	9	10	11	12	13	14	15	16	17	18	19	20	21	22	23	24	25	26	27	28	29	30	工　数
宝暦12年	9																															
	10											一	一	一	一	一	一		一				一	一	一	一	一	一	一	一		15.0
	11	一	一	一	一																											4.0
	12																															
宝暦13年	1																															
	2																															
	3																															
	4																										一	一	一	一		4.0
	5	一	一	一	一			一	一	一	一	一	一	一	一	一	一	一	一						一	一	一					19.0
	6					一	一	一	一	一	一	一	一	一	一	一	一	一	一	一	一	一	一	一	一	一	一	一	半	一		24.5
	7	一	一	一	一	一	一	一	一	一	一	一															一	一	一	一	一	16.0
	8			一	一	一	一	一	一	一	一	一	一	一	一	一			一	半	一	一	一	一	一	一	一	一	一	一		24.5
	9	一	一		一	一	一	一								一	一	一	一	一	一	一	一	一					一	一		17.0
	10		一	一	一		一	一	一	一	一	一		一	一	一	一	一	一	一	一				一	一	一	一	一			22.0
	11																								一	一			一	一		4.0
	12	一	一	一	一	一	一	一	一	一	一		一	一	一	一																14.0
宝暦14（明和元）年	1																															
	2																															
	3					一	一	一	一	一	一	一	一		一	一	一		一	一	一			一	一	一	一	一	半			19.5
	4																															
	5																															
	6																															
	7																															
	8																															
	9																															
	10																															
	11																															
	12																															
	閏12																															
明和2年	1											一	一	一	一		一	一	一	一		一	一	一		一		一	一	一		15.0
	2	一	一	一	一	一	一	一	一	一				一	一	一	一	一	一	一	一	一	一		一	一	一	一	一	一	一	26.0
	3	一	一		一	一	半				一	一	一	一	一	一			一	一	一	一	一	一	一	一	一	一	半		一	22.0
	4	一	一	一	一	一	一	一	一	一	一	一	一	一				一	一	一	一	一	一	一	一	一	一			一		24.0
	5	一		一	一		一	一	一	一	一			一	一	一	一	一	半	一	一	一	一		一	一	一	一	一	一	一	24.5
	6		一	一	一	一	一		一	一	一	一	一				一	一	一	一	一	一	一	一	一	一			一	一	一	23.0
	7	一	一	一	一	一	一	一	一	一	一															一	一	一	一	一		15.0
	8							一	一	一	一	一	一	一	一		一	一		一	一	一	一	一	一						一	17.0
	9	一	一																	一	一	一	一	半			一	一				8.5
	10			一	一	一	一	一	一	一	一	一	一	一	一	一				一	一	一	一	一	一	一	一	一	一	一	一	25.0
	11				半	一	一	一	一		一	一	一	一	一	一	一	一						一	一	一	一	一	一	一		19.5
	12	一	一					一	一	一	一	一	一	一	一	一	一		一	一	一	一	一	一	一	一						20.0
明和3年	1								一	一	一	一	一	一	一			一	一			一	一	一	一	一	一	一	一	一	一	19.0
	2	一			一	一	一	一	一	一	一	一	一	一	一	一			一	一	一	一	一	一	一	一	一		一	一		24.0
	3	一	一							一	一	一	一	一	一	一	一	一	一	一	一	一		一	一	一	一	一			一	21.0
	4	一	一					一	一	一	一	一	一	一					半		半		一	一					一	一		14.0
	5	一	一	一	一			一	一	一	一	一											一	一	一	一	一	一	一	一	一	18.0
	6	一	一	一	一	一	一			一	一	一	一	一	一	一																13.0
	7																		一	一	一	一	一		一	一	一	一	一	一		11.0
	8			一										一	一	一	一	一	一	一	一	一	一	一	一	一	一				一	16.0
	9	一	一	一	一	一	一	一	一					一			一	一	一						一	一	一	一	一	一	一	19.0
	10	一	一	一	一		一	一	一	一	一	一	一	一	一	一	一		一	一	一	一	一	一	一	一	一	一	一	一		27.0
	11	一	一	一						一	一	一	一	一	一	一	一	一	一	一	一	一	一				一					18.0
	12					半	一	一	一	一	一	一	一	一	一	一																10.5
明和4年	1											一	一	一	一		一	一	一	一	一	一	一			一	一	一	一	一		16.0
	2	一	一	一	一	一	一	一				一	一	一	一	一	一	一	一	一	一	一	一	一	一	一	一	一			一	25.0
	3	一	一			一	一	一	一	一	一	一	一	一	一	一					半	一	一	一	一	一	一	一	一	一		22.5
	4	一	一	一	一		一	一	一	一	一	一	一	一							一	一	一	一	半	一	一	一	一	一	一	22.5
	5	一	一		一			一	一	一		一	一	一	一		一	一	一	一	一	一	一	一	一	一			一	一		22.0
	6	一	一	一	一	一	一			一	一	一	一	一	一		一	一	一	一	一	一	一		一	一	一	一	一	一		25.0
	7						一	一										半	一	一	一	一	一	一	一	一	一	一	一			13.5
	8	一	一	一	一	一	一	一	一	一	一	一	一	一	一	一			一	一	一	一	一		一	一	一	一	一	一	一	27.0
	9					一	一	一	一		一	一	一		一	一	一	一	一		一	一	一	一	一							17.0
（凡例）　一：１工数　半：半工数																																824.0

が造営に当たった。この時の大工の中に「浅田荘八」の名が見られるが、荘八は智恩寺山門の番匠を務めた庄八と同一人物の可能性が高い。なおこの工事では冨田新六という大工も加わっており、冨田と浅田一族の協力関係の一端が窺える。安養寺本堂の造営を終え、今度は浅田治左衛門が冨田庄次郎に協力して相棟梁を務めたのであろう。

これら二人の「相棟梁」は、長期間連続して就労することはほとんどないが、一回だけ、宝暦一三年六月四日からお盆休み前の七月一一日まで、冨田喜左衛門は三七日間、浅田治左衛門は三六日間連続して現場で就労している。

（3）「番匠」冨田清右衛門と浅田庄八

庄次郎の弟である清右衛門は、宝暦一二年から明和三年の間で一〇カ月にわたって現場に出ているが、その工数高の合計はわずかに三〇・五工であった（表5―10）。出面を付け始めた初日、すなわち山門造営工事にとりかかったと考えられる宝暦一二年九月二五日のみ現場に顔を出し、その後明和三年末までは、一番多く現場へ出た宝暦一三年三月でさえ、一カ月に六・五工であった。これに対して明和四年二月から九月までの八カ月間は、一四四工数現場で従事し（月平均一八工）、その間七月一七日から九月八日までは、半日就労三回を含み五一日間連続して就労した。清右衛門の累計工数の八割余りがこの八カ月に集中している。

もう一人の番匠浅田庄八は（表5―11）、宝暦一二年九月二六日から二〇日間現場で仕事をし、その後宝暦一三年七月までの間、断続的に延べ六一・五工働いた。これ以降は宝暦一四年三月（七・五工）、明和二年一二月から翌年一月（計三八工）、明和三年六月（五工）という具合に、かなり時間を空けて山門造営に加わった。明和三年六月までの延べ工数は一一二工であった。その後再び現場を四カ月離れ、明和三年一一月から翌四年九月までの一

表5-10 「番匠」冨田清右衛門の出面（総工数 174.5工）

年	月＼日	1	2	3	4	5	6	7	8	9	10	11	12	13	14	15	16	17	18	19	20	21	22	23	24	25	26	27	28	29	30	工数
宝暦12年	9																									一						1.0
	10																															
	11																															
	12																															
宝暦13年	1																									一						1.0
	2																															
	3																			半	一	一	一	一	一	一						6.5
	4																															
	5																	半	一													1.5
	6																															
	7								一	一	一	一																				4.0
	8		一	一																												2.0
	9																															
	10																															
	11																															
	12																															
宝暦14（明和元）年	1																															
	2																															
	3																	一	一	一	一	一										5.0
	4																															
	5																															
	6																					一										1.0
	7																															
	8																															
	9																															
	10																															
	11																															
	12																															
	閏12																															
明和2年	1																															
	2																															
	3														半	一								一	一	一	一					5.5
	4																															
	5																															
	6																															
	7																															
	8																															
	9																															
	10																															
	11																															
	12																															
明和3年	1																															
	2																															
	3																															
	4																															
	5																															
	6																															
	7																															
	8																															
	9				一	一			一																							3.0
	10																															
	11																															
	12																															
明和4年	1																															
	2																					一	一	一	一	一	一	一	半	一	一	9.5
	3		一					一	一	一	一	一	一	一	一	一	一	一	一	一				一	一	一	一	一	一	一		21.0
	4	一	一	一	一	半			一	一	一	一	一	一				一	一	一	一		一	一	一		一	一	一	一	一	22.5
	5	一	一	一	一		一	一	一	一				一	一	一	一	一	一	一	一	一				一	一	一	一	一		22.0
	6	半	一	一	一	一	一	一																								6.5
	7																	一	一	一	一	一	一	一	一	一	一	一	一	一		13.0
	8	一	一	一	一	半	一	一	一	一	一	一	一	一	一	一	一	一	一	一	半	一	一	一	一	一	一	一	一	一	一	29.0
	9	半	一	一	一	一	一	一	一				一	一	一	一	一	一	一	一	一	一	一	一	一							20.5
（凡例）	一：１工数（寺を含む） 半：半工数																															174.5

表5-11 「番匠」浅田庄八の出面（総工数 262.5工）

年	月	1	2	3	4	5	6	7	8	9	10	11	12	13	14	15	16	17	18	19	20	21	22	23	24	25	26	27	28	29	30	工数
宝暦12年	9																										一	一	一	一	一	5.0
	10	一	一	一	一	一	一	一	一	一	一	一	一	一	一	一																15.0
	11	一	一	一	一	一	一	一																								7.0
	12																															
宝暦13年	1																									一						1.0
	2																															
	3							一	一	一																						3.0
	4														一	一	一	一	一	一	一			一	一	一	一	一	一	一		14.0
	5	一	一	一	一			一	一	半	一	一	一																			9.5
	6																一	一														2.0
	7								一	一	一	一										一										5.0
	8																															
	9																															
	10																															
	11																															
	12																															
宝暦14（明和元）年	1																															
	2																															
	3															半	一	一		一	一	一		一	一							7.5
	4																															
	5																															
	6																															
	7																															
	8																															
	9																															
	10																															
	11																															
	12																															
	閏12																															
明和2年	1																															
	2																															
	3																															
	4																															
	5																															
	6																															
	7																															
	8																															
	9																															
	10																															
	11																															
	12		一	一	一	一	一	一	一	一	一	一	一	一	一	一	一	一	一	一	一		一		一	一						22.0
明和3年	1								一	一	一	一	一	一	一		一							一	一	一	一	一	一	一	一	16.0
	2																															
	3																															
	4																															
	5																															
	6															一	一	一	一	一												5.0
	7																															
	8																															
	9																															
	10																															
	11																				一	一	一	一	一	一	一	一	一	一	一	11.0
	12	一	一	一	一	一	一	一	一																							8.0
明和4年	1											一	一	一								一	一	一	一	一						8.0
	2																					一	一	一	一	一	一	一	一	一	一	10.0
	3	一	一												一	一	一	一	一	一												8.0
	4																		一		一	一	一	一	一	半						6.5
	5											一	一	一	一	一	一	一			一	半	一	一	一	一		一	一	一		15.5
	6				一	一	一	一	一	一	一	一	一												一	一	一	一	一	一	一	16.0
	7	一	一	一	一	一	一	一										一	一	一	一	一	一	一	一	一	一	一	一	一		20.0
	8	一	一	一	一	一	一	一	一	一	一	一	一		一	一	一	一	一	一	半	一	一	一	一	一	一	一	一	一	一	28.5
	9	半	一	一	一	一	一	一	一		半	一	一		一	一	一	一			一	一	一	一	一							19.0
（凡例） 一：1工数（寺を含む） 半：半工数																																262.5

一カ月間は毎月就労し、延べ一五〇・五工働いた。

庄八は前半期にも智恩寺で働いているが、二人は工事の進捗が佳境に入ったとみられる終盤約一〇カ月の期間に集中して動員されたことが知られる。しかしそれとても、月平均では清右衛門が一八工、庄八が約一五工と、かろうじて月の半分以上は智恩寺で働いたといえるにすぎない。いっぽう常栖寺（加悦町）の材木屋について、「明和四年新造（中略）大工清右衛門」と古記録にあるので[22]、清右衛門は棟梁として他に現場を持っていたことがわかる。

このようなことと、山門造営における就労状況から、この二人は他に現場を抱えていたことが推測され、智恩寺に専任していたとは考えられない。庄次郎にとって単なる助工という立場ではなく、一つの現場を独立して運営できる能力を保有していた大工だったのである。この場合、「番匠」の名で他の助工とは区別され、機に応じて棟梁を補佐したものと解釈される。

（4）「後見」冨田十郎兵衛

上棟までの全工程中、十郎兵衛が現場へ出てきたのはわずかに九日間であるが、そのうち二回は半日就労だったので、実働工数は合計八工である。十郎兵衛の出面が初めて記された日は、工事開始からちょうど一年経た宝暦一三年九月二四日であった。その後は明和三年九月二～三日、四年四月六～七日、同八月二～三日、同九月二三～二四日という具合に、まれに現場へ出るだけであったが、その都度二日間連続しており、最終は上棟の前日と当日である。このような就労状況からは、現場で実際に働いていたとは考えられず、あるいは十郎兵衛が智恩寺へ来た日は、工事のなんらかの節目に当たる日だったのかも知れない。

第四章でも述べたが、安永三年（一七七四）八月上棟の成相寺本堂（宮津市）造営の棟梁は、この十郎兵衛（棟札では重郎兵衛）であった。棟札によると、成相寺は宝暦一〇年（一七六〇）に発願したものの、上棟までには多年を要している。宝暦一一年九月一五日に釿始を行なったが、工事の進展ははかばかしくなく、京・大坂にて出開帳を行ない、釿始から一二年後の明和九年（安永元年、一七七二）三月一四日から四月三日まで、やっと基礎工事の「石場搗」を行なっている。このように、成相寺本堂造営という大工事に先行していた十郎兵衛としては、庄次郎担当の智恩寺山門工事では何ら実質的な労働に携わりようもなかったことが容易に想像される。

「後見」とは後ろだてとなって補佐する人をいうが、この場合はあくまでも名義のみで、実働することはなかったとみてよいだろう。

（5）「助工」の就労状況

本棟梁冨田庄次郎の指揮のもとで働いた数多い「助工」の中から、総工数の比較的多い大工を四人採り上げた。

最も多く山門の現場で働いたのは庄六で、総工数は六二一工であった（表5—12）。最初に現場へ来たのは宝暦一二年一一月だがわずかに三・五工数で、その後半年ほど遠ざかり、翌一三年の六月から一四年七月までの一四カ月で二八一工数働いた。この間の平均は、一カ月当たり約二〇工数であった。この後は五カ月ほど現場を空け、明和二年の暮まで二二四・五工数働いているが、この内一カ月余り現場を空けることが二回あった。再び一年余り現場を離れ、明和四年四月からは、九月二四日の上棟までほぼこの現場にかかりきりであった。このように庄六の就労状況は、ある期間集中的に山門造営に関わり、その後まとまった期間現場を離れている。山門の現場に来ない時は、冨田庄次郎の配下を離れ、他のいずれかの仕事へ行っていたものと推測される。三〇日間以上の連続就労は四回あるが、最も長期だったのは、明和二年五月二一日から七月一〇日までの五〇日間であった。

二人目の「助工」利兵衛は、総工数三六八工であった（表5—13）。かなりの期間を空けて断続的に集中して山

表5-12 「助工」庄六の出面(総工数 621.0工)

年	月	1	2	3	4	5	6	7	8	9	10	11	12	13	14	15	16	17	18	19	20	21	22	23	24	25	26	27	28	29	30	工数
宝暦12年	9																															
	10																															
	11									一	一																半	一				3.5
	12																															
宝暦13年	1																															
	2																															
	3																															
	4																															
	5																															
	6									一	一	一	一	一	一	一	一	一		一	一	一	一	一	一	一						16.0
	7																	一	一	一	一	一		一	一	一	一	一			一	11.0
	8		一	一	一	一	一	一	一				一	一	一	一	一	一	一	半	一	一	一	一	一	一	一	一	一	一		24.5
	9		一	一	一	一	一	一	一						一	一	一	一	一	一	一	一	一	一	一	一	一	一	一	一		23.0
	10				一	一	一	一	一	一	一	一	一	一	一	一	一	一	一	一	一	一					一	一	一	一	一	23.0
	11	一	一	一	一	一	一	一	一	一	一	一		一		一	一	一	一	一	一	一	一	一	一	一	一	一	一	一		27.0
	12	一	一	一	一	一	一	一	一	一	一	一	一	一	一	一	一	一		一	一	一	一	一	一	一						24.0
宝暦14(明和元)年	1												一	一	一		一	一	一	一	一	一	一	一	一	一	一	一	一	一	一	18.0
	2	一	一	一	一	一	一	一	一	一	一	一	一	一	一	一	一	一	一	一	一	一	一	一	一	一	一	一	一			28.0
	3														一	一	一	一		一	一	一	一	一	一	一		一	半	一	一	14.5
	4	一	一	一		一	一	一	一	一	一	一	一	一	一				一	一			一	一	一	一	一	一	一	一	一	24.0
	5	一	一	一	一		一	一	一	一	一	一																				10.0
	6		一	一	一	一	一	一	一	一	一	一	一	一	一	一	一	一	一	一	一	一	一	一	一	一	一		一	一	一	28.0
	7	一	一	一	一	一	一	一	一	一	一																					10.0
	8																															
	9																															
	10																															
	11																															
	12																								一	一	一	一	一	一		6.0
	閏12	一	一	一	一	一	一	一	一	一	一	一	一	一	一	一	一	一	一	一	一		一	一	一	一						24.0
明和2年	1											一	一	一	一		一	一	一	一	一	一	一	一	一	一	一	一	一	一		18.0
	2	一	一	一	一	一	一	一	一	一	一	一	一	一	一	一	一	一														17.0
	3				一	一	半																						一	一	一	5.5
	4	一	一	一	一	一	一	一	一	一	一	一	一	一			一	一	一	一	一	一	一	一	一	一	一		半	一		25.5
	5	一	一	一	一		一	一	一	一	一	一	一	一	一	一	一	一	一	一		一	一	一	一	一	一	半	一	一	一	27.5
	6	一	一	一	一	一	一	一	一	一	一	一	一	一	一	一	一	一	一	一	一	一	一	一	一	一	一	一	一	一	一	30.0
	7	一	一	一	一	一	一	一	一	一	一																					10.0
	8																							一	一	一	一	一	一	一	一	8.0
	9	一	一	一	一	一	一	一	一																							8.0
	10	一	一	一	一	一	一	一	一	一	一	一	一	一	一	一	一	一	一	一		一	一	一	一	一						24.0
	11																															
	12			一		一	一	一	一	一	一		一	一	一	一	一	一	一	一	一	一	一	一	一	一						21.0
明和3年	1																															
	2																															
	3																															
	4																															
	5																															
	6																															
	7																															
	8																															
	9																															
	10																															
	11																															
	12																															
明和4年	1																															
	2																															
	3																															
	4																								一	一	一	一	一	一	一	7.0
	5	一	一		一		半	一	一	一		一	一	一	一	一	一	一												一		14.5
	6	一	一	一	一	一	一	一	一	一	一	一	一	一	一	一		一	一	一	一	一	一	一	一	一	一	一	一	一	一	29.0
	7	一			一	一	一	一	一	一	一								一	一	一	一	一	一	一	一	一	一	一	一		20.0
	8	一	一	一	一	一	一	一	一	一	一	一	一	一	一	一	一	一	一			一	一									20.0
	9		一	一	一	一	一	一	一		半	一	一	一	一	一	一	一	一	一	一	一	一	一	一							21.5
(凡例) 一:1工数 半:半工数																																621.0

表5-13 「助工」利兵衛の出面(総工数 368.0工)

年	月＼日	1	2	3	4	5	6	7	8	9	10	11	12	13	14	15	16	17	18	19	20	21	22	23	24	25	26	27	28	29	30	工数
宝暦12年	9																															
	10																															
	11																															
	12																															
宝暦13年	1																															
	2																															
	3																													一	一	2.0
	4	一	一	一	一	一	一	一	一																							8.0
	5																															
	6																															
	7																															
	8																															
	9																															
	10																															
	11																															
	12																															
宝暦14(明和元)年	1																															
	2																															
	3																															
	4																															
	5																															
	6																															
	7																															
	8																															
	9																															
	10																															
	11																															
	12																															
	閏12																															
明和2年	1													一	一		一	一	一	一	一	一	一	一	一	一	一	一	一	一		16.0
	2	一	一	一	一	一	一	一	一	一	一	一	一	一	一	一	一	一	一	一	一	一	一	一	一		一	一	一	一	一	29.0
	3	一	一			一	半		一	一	一	一	一	一	一	一																11.5
	4																															
	5																															
	6																															
	7																															
	8																															
	9																															
	10	一	一	一	一	一	一	一	一	一	一	一	一	一	一	一	一	一	一	一	一	一	一	一	一	一						25.0
	11																			一	一	一	一	一	一	一	一	一	半	一		10.5
	12																															
明和3年	1								一	一	一	一	一	一	一		一	一	一	一	一	一	一	一	一	一	一	一	一	一	一	22.0
	2	一		一	一																					一	一	一	一	一		8.0
	3	一	一			一	一	一	一	一																						7.0
	4					一	一	一																								3.0
	5																									半	一	一	一	一	一	5.5
	6	一	一	一	一	一	一	一	一	一	一	一	一												一	一	一	一				16.0
	7																			一	一	一	一		一	一	一	一	一	一		10.0
	8		一	一							一	一	一	一	一	半	一															8.5
	9							一	半				一	一	一	一	一	一		一	一	一	一	半				半	一	半		14.0
	10	一	一	一	一											一	一									一	一	一	一	半		10.5
	11		一	一	一	一	一	一	一	一	一	一	一	一	一	一	一	一		一	一	一	一	一	一	一	一	一	一	半	一	27.5
	12	一	一	一	一	一	一	一	一	一	一	一	一	一																		13.0
明和4年	1																															
	2																															
	3																															
	4																			一	一	一	一	一	一	一	一	一	一	一	一	12.0
	5	一	一	一	一		一	一	一	一		一	一	一	一	一			一	一	一	一	一	一	一	一	一	一	一	一		25.0
	6	一	一	一	一	一	一	一	一	一	一	一	一	一	一	一		一	一	一	一	一	一		一		一	一	一	一	一	27.0
	7	一	一	一	一	一	一	一	一	一	一							一	一	一	一	一	一			一	一	一	一	一		21.0
	8	一	一	一		一	一	一	一	一	一	一	一	一	一		一	一	一	一	半	一	一		一	一	一	一	一	一	一	26.5
	9	半	一	一	一	一	一	一	一				一												一							9.5
(凡例) 一：1工数 半：半工数																																368.0

表5-14 「助工」平右衛門の出面(総工数 376.5工)

年	月＼日	1	2	3	4	5	6	7	8	9	10	11	12	13	14	15	16	17	18	19	20	21	22	23	24	25	26	27	28	29	30	工数
宝暦12年	9																									一						1.0
	10																															
	11																															
	12																															
宝暦13年	1																															
	2																															
	3																															
	4																															
	5																															
	6																															
	7																															
	8																															
	9																															
	10																															
	11																															
	12																															
宝暦14(明和元)年	1																															
	2																															
	3																															
	4																															
	5																															
	6																															
	7																															
	8																															
	9																															
	10																															
	11																															
	12																															
	閏12																															
明和2年	1																															
	2																															
	3																															
	4																															
	5																															
	6																															
	7																															
	8																															
	9																															
	10																															
	11																															
	12																															
明和3年	1																															
	2																															
	3															一	一	一	一	一	一	一	一	一	一	一	一	一	一	一	一	16.0
	4	一	一	一	一	一	一	一	一	一	一	一												一	一	一	一	一	一	一		18.0
	5	一	一	一	一				一	一	半	一	一	一	一	一	一	一	一	一	一	一	一	一	一	半	半	一	一	一	一	25.5
	6	一	一	一	一	一	一	一	一	一									一	一	一	一	一	一	一	一	一	一	一	一		21.0
	7			一																												1.0
	8		一	一	一	一	一	一	一	一	一	一	一			一	一	一	一	一	一	一	一	一	一	一	一	一	一	一	一	27.0
	9	一				一	一	半	一										一	一	一	一		半	一	一	一	一			一	14.0
	10														一	一	一	一	一	一	一	一	一	一	一	一	一	一	一	一		16.0
	11	一	一	一	一	半		一	一	一	一	一	一	一	一	一	一	一	一	一	一	一	一	一	一	一	一	一	一	一	一	28.5
	12	一	一	一	一	一	一	一	一																							8.0
明和4年	1											一	一	一	一		一	一	一	一	一	一	一	一	一	一	一	一	一	一		18.0
	2	一	一	一		一	一	一	一	一	一	一	一	一	一	一	一	一	一	一	一	一	一	一	一	一	一	一	一	一	一	29.0
	3	一	一	一				一	一	一	一	一	一	一	一	一	一	一	一	一		一	一	一	一	一	一	一	一	一		25.0
	4	一	一	一	一	一	一	一	一	一	一	一	一	一					一	一	一	一	一	一	一	一	一	一	一	一	一	26.0
	5	一	一	一	一		一	一	一	一		一	一	一	一	一	一	一	一	一	一	一	一	一	一	一		一	一	一		26.0
	6	一																一	一	一	一	一	一	一	一	一	一	一	一	一	一	15.0
	7	一	一	一	一	一	一	一	一	一	一							一	一	一	一	一	一	一	一	一	一	一	一	一		23.0
	8	一	一	一	一	一	一	一	一	一	一	一				一	一	一	一	一	半	一	一	一	一	一	一	一	一	一	一	26.5
	9	一	一	一	一	一	一	一	一													一	一	一	一							12.0
(凡例) 一:1工数 半:半工数																																376.5

表５-15　「助工」新右衛門の出面（総工数　348.0工）

年	月＼日	1	2	3	4	5	6	7	8	9	10	11	12	13	14	15	16	17	18	19	20	21	22	23	24	25	26	27	28	29	30	工　数
宝暦12年	9																															
	10																															
	11																															
	12																															
宝暦13年	1																															
	2																															
	3																															
	4																															
	5																															
	6																															
	7																															
	8																															
	9																															
	10																															
	11																															
	12																															
宝暦14（明和元）年	1																															
	2																															
	3																															
	4																															
	5																															
	6																															
	7																															
	8																															
	9																															
	10																															
	11																															
	12																															
	閏12																															
明和2年	1																															
	2																															
	3																															
	4																															
	5																															
	6																															
	7																															
	8																															
	9																															
	10																															
	11																															
	12																															
明和3年	1																															
	2																							—	—	—	—	—	—	—		7.0
	3	—	—		—		—	—	—	—	—	—	—	—																		11.0
	4																															
	5																										—	—	—	—	—	5.0
	6	—	—		—	—	—	—	—	—																						10.0
	7																				—	—	—		—	—	—	—				7.0
	8					—	—	—	—	—	—	—	—	—	—	—	—	—	—	—		—	—	—	—	—		—	—	—	—	24.0
	9								半																	—			—	—	—	11.5
	10	—	—				—	—	—	—	—	—	—	—	—	—	—	—	—	—	—	—	—	—	—	—	半		—	—		24.5
	11	—	—	—	—	—	—	—	—		—	—	—	—	—	—	—	—	—	—	—	—	—	—	—	—	—	—	—	—	—	29.0
	12		—	—	—	—	—	—	—	—	—	—	—	—	—																	13.0
明和4年	1												—	—	—		—	—	—	—	—	—	—	—	—	—	—	—	—	半		16.5
	2	—	—	—	—	—	—							—	—	—	—	—	—	—	—	—	—	—	—	—	—	—	—	—	—	24.0
	3	—	—							—	—	—	—	—	—	—	—	—	—	—	—	—	—	—	—		—					19.0
	4	—	—	—	—	—	—	—				—	—	—						—	—	—	—	—	—	—	—	—	—	—	—	22.0
	5	—	—	—	—			—	—	—			—	—	—	—	—	—	—	—	—	—	—	—	—	—	—	—	—	—		25.0
	6	—	—	—		—	—	—	—	—	—	—	—	—	—	—	—	—	—	—	—	—	—	—	—	—	—	—	—	—	—	29.0
	7	—	—		—	—	—	—	—	—	—							—	—	—	—	—	—	—	—	—	—	—	—	—		22.0
	8	—	—	—		—	—	—	—	—	—	—	—	—	—	—	—	—	—	—	—	—	—	—	—	—	—	—	—	—	—	29.0
	9	—		—	—	—	—		半			—	—	—	—	—	—	—	—	—	—	—	—	—	—							19.5
（凡例）　ー：１工数　半：半工数																																348.0

門の現場で働くが、一回の就労日数はあまり多くない。本格的に詰めて働いたのは、明和二年の一〜三月と四年四月下旬から九月までであった。

三人目の平右衛門（表5—14）と四人目の新右衛門（表5—15）の就労については、ほぼ同様の傾向が認められる。すなわち、上棟をさかのぼる一年半の明和三年二〜三月から山門造営に参加しており、それまでは平右衛門が工事の始まった宝暦一二年九月二四日の一日だけ現場に来たものである。

このような就労形態は、ここには出面表を示していないが、もう一人の助工助次郎（総工数三三二工）にも当てはまり、彼は明和三年五月からの参加であった。

庄六をはじめとする利兵衛・平右衛門・新右衛門・助次郎という主な助工五人の合計工数は二〇四五・五工となり、総工数七九〇三工の約二六％に達するものであった。

さらに、本棟梁冨田庄次郎や相棟梁冨田喜左衛門・浅田治左衛門の三人と、主な助工五人の合計工数は四六五九・五工となり、実に総工数の五九％を八人の大工が担ったことになる。棟札には本棟梁以下四五人の大工名が記され、また明和四年九月二四日の上棟の日には二八人の大工が現場に揃っていたが、実際この山門造営の現場で活躍したのは主たる大工八人であったことが判明する。

小結

智恩寺山門再建に関わる出面板には、宝暦一二年九月二五日から上棟の行なわれた明和四年九月二四日までの間、六〇カ月にわたり日々の大工の就労状況が克明に記録されているが、これらの板は造作の完了した明和五年二月二三日以降に転写浄書されたと考えられ、後世に残そうという意図が明らかである。

日々の出面は、一日就労は「一」で記され、一部「寺」「寺一」という符号もあった。半日就労は「半」「寺半」

で記されることが一般的であった。当時の造営現場において、早出・居残りなどの超過労働はまれではなかったと思われるが、出面板の記載からはそれらのあった形跡は確認されない。

上棟までの期間中一人でも大工が現場で働いていた日は一七七二日の内一五四五日を数え、現場稼働率は八七・二％であった。ただし正月や盆など長期間休業する年中行事のある一月・七月・一二月（閏一二月）を算定に当たって除外すると、現場が稼働していたのは一カ月のうち二八日となり、通常、月に一～一日間現場は休業していたことになる。また特定の休業期間としては、年末・年始が一一日から二三日間と年によって幅があり、お盆は概ね七月一一日から一六日までの数日間であった。他の年中行事として、七夕を除いた上巳（三月三日）・端午（五月五日）・重陽（九月九日）などの節句は原則として一～二日間の休みで、八月一日の「八朔」も休みであった。

造営開始から上棟までの前半約三分の二の間は、平均すると一日約三～四人という極く少数の大工を定常的に投入した。後半三分の一に当たる明和三年初め頃から、大工の数を徐々に増やしていったことが認められる。工事の進捗に伴って月間延べ工数は曲線的に上昇し、その結果累計工数も大きく増加する。後半約三分の一に相当する二一カ月間の稼働大工数は総工数の六二％と、実に過半数がこの期間に集中している。さらに、全工程の一〇分の一に相当する上棟前六カ月間の稼働工数は二二四四工となり、これは上棟までに要した総工数七九〇三工の二八・四％であった。

建築の出来高を示す指標の一つとして累計工数を採り上げるならば、一八世紀中頃の一事例としての智恩寺山門造営の場合、上棟時には建物の九〇％が施工済みであった。

「本棟梁」「相棟梁」「番匠」「助工」など、四五人という数多くの大工が山門造営に携わったが、その中では本棟梁の就労工数が最も多く、しかも長期間連続して就労していた。相棟梁は、数人の助工と共に中核となって良く本棟梁を補佐している。一方、番匠は自己の現場を他に担当する能力を備えた大工と考えられ、工事終盤などの状況に応じて助勢しており、他の助工たちとは区別されていたようである。多くの大工の中では、本棟梁をはじめ相棟梁と数人の大工が主力として働き、彼らの合計就労工数は総工数の六割近くにも達している。

（1）平井聖「延宝度御所造営中の棟梁の出面帳について」（『日本建築学会大会学術講演梗概集（中国）』、昭和五二年）、宮澤智士「建築する手と心――伝統建築の蓄積③　普請帳」（『ディテール』七五号、昭和五八年）、吉田高子「河内国古橋大工組の組大工の変遷とその仕事状況」（『日本建築学会論文報告集』第三二五号、昭和五八年）、日向進「大工〈近江屋吉兵衛〉とその営業形態」（京都工芸繊維大学工芸学部研究報告『人文』第三二号、昭和五九年）。

（2）出面の記されている板を「出面板」と呼ぶことにする。

（3）貞享二年（一六八五）三月一六日の年紀を有する旧山門修理棟札による。なお棟札には「大工太右衛門」の他に助工五人、葺工四人の名が記されるが、「太右衛門」についてはどのような人物であったのかよくわからない。

（4）宝暦一三年（一七六三）一二月に録上された藩の公著である『丹後州宮津府志』巻之三、仏閣部（『宮津府志・宮津舊記』、世界聖典刊行協会、昭和五四年、所収）による。

（5）絵画資料のため、細部に関する点は詳かでないが、享保一一年（一七二六）刊の『丹後国天橋立図』に当時の智恩寺の景観が描かれている。これによると旧山門は、単層入母屋造で三間一戸に描かれている。位置は本堂（文殊堂）の軸線上で、多宝塔と並び建つ場所にあたり、現山門の建っている位置よりはやや本堂寄りであったらしい。

（6）『丹後吉津村誌』に、「今の山門は宝暦十四（六月十九日改元明和元）年の建築にて前例により後桜町天皇及び桜町上皇より黄金並びに白銀を下賜あらせられ、明和五年六月摂政左大臣九條尚實公「黄金閣」の三字を書して扁額とす」とある。何によって宝暦一四年（一七六四）を建立年代としたのか、また改元されたのは六月二日であったのに（『近世地方史研究入門』巻末年表）これを六月一九日と記すなど、疑問を残すところもあるが、同書は扁額に関して当時の住持が手記したという文書を掲載しており、扁額書付けの詳しいいきさつが知られる。

（7）観音堂は現存しないが棟札が残されている。棟札によると、庄次郎の父喜左衛門と弟の清右衛門も観音堂造営に関わっていた。

（8）五枚とも松板を使用し、両面は台鉋で仕上げられている。

(9)　宝暦一三年三月一～四日の三日間（三月三日は休業）は大工二人が現場で仕事をしており、「○」印で表記されている。この符号は他の箇所では全く見当たらないので、なぜこの三日間だけ記法を変えたのか不明である。なお、柏原市三田家の出面表では「○」印は半工とのことであるが（宮澤智士博士による前掲論文）、智恩寺山門出面板の三月の欄には「半」印が一件認められるので、ここでは「○」印が半工を意味するとは考えられない。
(10)　宝暦一三年一月の欄に「△」印が四日間だけ用いられているが、以後この符号は見られない。
(11)　西和夫『江戸建築と本途帳』一一〇頁（鹿島出版会、昭和四九年）。
(12)　註(1)、日向進博士による前掲論文。
(13)　宝暦一二年九月から明和四年九月までの間で、宝暦一四（明和元）年は閏一二月があるので通算すると六二カ月間だが、同年八月と九月の出面は省かれ、七月の次に一〇月の欄が続く。したがって合計六〇カ月となる。
(14)　ただし、宝暦一二年の出面板は他の四枚と状態が異なっているので、あるいはこの板だけはその日その日に使用していた、いわゆる「生」の出面板かも知れない。
(15)　棟札による。
(16)　註(13)による。
(17)　昭和二年三田村鳶魚によって編集刊行された『未刊随筆百種』に収められていたが、ここでは中央公論社から昭和五一年に再発行された同書による。
(18)　全大工の出面が一斉に空白である日は休日と考えてよいだろうが、明和元年七月から約五カ月間現場を離れていることもある。しかしここでは、このような特殊な場合を除く一般的な状況について考察するものである。
(19)　二月は一四人の内一〇人が、四月は七人の内五人が一カ月の半分に満たない就労状況である。
(20)　不明の一五件を累計工数の算定から除外してあるので、厳密には八七七工になるとは限らない。
(21)　出面板に記された年令から逆算して知られる。
(22)　常栖寺蔵『回照先師中興記録』による。

第六章　田辺藩における大工の活動状況と構成

はじめに

本章では、江戸時代の丹後国田辺城下に住んでいた大工たちの活動状況について概観し、併せて、明和三年（一七六六）の「大工人数之覚」に書き上げられた大工の構成やその背景について述べるとともに、その後の大工人数の変遷を明らかにする。さらに、大工仲間の中核的存在であった系譜や、田辺藩における最後の作事棟梁を務めた大工「瀬尾」氏についても考察するものである。

第一節　田辺大工の活動状況

近世初期の丹後国では、細川氏・京極氏による一国支配が継承されてきた。ところが、元和八年（一六二二）に没した京極高知の遺命によって、田辺・宮津・峰山の三藩に分封され、田辺藩では高三・高直・高盛と京極氏が続いたが、寛文八年（一六六八）には牧野氏による藩政が敷かれ、以降明治の廃藩置県に至るまで牧野氏の統治が続いてきた。

時々の為政者の政策や支配状況によって、生産活動に関する様々な定めや制限などが出されるのは周知のことである。それによって、大工たちの活動にも少なからず影響が及んだであろうことは、容易に推察できる。ここでは、江戸時代を通じて判明している大工の活動から、出入り場の制限や他所稼ぎの状況などについて触れてみたい。

(1)　田辺大工の活動状況一覧

現在までに判明している田辺大工の活動状況を一覧表に示した(表6—1)。社寺建築と民家を含め、約二世紀半の間に五九件の造営で大工名が知られる。なお表6—1には、田辺城下に住むいわゆる「町大工」のみならず周辺部の「在大工」の仕事も掲げている。

次に、これら田辺藩の町大工の中で、多くの仕事をこなしていた中核的な大工について、その活動状況を見てみたい。

最も多くの仕事を手掛けたのは、「水嶋」姓の大工で、一〇件の造営に携わっていた。次いで「池田」姓の七件と、「林田」「森本」姓が各五件である。金剛院の弁天社(寛永一九年、表6—1、№3)を建立した「圓隆寺　作左衛門」は、後に円隆寺諸建物の造営に当たって「御大工」を称している「林田」姓の祖先と考えられる。上記以外には、「川崎」「瀬野」「寄金」姓の大工の事績も注目される。表6—1には記載されていないが、田辺藩最後の作事棟梁を務めた「瀬尾」姓の大工家系があるが、詳細については第四節で述べる。

以上の田辺大工の活動状況からは、第三章および第四章で採り上げた宮津藩の「冨田」大工のように多人数の大工を抱えた一族的な大工の系譜は、ここ田辺藩では認められない。

(2)　他所における田辺大工の活動

牧野氏が田辺に入封する以前では、田辺大工の他所における活動として五件の社寺造営しか判明していないが、

表6－1　田辺大工の活動状況

番号	年号	建物名 (所在地)	大工名	典拠
1	慶長17 (1612)	和貴宮神社 (宮津)	大工田辺住 清左衛門	棟札
2	元和8 (1622)	日吉社 (宮津)	加佐郡田辺　同 茂助　　　　久二郎	棟札
3	寛永19 (1642)	金剛院弁天社 (舞鶴)	大工圓隆寺 作左衛門	棟札
4	慶安元 (1648)	天台院 (舞鶴)	大工田辺住人　　小工 太郎左衛門久次、吉右衛門　仁兵衛	田辺藩寺社史料集
5	明暦元 (1655)	宇良神社 (伊根)	大工田辺 林田清兵衛	棟札
6	延宝2 (1674)	西屋八幡宮 (綾部)	大工田辺住 水嶋太兵衛、同長吉	板札
7	貞享5 (1688)	朝弥神社 (舞鶴)	石田弥次右衛門久次	田辺藩寺社史料集
8	元禄15 (1702)	真嶋神社 (伊根)	脇大工田辺新町 平左衛門	棟札
9	宝永4 (1707)	宝泉寺大師堂 (美山)	田辺 川崎六郎兵衛信綱	棟札
10	宝永8 (1711)	仏心寺 (舞鶴)	工匠 池田傳兵衛秀宗	田辺藩寺社史料集
11	正徳4 (1714)	金剛院塔修理 (舞鶴)	大工田辺引土町　小工同前　　同前 水嶋千四郎、　　水嶋九兵衛　水嶋文右衛門	棟札
12	享保9 (1724)	興禅寺厨子 (舞鶴)	堂奥村 春日仁兵衛忠光	『中丹編』
13	元文5 (1740)	倭文神社 (舞鶴)	大工 水嶋善四郎、同兵助　同八右衛門　同五□衛門 同九兵衛	棟札
14	寛保元 (1741)	金剛院弁天社 (舞鶴)	大工田辺引土町 水嶋文右衛門宗重、同名九左衛門寛秀	棟札
15	寛保2 (1742)	金剛院荒神社 (舞鶴)	大工田辺引□□　小工鹿原村 水嶋□□□、　　太兵衛	棟札

16	延享 4 (1747)	弥加宜神社 (舞鶴)	丹波町　　　　　小工　　　同丹波町　　同竹屋町 奇金太兵衛政武、同孫四郎　日置惣兵衛　古橋作兵衛 同魚屋町 木崎太右衛門	棟札
17	寛延元 (1748)	阿良須神社 (舞鶴)	大工小倉村 清兵衛	棟札
18	寛延 4 (1751)	興禅寺熊野社 (舞鶴)	田中村 奥野喜兵衛	『中丹編』
19	宝暦元 (1751)	円隆寺多宝塔 (舞鶴)	御大工　　　　　後見 林田八五良房長、同傳之丞房章　林田与三郎衛門 同平四郎　同平三郎	棟札＊
20	宝暦 3 (1753)	円隆寺惣門 (舞鶴)	御大工 林田傳之丞房章	棟札＊
21	宝暦 8 (1758)	阿良須神社 (舞鶴)	大工田中村　小倉村　　　桑原村　　　吉坂村 奥野喜兵衛　藤原清兵衛　福村太兵衛　山添六兵衛 鍵取 田中伊左衛門	棟札
22	宝暦10 (1760)	円隆寺鐘楼 (舞鶴)	御大工 林田傳之丞房章、同平三郎　同和右衛門	棟札＊
23	宝暦12 (1762)	金剛院荒神社 (舞鶴)	大工吉坂村 山添六兵衛、同名五兵衛	棟札
24	明和元 (1764)	金剛院塔修理 (舞鶴)	大工田辺丹波町　小工 森本長五郎、　　儀平次　喜兵衛　市兵衛	棟札
25	明和 2 (1765)	荒木家住宅 (舞鶴)	池田利右衛門、同市兵衛　同利右衛門宗□	京都府の民家、第 2 冊
26	明和 2 (1765)	阿良須神社 (舞鶴)	大工田中村　吉坂村　　　小工田中村　吉坂村 奥邑喜兵衛　山添六兵衛　奥村喜八郎　山添五兵衛	棟札
27	明和 2 (1765)	毘沙門堂 (舞鶴)	朝代町住 水嶋忠四郎	田辺藩寺社史料集
28	明和 3 (1766)	伊智布西神社 (舞鶴)	大工棟梁引土町　　同　　　　　　　　　助丁 瀬野惣左衛門直良、水嶋右□衛門□□、瀬野利八 瀬野長右衛門	棟札
29	明和 3 (1766)	田口神社本殿 (舞鶴)	丹波町 寄金孫助、森本長五郎	『中丹編』
30	明和 4 (1767)	大川神社 (舞鶴)	引土町棟梁大工　　匠工引土町　同所 瀬野惣左衛門直良、瀬野利八　　同吉右衛門 朝代町　　　　同所 村上□右衛門　同長吉	棟札

31	明和4 (1767)	西飼神社 (舞鶴)	田辺堀上町 作右衛門	田辺藩寺社史料集
32	明和8 (1771)	興禅寺多聞天 (舞鶴)	大工志楽庄田中村住　小工 山本與八郎照秀、　同名儀左衛門　同名源次郎	棟札＊
33	明和9 (1772)	熊野神社 (舞鶴)	棟梁大工　弟子 潮見八兵衛、八次郎	田辺藩寺社史料集
34	安永元 (1772)	金剛院仁王門 (舞鶴)	大工田辺丹波町 森本長五郎、　同苗喜兵衛　同苗喜八	棟札
35	安永5 (1776)	阿良須神社 (舞鶴)	丹波町大工棟梁 森本長五良、　同苗喜八　同苗平八　同苗長太良	棟札
36	安永7 (1778)	金剛院熊野社 (舞鶴)	大工田辺丹波町 森本長五郎、　同苗喜兵衛　同苗平八　同苗長太良	棟札
37	安永7 (1778)	熊野神社 (舞鶴)	田辺竹屋町 古橋太郎衛門宗次	田辺藩寺社史料集
38	天明6 (1785)	大川神社 (舞鶴)	丹後田辺城下□□ 池田□之□宗氏	棟札
39	天明6 (1785)	円隆寺本堂 (舞鶴)	御大工 林田傳之丞房章、同和右衛門房好　同傳之丞房寛 同平三郎房格	棟札＊
40	寛政12 (1800)	養源寺 (舞鶴)	工匠 政治郎　甚助　長兵衛	田辺藩寺社史料集
41	文化2 (1805)	海□庵 (舞鶴)	田辺 戸右衛門	田辺藩寺社史料集
42	文化6 (1809)	金剛院熊野社 (舞鶴)	栃尾村工匠 光野太右衛門	棟札
43	文化10 (1813)	般若寺 (舞鶴)	客殿頭領田辺引土町　庫裏頭領同西町 川崎忠兵衛、　池田武右衛門宗方	古記録
44	文化10 (1813)	羽賀田家住宅 (舞鶴)	大工朝代町住 水嶋嘉右衛門	京都府の民家、第7冊
45	文化13 (1816)	松林寺惣門 (舞鶴)	引土新大工棟梁　丹波町小工 池田太七宗時、　倉橋九郎兵衛	棟札
46	文政4 (1821)	水無月神社 (舞鶴)	紺屋町　竹屋町　本町 庄七　万助　宇兵衛	田辺藩寺社史料集
47	文政12 (1829)	阿良須神社 (舞鶴)	大工棟梁田中村　肝煎栃尾村　大工田中村　同村 山本儀三郎　善兵衛　山本三郎兵衛　奥本九平 鍵取田中村 兵吾	棟札

48	天保5 (1834)	倭文神社 (舞鶴)	再建棟梁田辺引土町 水嶋弥右衛門義長、　水嶋八右衛門宗成	棟札
49	天保14 (1843)	仏心寺 (舞鶴)	田辺西町 池田嘉平治	田辺藩寺社史料集
50	天保15 (1844)	般若寺楼門 (舞鶴)	大工棟梁田辺引土町 河崎忠兵衛	棟札
51	天保15 (1844)	阿良須神社 (舞鶴)	大工鹿原邑 由平	棟札
52	嘉永3 (1850)	雨引神社 (舞鶴)	五郎作　惣治郎	棟札
53	嘉永5 (1852)	伊智布西神社 (舞鶴)	大工棟梁宇谷村　田辺朝代町 水嶋弥三郎、　村上吉左衛門	棟札
54	安政6 (1859)	倭文神社 (舞鶴)	合大工 水嶋弥右衛門義稚	棟札
55	安政6 (1859)	金剛院庫裏 (舞鶴)	大工棟梁栃尾村　肝煎當邑住　小工 光野佐右衛門俊恭、由平　光野俊恭倅甚五良	棟札
56	安政6 (1859)	養源寺 (舞鶴)	工匠 中村五兵衛	田辺藩寺社史料集
57	慶応2 (1866)	八幡神社 (舞鶴)	栃尾村　笹部　田中 光野善左衛門尹中　潮見七左衛門　山本儀三郎常道	田辺藩寺社史料集
58	明治3 (1870)	阿良須神社 (舞鶴)	大工田中邑　鍵取田中邑 山本治三郎　曽根兵左衛門	棟札
59	明治5 (1872)	大川神社 (舞鶴)	大工棟梁　脇棟梁　助棟梁 池田傳右衛門輝宗、池田武右衛門平□　池田丈助	棟札

註：「田辺藩寺社史料集」は、井上金次郎編『舞鶴地方史料集第2輯　田辺藩寺社史料集』一、二(昭和52年)。

＊：『京都の社寺建築　中丹編』(昭和56年)に収録された棟札による。

そのうち三件は宮津城下と伊根である。京極氏による一国支配と、分封されたとはいえ、やはり京極氏一族の支配下にあった宮津藩領での仕事であるから、藩域にはこだわらずに他所へも出掛けることが可能な状況であったことが推測される。

牧野氏入封以後は、延宝二年（一六七四）の西屋八幡宮（綾部市、表6―1、No.6）、元禄一五年（一七〇二）の真嶋神社（伊根町、No.8）、宝永四年（一七〇七）の宝泉寺大師堂（美山町、No.9）の三件が田辺大工による藩外での仕事である。西屋八幡宮では板札に、

延宝二甲寅二月神前之高欄・階（段）・板敷・格子戸等、石井半右衛門尉義重修復、
大工丹後国加佐郡田辺住水嶋多兵衛、同長吉、弟子石橋町九兵衛

と記されている。西屋八幡宮のある地は綾部藩領の北東部であるが、田辺城下にも近いという地理的条件が要因していると考えられる。また真嶋神社では棟札に、

大工棟梁宮津くつや町　藤原冨田清左衛門森重
脇大工者　同名　宗左衛門　同名　善左衛門　清左衛門
田辺新町　平左衛門
棟梁清左衛門弟二人　同名　七良左衛門　同名　伊之助

などと記されているように、脇大工の一人として「田辺新町　平左衛門」の名が見られ、田辺大工の参加していることが知られる。しかし、平左衛門以外は、全員宮津葛屋町に集住していた大工冨田氏の一族であるから、何らかの事情があって造営に加勢したのではないかと推測される。宝泉寺大師堂造営では、棟札によると、

丹後宮津住　冨田河内守藤原盛常　同国田辺　川崎六郎兵衛信綱
丹波上杉住　河崎次郎右衛門信正　同国和知住　久保治兵衛尉重次

同国山家住　佐々木左五右門高昌

とあり、すでに述べたように、(1)各地の大工の連合組織で仕事を行なった背景が想像されるので、川崎六郎兵衛がどの程度実際の仕事に参加したか不明である。ただし、このように国境を越え、藩域を越えた造営組織を編成すること、さらにそのグループでどのようにして具体的な仕事を行なったのか、興味の湧くところであるが、他の史料等が無いので、残念ながら詳細については不明とせざるを得ない。

以上のように、牧野氏入封後は、原則的には他所稼ぎを行なっていないと考えてよく、大工の活動について藩による規制のあったことが想定される。

(3)　田辺藩内における他所大工の活動

一方、田辺藩内における他所大工の活動状況として、管見の限りでは、わずかな例が判明しているにすぎない。時代はややさかのぼるが、山口神社（舞鶴市字堂奥）の棟札写しによると、(2)

大工若州高濱住　藤原守宗（康正三年、一四五七）

大工高濱住（氏名不明、天文一五年、一五四六）

大工高濱住　大三郎藤原政継（天文一八年、一五四九）

御大工　高濱　藤原政継（永禄元年、一五五八）

などと、四枚の棟札文言が記されており、山口神社から地理的に近い若狭高浜の大工が仕事をしている例が確認される。しかし、この頃は一色氏による丹後・若狭両国支配時代なので、したがって他所大工による仕事とは見なせない。

宮津の大工が田辺藩領で仕事をした例としては、冨田河内守一族が享保一五年（一七三〇）に松尾寺の本堂造営

に参加した一例しか発見されていない。(3) この場合も、『乍恐奉願口上覚』に、

（前略）

先年之本堂ハ諸事勝手悪敷候而破損多出来仕難儀仕候間、此度者加藍度々造立仕候切者之大工ニ申付度奉願候。則当国宮津ニ冨田河内と申大工方々ニ而加藍数多仕候由、松尾寺本堂も此大工ニ申付候ハゞ宜出来可仕候様ニ奉願候。殊ニ河内ニ造立仕候得者当寺之勝手ニ宜敷事御座候間、乍恐大工ニ此仰付被為下候ハゞ難有奉存候。

以上。

享保四年亥三月　　松尾寺

遍明院

中山権右衛門様

山　助右衛門様

とあるように、(4) 冨田河内守の技倆が優れているとの評判から、松尾寺側があえて彼らを採用したい旨、奉行所に許可を願い出ている。この例を見ても、他藩の大工が田辺領で仕事をする場合は、特別な事情や許可が必要であったことを物語っている。

第二節　明和年間の大工

江戸時代中期明和年間における田辺藩の大工に関する史料が残されているので、これによって当時の町大工の構成や住地等について考察する。

（2）『御勘定留書』の概要と筆者

『御勘定留書』(5)は小型の横帳形式で、その内容は「明和三丙戌年五月改之　大工人数之覚　原」と、「安永四乙未年諸事覚書」の前後二部に分かれている（図6―1）。

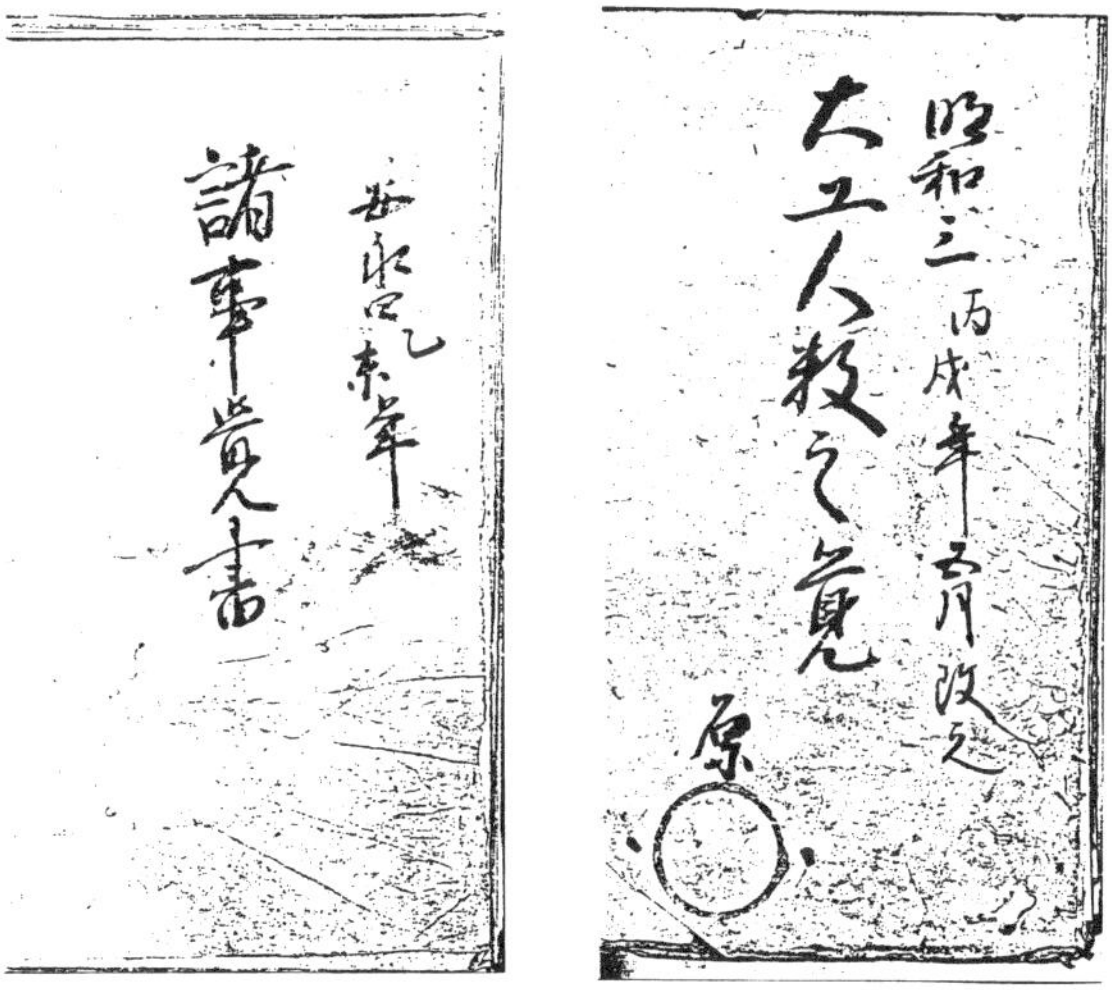

図6－1　『御勘定留書』

本史料は、瀬戸美秋氏によってすでに紹介されているが(6)、そこには遺漏が見られる。大工の構成を知る上で重要と考えられるので、ここでは同史料を採り上げて考察するものである。本史料で大工名が記された紙面は八面あるが、瀬戸氏は第二および第三面を欠落して記述している。したがって大工数一八人分を欠き、なかでも丹波町に住む棟梁一人が含まれないので、「棟梁は一人制」(7)という誤りを犯している。

前半の表題によって、筆者は「原」姓の人物であることが知られるが、本史料からは人物を特定するには至らない。

ところが田辺藩士であった原家の系図が伝来しており(8)、これによって筆者が判明する。『系図　原十右衛門』と題する一本は、安政二年一二月で記述を終えている。その中から原家の略系譜を示すと、

――正登（第五代）――正盈（第六代）――正知（第七代）――

となる。
さらに、第五代の正登について、

正登　出生年月不相知　初名門治郎、十平太、十右衛門

と記されている。実は、正登は原家第四代正誠の実子ではなく、井上帯刀暢重なる人物の次男で、正誠の女へと養子縁組したものである。その後、

明和三年丙戌正月十五日御作事奉行被仰付
同四年丁亥六月七日御蔵奉行被仰付（中略）
安永四年乙未四月七日御勘定奉行転役被仰付
安永七年戊戌閏七月十七日死行年五十一歳

と続いている。すなわち、原家の五代目正登は、明和三年（一七六六）正月一五日に作事奉行を仰せ付かり、翌四年の六月初めまで約一年半の間、作事奉行を務めていたことが判明する。では、この人物以外に作事奉行を務めた人物がいるかどうか見てみると、第六代の正盈も作事奉行を務めていたのである。しかし系図には、

正盈　宝暦五年生　享和三年八月廿七日死行年四拾九歳
同（寛政）五年癸丑八月廿六日御勘定奉行御作事奉行兼被仰付
同七年乙卯四月廿六日願之通御役御免御広間御番人被付

とあり、作事奉行を務めたのは寛政五年（一七九三）で、『御勘定留書』にある年紀からかなり時間が隔たっている。したがって、この『御勘定留書』を書いた人物は原正登となる。

正登は、明和三年正月一五日に「御作事奉行」に任命されているので、「大工人数之覚」は、彼が職務上必要だった大工の名前を記したことが明らかである。正登は、翌明和四年六月七日には「御蔵奉行」へ転じ、安永四

年四月七日に「御勘定奉行」へと変わった。したがって、後半の「諸事覚書」の方は勘定奉行就任中の覚書であったことが知られ、また内容もこれに合致している。

ついでながら、先出の瀬戸氏はこの『御勘定留書』の筆者を原家第七代の正知としているが[9]、系図によると正知は天明七年（一七八七）の出生とあるので、明和三年に始まる『御勘定留書』を書くことはできない。

明和年間から時代が少し降るが、享和元年（一八〇一）当時、田辺藩における城中席次の中では[10]、筆頭「御家老」から「御中老」「御年寄改御免主席」等と続き、第三二番目に「御作事奉行」となっている。ちなみに「御蔵奉行」というのは見当たらないが「御勘定奉行」は第二九番目に位置しており、正登が順次出世していった様子が推測できる。

（3）「大工人数之覚」の記載内容

「大工人数之覚」では、田辺城下の一三の町が書き上げられており、その町内に居住する大工個々の名を列挙している（図6―2、表6―2）。

各大工名の上方には、「棟梁」「上」「中」「下」などと書かれており、さらに「茂右衛門子」「彦兵衛弟」等のように血縁関係も記されている。「上・中・下」は、大工技術の階級を示していると解釈してよい。

大工の構成は、「本町　茂右衛門」と「丹波町　孫助」の二人の棟梁を筆頭に、「上」大工五二人、「中」大工六人、「下」大工六人、無記入一人の合計六七人である。しかし、「中」大工のうち二人は「明和四年三月十三日ゟ上ニ成ル」と「上」大工に改められている（表6―2、№13・46）。

「棟梁」は当然「上」大工の中から任命されたと考えられるので、実に全大工の八割余が「上」大工であった。翻って考えると、「中・下」の大工はそのほとんどが「上」大工の子や弟であることから、未だ修業中の大工で

表6－2　明和3年町大工一覧

番号	町　名	大　工　名	備　　考
1	本町	棟梁　茂右衛門	
2		上　孫七	茂右衛門子
3		上　彦兵衛	
4		中　重三郎	彦兵衛子
5		上　太次兵衛	
6		上　孫兵衛	
7	職人町	上　孫右衛	
8	魚屋町	上　左次右衛門	
9		上　貞右衛門	左二右衛門弟
10	丹波町	棟梁　孫助	（寄金）
11		上　八兵衛	
12		上　長五郎	（森本）
13		中　喜兵衛	長五郎子、明和四年三月十三日ゟ上ニ成ル（森本）
14		上　儀左衛門	
15		上　儀兵衛	
16		上　甚兵衛	
17		上　儀平次	甚兵衛子
18		上　次郎兵衛	
19		上　長兵衛	
20	竹屋町	上　清九郎	
21	寺内町	上　伊兵衛	
22		上　仁左衛門	伊兵衛子
23	新町	上　六左衛門	
24		上　平助	
25		上　重右衛門	
26		上　彦右衛門	
27		上　利右衛門	（池田）
28		上　市兵衛	利右衛門子（池田）
29		上　勘左衛門	
30	紺屋町	上　作左衛門	
31		下　作三郎	作左衛門子
32		上　勘兵衛	

33		上	吉郎兵衛	
34		上	傳九郎	吉郎兵衛子
35	西町	上	太兵衛	
36		上	市郎右衛門	太兵衛子
37		上	太左衛門	同弟
38			傳右衛門	
39	堀上町	上	孫三郎	
40		上	佐右衛門	同人弟
41	引土新町	上	善次郎	
42		上	平右衛門	
43	朝代町	上	半左衛門	
44		上	市右衛門	
45		上	七次郎	
46		中	源六	明和四年三月十三日ゟ上ニ成ル
47		上	忠四郎	(水嶋)
48		上	平四郎	(水嶋)
49	引町(ママ)	上	藤兵衛	
50		上	傳之丞	(林田)
51		上	平三郎	同人子(林田)
52		下	和右衛門	同弟(林田)
53		上	清右衛門	
54		中	長四郎	清右衛門子
55		上	三右衛門	
56		上	九兵衛	
57		上	忠右衛門	
58		上	忠兵衛	
59		下	忠五郎	
60		上	惣左衛門	(瀬野)
61		中	利八	同人子(瀬野)
62		上	八右衛門	
63		下	庄左衛門	
64		上	吉兵衛	(瀬野)
65		下	吉右衛門	吉兵衛子(瀬野)
66		中	与七郎	
67		下	長右衛門	(瀬野)

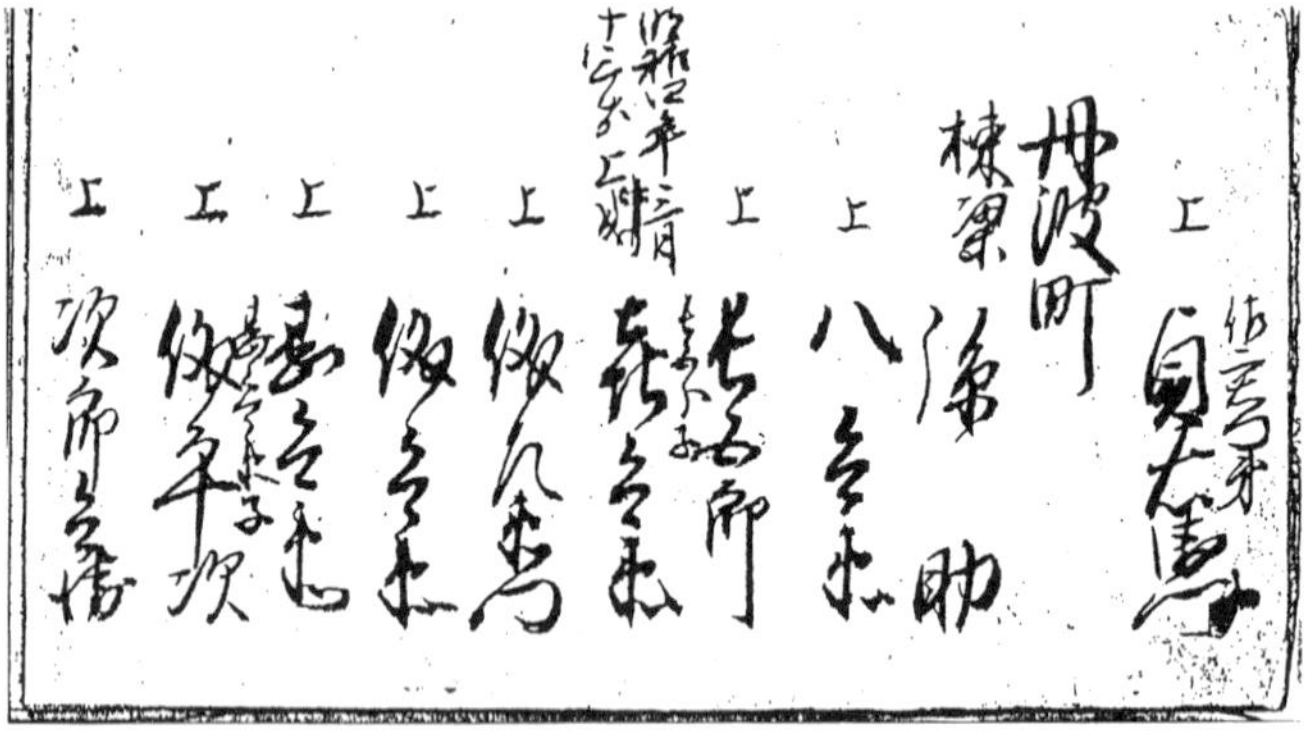

図6－2　「大工人数之覚」部分

あったとみるのが妥当であろう。

「大工之人数覚」には大工の姓は記されていない。ところが、田辺大工の活動状況を示す表6―1によって明和三年を中心に元年から四年までを見てみると、一五人の大工の姓が判明する（表6―2、備考欄のカッコ内）。

居住地については、少ない町では職人町・竹屋町に各一人、魚屋町・寺内町・堀上町・引土新町に各二人であった。一方、大工の多い町としては、引土町に一九人、丹波町一〇人、新町七人、朝代町・本町に各六人というように、これら五町で全体の約七割を占め、なかでも引土町には、田辺城下に住む大工全体の三割弱もの大工が集住していた。したがって、城下にいわゆる「大工町」というものは無かったものの、それに代わって引土町がさながら「大工町」の様相を呈していたと考えられる。しかし、一九人もの大工が集住していたにも関わらず、大工の技能程度を示す「中」と「下」について、「中」が三人「下」は五人と、かなり多くの修業中の大工を抱えていたことが判明する。先にも述べたが、彼らのほとんどは、「上」大工の子か弟であった。

第三節　大工数の変遷

前節において、明和三年当時の城下における大工の構成が明らかとなった。ではその後、大工の人数や棟梁の人数などにどのような変遷があったのか、本節で考察してみたい。

（1）文政年間における大工の構成

文政年間の大工数などに関する直接の史料は見当たらないが、嘉永六年（一八五三）の年紀を有する『大工仲間町在とも御改ニ付取調惣年寄エ差出候之扣』(11)に、各町の大工について書き上げられており、その後以下のような記述が見られる。

右之通相調差上申候兼而文政度
御改之節職業不残致来候者幷ニ
別宅変宅株譲替苗跡之者調
書認御郡役所様江差上申候右
御作事所様江も同断棟梁ニも一冊
扣有之候処去冬御同所様御焼失
ニ付同断依而文政以前相調□義
甚以六ケ敷候ニ付文政年中以来之處
相調差上申候□亦前々之處御調
御座候得共御郡役所様ニ而委敷相
知レ可申候□奉存候以上
嘉永六癸丑年五月　棟梁　善兵衛
同　吉右衛門

とあって、文政年間の具体的な時期は明らかではないが、その節に調べて控え持っていたものを再度写したものと考えられる。この文政年間に調べた際の町大工を、表6―3に示した。

この時の棟梁は二人で、いずれも引土町に住む善兵衛と吉右衛門であった。吉右衛門とは、この史料を書いた瀬尾吉兵衛の父のことである。大工総数は八八人と、明和三年時に比べて二一人も増加している。大工町の様相を呈していた引土町の大工数は一九人からわずか二人増えただけで、大幅に大工数が増えた町は引土新町の二人から八人、西町の四人から八人といったところである。

(2) 安政二年における大工の構成

安政二年(一八五五)の年紀を有する『町在大工軒別不審附幷願書写御目見出世控』[12]には、当時の大工の構成が記されており、これを表6―4に示した。

大工数は九七人となり、文政年間に比べてさらに九人増加している。ここで注目されるのは、棟梁が吉兵衛一人になっていることである。『町在大工軒別不審附幷願書写御目見出世控』には、大工名を書き上げた後にややおいて、

嘉永七甲寅四月ゟ

御思召有而棟梁一人ニ相成

と記されている。これは、文政年間の大工名を書き上げた『大工仲間町在とも御改ニ付取調惣年寄エ差出候之扣』の中の、筆頭にあった棟梁善兵衛の脇に(表6―3、備考欄)、

嘉永七甲寅四月八日役御免

と記されたことと一致する。すなわち、田辺藩ではそれまで作事棟梁二人制を採っていたものが、何らかの理由

表6－3　文政年間町大工一覧

番号	町　名	大　工　名	備　　考
1	引土町	棟梁　善兵衛	嘉永七甲寅四月八日役御免
2		同　吉右衛門	
3		八五郎	
4		弥兵衛	
5		清助	
6		惣左衛門	
7		与惣兵衛	
8		忠右衛門	
9		忠兵衛	
10		伊右衛門	
11		甚七	
12		文吉	
13		三右衛門	
14		新助	
15		傳之丞	
16		七治郎	甲寅極月死去但し朝代町江□りる
17		茂兵衛	
18		戸右衛門	
19		弥七	天保十五甲辰養子不縁ニ付休業
20		和右衛門	天保七丙申年死去仕休業
21		嘉七	文政七甲申死去仕休業
22	朝代町	吉左衛門	
23		嘉左衛門	
24		久右衛門	
25		仙左衛門	
26		平四良	
27		喜之助	
28		与兵衛	
29		儀七	文政十三庚寅年死去仕休業
30	引土新町	市良右衛門	
31		平右衛門	
32		茂助	
33		佐兵衛	
34		徳平	

35		利助	
36		又兵衛	
37		甚右衛門	文化十四丁丑年死去仕休業
38	紺屋町	庄七	
39		□三郎	
40		喜右衛門	
41		佐平	
42		栄助	
43		仁兵衛	
44		儀助	天保八丁酉年養子不縁ニ付休業
45		清助	嘉永五壬子年死去仕休業
46	新町	吉助	
47		喜兵衛	
48		利兵衛	
49		市兵衛	天保十四癸卯年死去仕休業
50		伊八	天保九戊戌年死去仕休業
51	西町	幸四郎	
52		太兵衛	
53		茂右衛門	
54		傳右衛門	
55		喜平治	
56		茂助	
57		茂兵衛	
58		甚兵衛	弘化四丁未年死去仕休業
59	堀上町	治三郎	
60		□左衛門	
61		庄左衛門	
62		重三郎	文政十三庚寅年死去仕休業
63		清兵衛	弘化五戊申養子不縁ニ付休業
64	寺内町	仁左衛門	
65		忠左衛門	
66		和三郎	弘化三丙午年死去仕休業
67	本町	孫市	
68		政八	
69		甚三郎	
70		嘉助	

71		弥八	
72		林平	
73		重助	
74		文吉	
75		孫兵衛	
76		和助	天保三癸辰年死去仕休業
77	平野屋町	定七	
78		仁兵衛	
79		市之助	
80	丹波町	勘右衛門	
81		長兵衛	
82		□三郎	
83		孫治郎	
84		辰吉	
	中絶之分		
85	本町	弥助	嘉永三庚戌年養子不縁仕
86	朝代町	半助	嘉永五壬子年死去仕
87	堀上町	九兵衛	文政八乙酉年養子不縁ニ付中絶
88	本町	市郎兵衛	弘嘉三丙午年死去仕

表6－4　安政2年町大工一覧

番号	町　名	大　工　名	備　　考
1	引土町	八五郎	
2		棟梁　吉兵衛	嘉永五壬子三月ゟ棟梁
3		惣左衛門	
4		弥兵衛	
5		清助	
6		与惣兵衛	
7		忠右衛門	
8		甚兵衛	
9		伊右衛門	安政三丙辰三月ゟ取〆
10		甚七	
11		文七	
12		三右衛門	
13		善兵衛	
14		新助	

15			傳之丞	
16			茂兵衛	
17			和右衛門	
18			戸右衛門	
19			弥七	
20			嘉七	
21	朝代町		嘉左衛門	
22			久右衛門	
23			仙左衛門	
24			七次郎	嘉永七寅極月死去
25			茂兵衛	
26			儀七	
27			半助	
28			喜之助	
29			平四郎	
30		取〆	吉左衛門	
31			与兵衛	
32	引土新町		市郎右衛門	
33			平右衛門	
34			茂助	
35			弥兵衛	
36			佐兵衛	
37			甚右衛門	
38			徳平	
39			利助	
40			又兵衛	
41	紺屋町		常八	文政七甲申十月ゟ一代大工御免
42			喜右衛門	
43			作平	
44			惣右衛門	
45			藤兵衛	
46			仁右衛門	
47			重右衛門	
48			嘉兵衛	
49			庄七	嘉永六癸丑六月ゟ取〆
50			勘兵衛	

51	新町		吉助	
52			喜兵衛	
53			市兵衛	
54			利兵衛	
55			伊八	
56			惣兵衛	
57	西町		幸四郎	
58			太兵衛	
59			茂右衛門	
60			傳右衛門	
61			喜平治	
62			茂助	安政三丙辰三月ゟ取〆
63			茂兵衛	
64			甚兵衛	
65			□次郎	
66	堀上町		□左衛門	
67			次三郎	
68			庄三郎	
69			栄助	
70			清兵衛	
71			庄左衛門	
72			忠左衛門	
73			政吉	
74	寺内町		仁左衛門	
75			和三郎	
76	本町		庄助	
77			林平	
78			市郎兵衛	
79			和助	
80			孫兵衛	
81			弥助	
82			太郎兵衛	
83			弥八	
84			嘉助	
85			甚三郎	
86		取〆	政八	

87		取〆	孫市	
88	丹波町		勘右衛門	
89			政吉	
90			定助	
91			長兵衛	
92			仁兵衛	
93			儀左衛門	
94			孫次郎	
95	平野屋町		定七	安政三丙辰三月ゟ取〆
96			仁兵衛	
97			市之助	

によって嘉永七年（一八五四）四月に棟梁一人制に変更したことが判明するのである。これに伴ったのであろうか、それまではなかった「取〆」役が四人記されているので、彼らが棟梁を補佐したものと解釈される。

第四節　田辺藩最後の作事棟梁「瀬尾」氏について

大工瀬尾氏は田辺藩の最後の作事棟梁を務めた家柄で、代々大工を継承してきたことが伝えられている。ところが、江戸時代から明治初年までの約二世紀半を通じて田辺大工による活動状況を掲げた表6―1の五九件には、瀬尾姓の大工の仕事は認められず、これまでに行なわれた調査では漏れてきたことが推測される。ここでは、作事棟梁の瀬尾氏を採り上げて、可能な限り系譜や事績などを明らかにする。

(1)　略系譜

瀬尾家の系譜については、系図等が伝わっていないため詳らかではない。しかし、同家の位牌やいくつかの史料によって、当代にいたる系譜の断片を知ることが可能である。なお、当代は第八代目であることが伝えられている。

位牌台座の裏面墨書によると、

安政二乙卯年七月吉日

瀬尾吉兵衛尹久作之
此家先祖ゟ世代ヲ印事

とあり、元禄七年（一六九四）に没した人物から昭和四五年没の当代の母親にいたるまでの一六人の戒名の一字と没年月日が記録されている。

位牌を作った吉兵衛尹久が記した『御用日記　文政二己卯八月ヨリ日記之内入用出祓諸色心覚控帳』(13)に、

天保六乙未年正月十七日
吉右衛門尹親　棟梁役被仰付
同二月
江戸出府被仰付　□刀御免
　此節刀求代拾八匁

とか、

同（嘉永五年）壬子三月廿七日四ツ時御用
父吉右衛門尹親御作事所
棟梁役老人ニ付御免
倅吉兵衛尹久
御作事棟梁役被仰付候

などと記されている。これらから、吉兵衛尹久は吉右衛門尹親の息子であったことが知られる。

以上のことや家伝・位牌銘などから、瀬尾家の略系譜は、

（不明）――第四代……吉右衛門尹親（安政元年没、七八歳）

――第五代……吉兵衛尹久　（明治八年または一九年没）
――第六代……吉右衛門尹正（大正元年没、六七歳）
――第七代……喜十郎（昭和一四年没、五八歳）
――第八代（当代）……正太郎

となることが導き出せる。吉右衛門尹親は、安政元年（一八五四）七月二九日に七八歳で没しているので、安永七年頃の生まれであったことが想定される。

（2） 作事棟梁役

先の『御用日記　文政二己卯八月ヨリ日記之内入用出祓諸色心覚控帳』から、父親の吉右衛門尹親は天保六年（一八三五）に作事棟梁を仰せ付けられていることが判明した。すると吉右衛門は、五七歳という年令で棟梁役を仰せ付けられたことになるが、棟梁役として一般的な年令であったのか、あるいは遅い方だったのか、詳らかでない。

さらに嘉永五年（一八五二）には、吉右衛門尹親が老齢のために息子である吉兵衛が作事棟梁役を引き継いだことも併せて知ることができる。安政二年二月、御作事所によって改められた『定目東西在大工一件』(14)によると、吉兵衛の名の上に、

天保六乙未年正月棟梁役被仰付候
嘉永五壬子三月父吉右衛門後役棟梁被仰付候
元治元甲子五月役儀御免

と記され、この間の経緯が繰り返し述べられている。吉右衛門尹親は一七年ほど作事棟梁を務めたのであった。

また、この史料によると、吉兵衛は元治元年（一八六四）五月に棟梁役を退いていたこともわかる。父親吉右衛門の後を継いで一二年の間、田辺藩の作事棟梁を務めたのであった。親子二代で合計すると、約三〇年間の長きにわたり、瀬尾氏によって田辺藩の作事が指揮されていたのである。

『定目東西在大工一件』によると、吉兵衛の二人後に書き上げられた大工弥右衛門の名の上に、

元治元甲子五月棟梁役被仰付候

とあるので、吉兵衛の後任には弥右衛門が当たったことが知られる。弥右衛門については苗字が記されていないので、どのような家柄の大工だったのか不明である。ところが、瀬尾家には、第六代の吉右衛門尹正が田辺藩最後の作事棟梁を務めた、という家伝があるので、まもなく弥右衛門から吉右衛門尹正へ棟梁役が交代したのであろう。

小　結

棟札や造営文書などによって、慶長一七年（一六一二）から約二世紀半の間に田辺大工の携わった仕事五九件が判明した。町大工の中で多くの仕事をこなした中核的な大工として、「水嶋」「林田」「森木」姓の大工が挙げられる。またそれ以外にも、「川崎」「瀬野」「寄金」姓の大工たちの事績も注目される。

牧野氏が田辺藩に入封した寛文八年（一六六八）以後、田辺藩以外の他所における田辺大工の活動は、延宝二年（一六七四）から宝永四年（一七〇七）にかけての三〇年程の間に、三件の社寺造営に関わっていたことが知られる。一方、田辺藩内での他所大工の活動については、中世末における高浜大工の活動が認められるが、一色氏による丹後・若狭両国支配時代であったので、他所大工の活動と解釈するものではない。享保一五年（一七三〇）の松尾寺本堂造営に関して、宮津の冨田河内が参加しているが、当時冨田河内の優れた技倆が評判だったことにより、

松尾寺側があえて彼らを起用したい旨、奉行所へ許可を願い出たものであった。このように他藩の大工が田辺藩内で仕事をする場合は、特別な理由や許可が必要であった。

明和三年（一七六六）に田辺藩の作事奉行を務めていた原正登の記した「大工人数之覚」によって、当時の町大工の構成や住地などが判明する。大工の人数は六七人で、大工の技倆によって、「上」「中」「下」の三段階に分けられているが、全大工の八割強は「上」大工と記されていた。したがって、「中」や「下」と書かれた大工は未だ一人前ではなく、修業中の大工と解釈される。これら六七人の大工のうち、三割弱にあたる一九人が引土町に集住しており、引土町はさながら大工町の様相を呈していたことが想定される。また当時の田辺藩では、作事棟梁二人制を採っていたことが判明した。

明和三年に六七人であった町大工の人数は、文政年間には八八人となっており、数十年の間に二一人も増えている。明和三年の棟梁二人制はこの頃も変わっていなかったことが確認される。引土町に住む大工は依然として最多であるが、明和三年に比べてわずか二人増えただけである。大工人数の大幅に増加した他の町としては、引土新町や西町の増加率が顕著である。

およそ三〇年後の安政二年（一八五五）には、町大工人数はさらに九人増えて九七人となっている。ここで注目されるのは、棟梁が引土町に住む吉兵衛一人しか記されていないことである。何らかの理由によって、嘉永七年（一八五四）四月に棟梁一人制に変更されたことが明らかとなった。これに伴って、それまではなかった「取〆」役が四人書かれているので、彼らが棟梁を補佐したものと解釈される。

田辺藩最後の作事棟梁を務めたと伝えられる、大工「瀬尾」氏の略系譜を明らかにした。瀬尾家の第四代吉右衛門尹親は、天保六年（一八三五）に作事棟梁を仰せ付かり、その後約一七年間棟梁を務めた。嘉永五年（一八五二）には、吉右衛門尹親が老齢のために息子の吉兵衛尹久が作事棟梁役を仰せ付かり、元治元年（一八六四）五月までの約一二年間棟梁を務めた。瀬尾家の親子二代は、三〇年の長きにわたって田辺藩の作事棟梁を務めたのである。吉兵衛尹久の後は他の大工が棟梁を継いだが、第六代吉右衛門尹正は田辺藩最後の作事棟梁を務め、明治を迎えたのであった。

（1）第三章、第二節で採り上げた。
（2）井上金次郎編『田辺藩寺社史料集　その一　建築文献編』（長谷山房、昭和五二年）。
（3）日向進博士によって記された松尾寺本堂・仁王門の調査報告書に収録されている享保一二年の『御本堂大工方入用之覚』（松尾寺蔵）によると、「後見」河内守の他に「棟梁」の平太、「名代」の重郎兵衛・吉左衛門の名が見られる。しかし、「仕手大工頭」として地元の「大工七左衛門」と「高浜大工仁兵衛」の名も書き上げられており、冨田一族がどの程度実際の造営に参加したのか疑問が残る。
（4）註（3）の調査報告書、収録史料。
（5）谷口房治氏所蔵文書。なお同家の文書は現在、一括して京都府立総合資料館に寄託されている。
（6）瀬戸美秋『舞鶴建築組合史』（舞鶴建築組合、昭和四八年）。
（7）『舞鶴建築組合史』、一四頁。
（8）谷口家文書中に原家の系図が二種ある。『系図　原十右衛門』と表記され、安政二年までの記述がある一本と、他は巻紙に記された寛政七年までの系図である。
（9）『舞鶴建築組合史』、一二頁。
（10）舞鶴市編『舞鶴史話』（舞鶴市、昭和二九年）に収録されている（九七～九九頁）、弘化二年の「田辺分限帳」による。
（11）舞鶴建築組合所蔵の『嘉永六癸丑年五月　大工仲間町在とも御改ニ付取調物年寄エ差出候之扣　瀬尾性吉兵衛』という史料で、もともとは瀬尾家の文書だったものである。
（12）舞鶴建築組合所蔵『安政二乙卯年二月改　町在大工軒別不審附幷願書写御目見出世控　町方取締中』。
（13）瀬尾正太郎氏所蔵。
（14）舞鶴建築組合所蔵『安政二乙卯年改　定目東西在大工一件　二月御作事所』。

第七章　田辺藩における藩士の住居とその仕様

はじめに

江戸時代の各地方における藩士の住居に関しては、これまでに幾つかの研究が報告されている。(1) しかし、各藩の禄高の大小や財政状況によって、藩士住居の規模や仕様等が異なることはいうまでもない。そこで本章では、江戸時代末期の丹後国田辺藩における藩士たちの住居について、規模や室構成等の平面的視点のみならず、その他の事項についても多岐にわたって検討を行なうものである。

第一節　史料の概要

本章で扱う史料は、田辺藩（京都府舞鶴市）の作事棟梁を務めた瀬尾家に伝わる『御用繪圖面御屋舗御長家積り諸品寸法控帳』（図7―1、以下『控帳』と略す）と題するもので、(2) 表題の脇には「嘉永五壬子年三月吉日」「瀬尾性尹久」と書かれている。

『控帳』に記述されている内容は、正月一一日に棟梁が役所へ挨拶に出向く際の服装等を記した「月々御定メ」から始まり、制札や鑑札、桝および城内の鷹部屋・鳩部屋に至る種々の図が描かれている。その他にも、それらの寸法や仕様など細々とした事項が詳しく書き綴られている。

時期は、寛政四年（一七九二）一〇月の吉坂稲荷社（舞鶴市）の鳥居建て替えに関する記述を最古とし、安政二年（一八五五）改の「御作事鑑札」の図の横に「元治二乙丑正月ゟ改メ御作事奉行名印替ル」とあるように、およそ七〇年間余におよぶものが順不同に混在している。また、最新は、田辺藩主牧野家歴代の法名等について記した「御當家様御暦代様」の末尾箇所に「明治三十年十一月云々」とあるように、明治年間の記述も見られる。

したがって、表紙には嘉永五年（一八五二）の年紀を有するものの、それまで瀬尾家に伝わってきた過去の史料等から様々な事柄を転記し、さらに嘉永五年以降の変動や追加事項をも書き加えたものであることが知られる。

本史料中に建物の平面図が一二点描かれており、本稿ではその中の藩士住居一〇点を取り扱い、江戸時代末期における丹後地方の小藩では[3]、藩士たちがどのような住居に住んでいたのか考察するものである。また、他の二点は論を進める際に参考として紹介していきたい。

さらに、これらの住居に関しては、平面図以外にも用材や歩掛り・値段等に関する記述もあるので、建築生産の経済的側面を窺うことも可能であり、併せて考察する。

（1）　図の縮尺

各平面図に縮尺の書き込みは無いが、各紙には実寸の三分間隔で箆引きの方眼を施し、二目すなわち六分を一間として間取りを墨書きしている。したがって、平面図はいわゆる「六分計」で描かれたものである。しかし、これらの建物は実際に残っておらず、一間が柱芯々六尺で計画されていたかどうか、ということが不明なので、正確に百分の一ということはできず、図の縮尺はおよそ百分の一であると解釈するしかない。

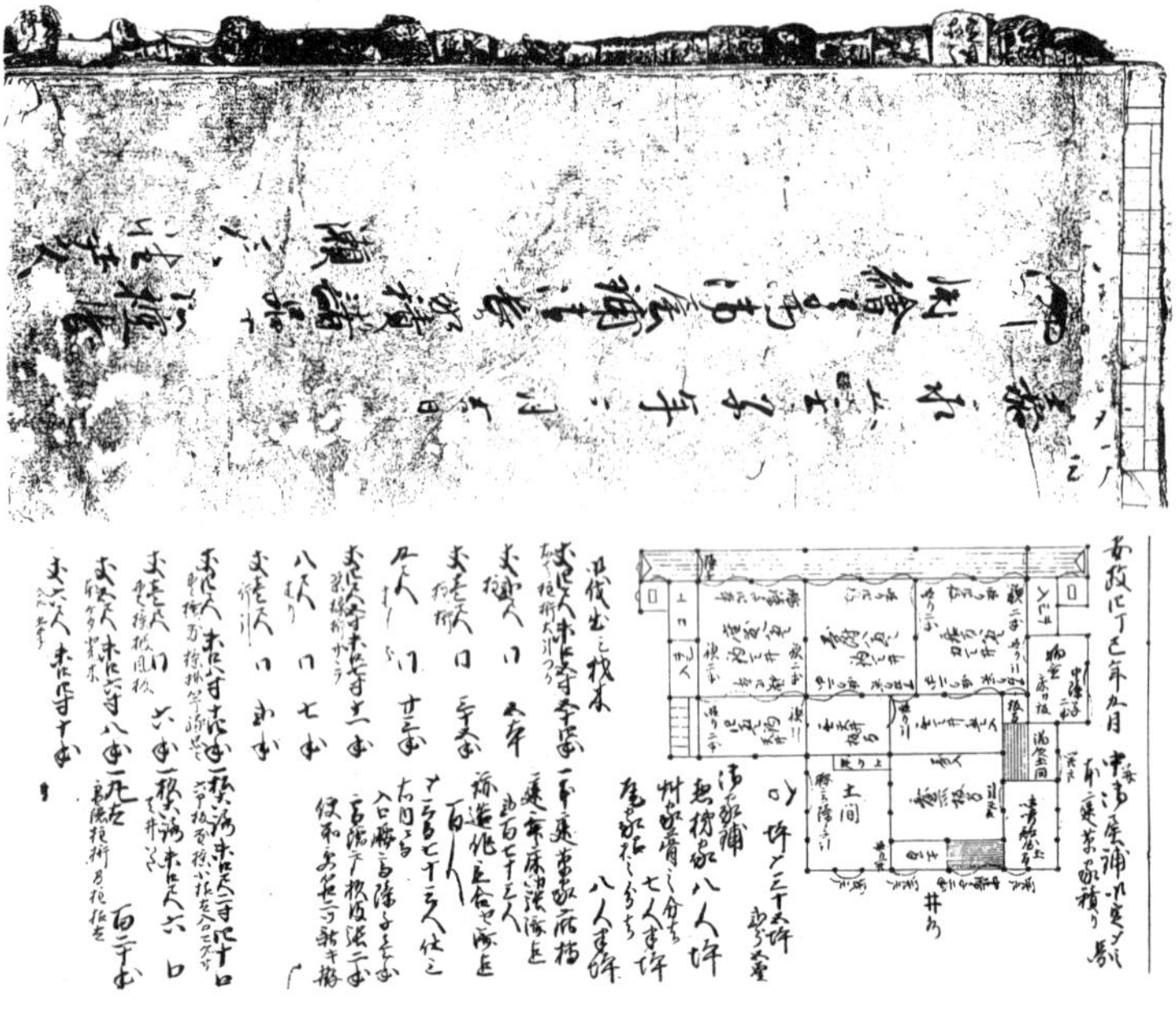

図7－1　『御用繪圖面御屋舗御長屋積り諸品寸法控帳』表紙および一部

（2）図の表現

図は半間毎の箆引きの上に描かれ、柱は四角で塗り潰されている。図の縮尺が約百分の一という大きさにも原因するが、一般的に見ることができる墨刺尻を用いて記されたものとは明らかに異なる。

図中には、「座敷八畳　釣天井」「台所　板間」など、室名とともに天井や床の仕様を書き入れる他に、「襖四枚」「腰高障子引」等の建具形式および枚数を記す。ただし、建具の表現は全て朱筆で波形や曲線が用いられるが、開き戸の場合はどちらが吊り元か不明であり、さらに引き戸はどちらの方向へ引くのか判断不能の箇所もある。窓の「中障子二本」とある場合には、中敷居窓障子引き違いということは容易に判断されるが、雪隠や「味噌部屋」のように間半の柱間中央に小さく曲線が描かれている場合は、建具種別の記述も無いので、塗り残し窓（下地窓）だった可能性も考えられる。

表7－1　藩士住居概要一覧

No.	仮　題	平面規模	形式	年　代	備　考
1	中弁御屋舗	35.25 坪	独立	安政4年	
2	小屋舗	31.5　坪	独立	万延元年	
3	古河要殿江新規仕立	24.0　坪	連続	安政6年	堀内啓吉殿御長屋同断
4	六間御長屋小家舗仕立	26.5　坪	連続	安政5年	三ノ丸古河次右衛門殿家敷
5	五間御長家	16.5　坪	長屋		給人
6	四間御長家	13.5　坪	長屋		給人　惣領
7	三間御長家	10.5　坪	長屋		御中小性(ママ)
8	三間御長家御門外	10.5　坪	長屋		御中小性(ママ)
9	三間御長家外	8.0　坪	長屋		御徒士
10	二間御長家	8.0　坪	長屋		御徒士
11	五間御長屋		長屋		組小頭小勘定横目御長屋　郷手代四間之定
12	御姫殿御部屋				

第二節　住居の規模と形式

一二種の住居の規模や形式等の概要を、表7―1および図7―2に示した。なお、各建物については、図の頭書きから仮題を付した。

住居の形式としては、独立住居と共同住居すなわち長屋に分けられるが、完全に独立住居とみなせる例は少なく、「中弁御屋舗」(No.1)と「小屋舗」(No.2)のわずか二例のみで、規模は各々三五・二五坪と三一・五坪である。

「古河要殿江新規仕立」(No.3)および「六間御長屋小家舗仕立」(No.4)は、二四坪および二六・五坪という相当な規模であるが、平面図からは、隣とは界壁一枚を隔てて連続した住居であったことも想定される。しかし、表中のNo.5～11のようないわゆる長屋ではなく、一軒隣接した住居だったと考えられる。

各図の頭書きに、「中弁御屋舗御定メ之図」「小屋舗御定メ」「五間御長家御渡シ御定メ扣　給人」「四間御長家御渡シ御定メ扣」などとあることから、田辺藩においては、地位によって住居の規模や仕様が原則的に定められていたこ

図7—2　藩士住居平面図一覧

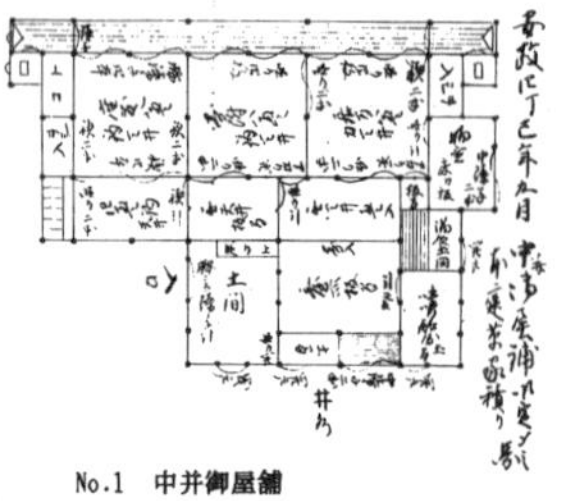

No.1　中井御屋舗

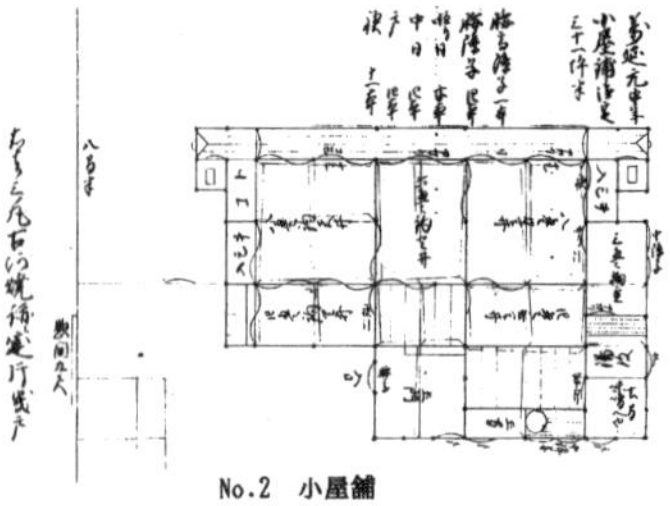

No.2　小屋舗

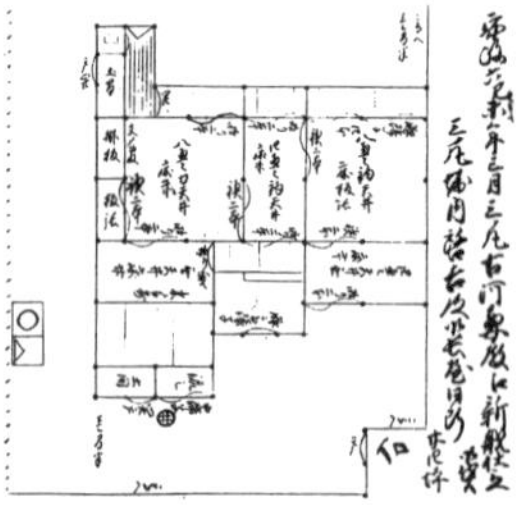

No.3　古河要殿江新規仕立

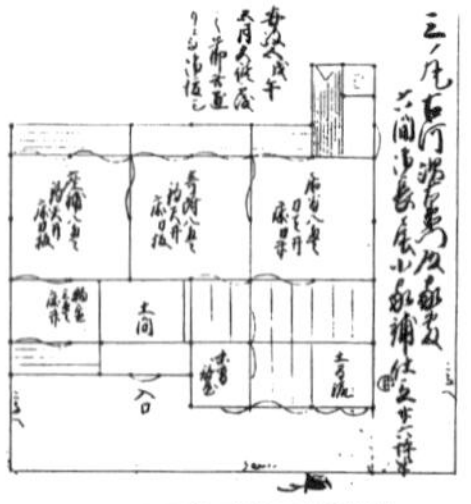

No.4　六間御長屋小家舗仕立

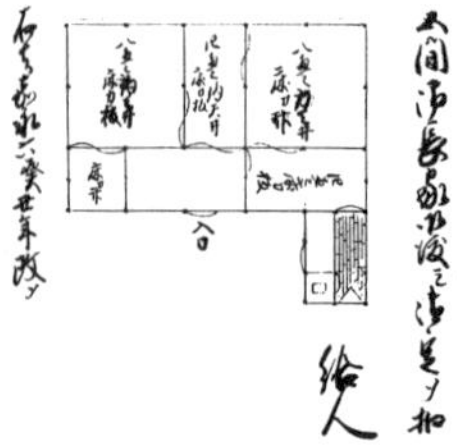

No.5　五間御長家

No.6　四間御長家

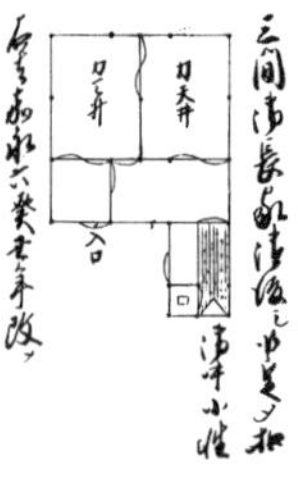

No.7　三間御長家

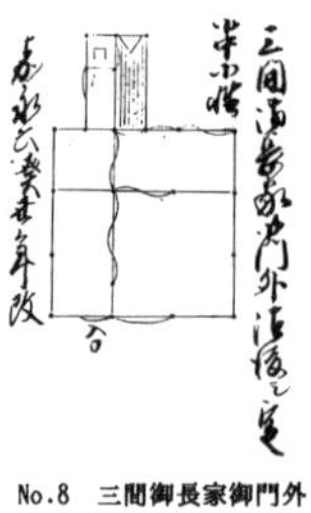

No.8　三間御長家御門外

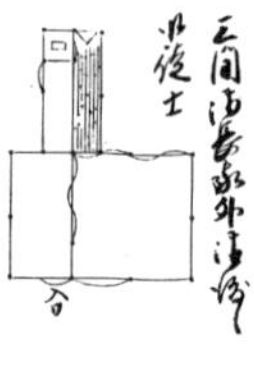

No.9　三間御長家外

No.10　二間御長家

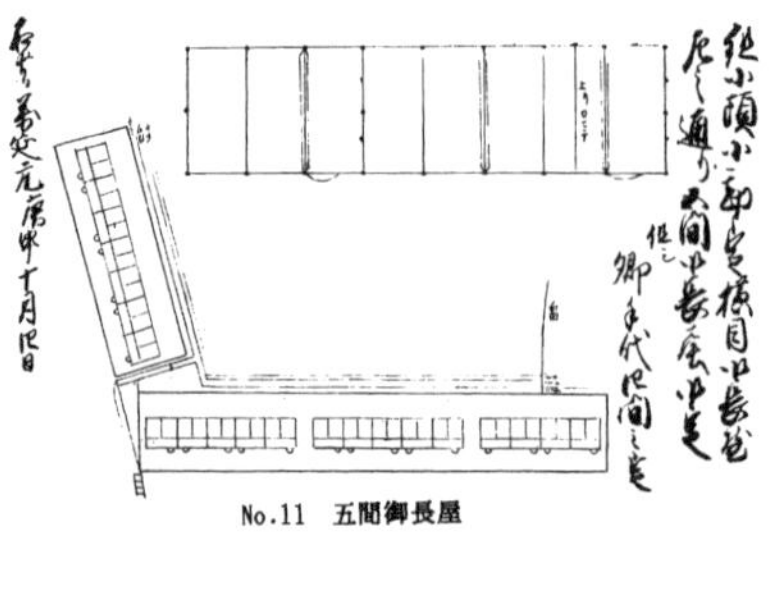

No.11　五間御長屋

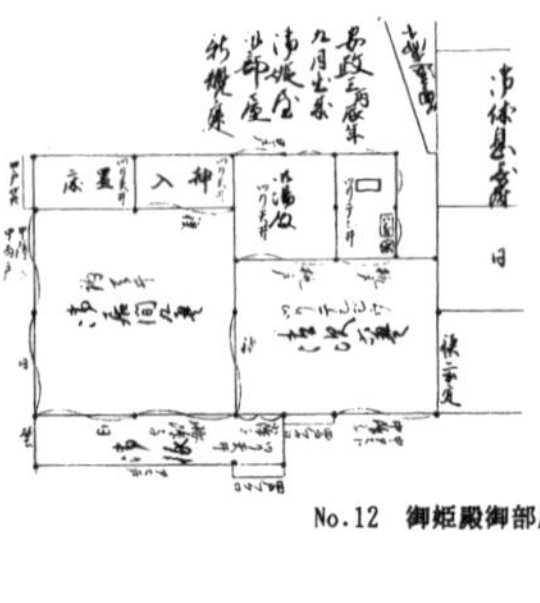

No.12　御姫殿御部屋

とが知られる。また№3に、新規に仕立てて古河要殿へ「御貸」した、とあることから、同藩では作事方が住居を建築して、各藩士へ貸与した可能性も窺われる。これらの図は、その規範を写し控えたものと考えられる。しかし、図には方位や敷地等の条件を記載していないものが多い。

第三節　各住居の構成

ここでは、各住居について具体的に見ていきたい。

（1）「中弁御屋舗」（表7―1の№1、図7―3）

「中弁御屋舗」と題されているので、これは次の「小屋舗」に比べて規模が大きく、居住する藩士の身分も高い「中屋舗」および「御屋舗」という意味と解釈される。

①平　面

建物の架構が記されていないので桁行・梁間方向が不明であるが、図では、左右八間、奥行三間半の右前方に、四間半×二間を突出させたL字形の平面である。面積は「坪〆三十五坪弐分五厘」とあり、図から平面積を算出した値と同じく、三五・二五坪であったことが判明する。

各室の構成を見ると、接客のための部分と家人の空間とが分化されているのが容易にわかる。客は左側の式台とみられる板張り部分の「明り二本」から入り、玄関とみられる四畳の「襖四本」を経て、その上側の「座敷八畳」へ通される。「座敷」には一間の「トコ」を構え、その左脇は「ヲシ入」である。座敷の右には「寄附八畳」がある。「寄附」とはいうものの、この部屋を客が通るとは解釈できない(4)。

「居間」は八畳の広さで、一間の押入を設ける。これら三室の上方に半間幅の縁側が設けられており、その両端

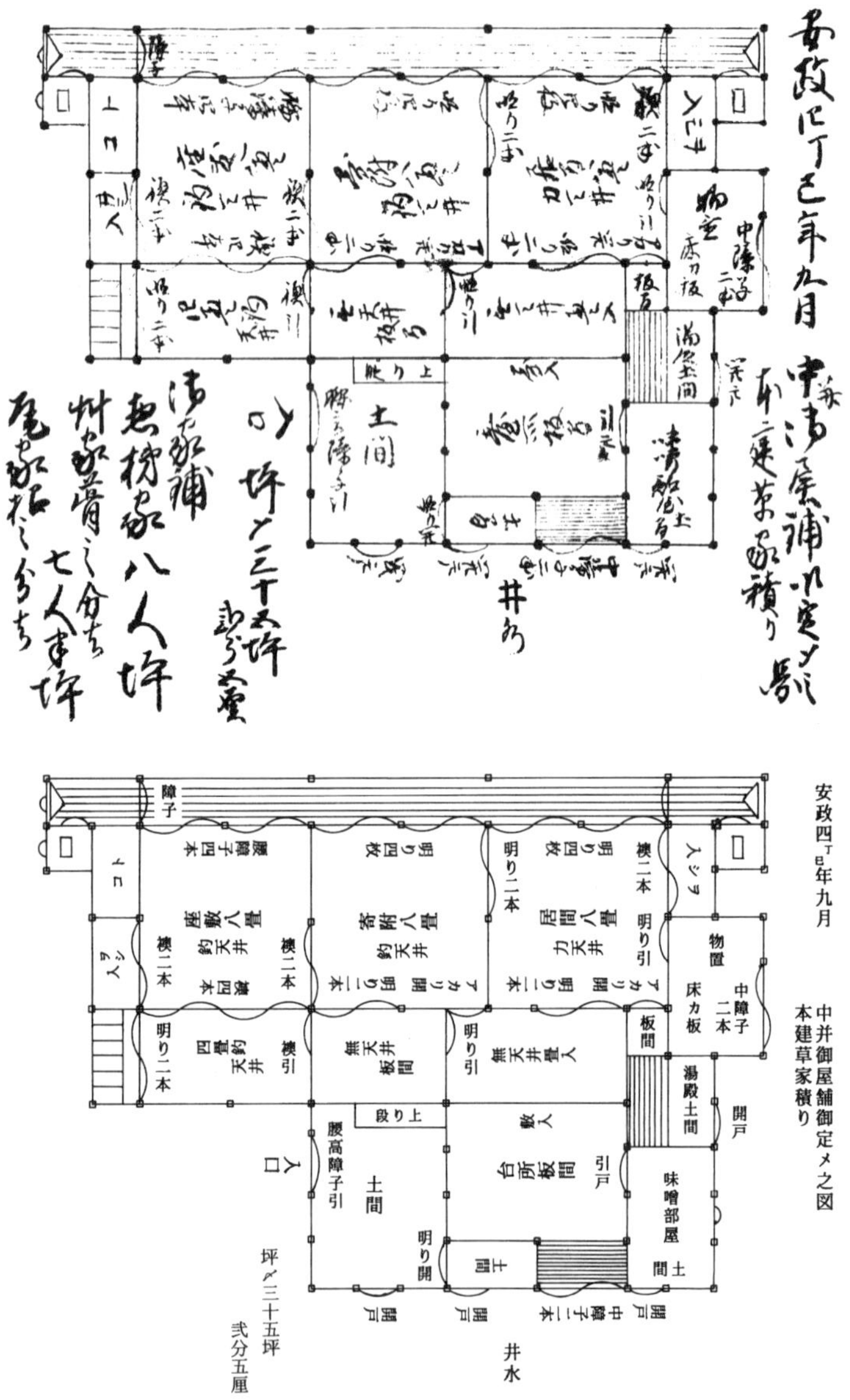

図7－3　「中幷御屋舗」平面図（上：原図／下：作図　以下同じ）

に雪隠がある。縁側には建具が無く、雨戸の戸袋も表現されていないので、柱間装置については壁なのかあるいは開放されていたのか、不明である。「座敷」横の雪隠は客用の上雪隠、「居間」横が家人のための雪隠であろう。

家人や親しい客たちは、「入口」とある片引きの腰高障子を開けて「土間」へ入り、「上り段」から三畳大の「板間」を通って「寄附」または右側の部屋へ行く。この右側の二坪の部屋には畳が敷かれており、無目敷居を敷いて六畳大の板間の「台所」が続き、一室に作られている。畳を敷いた部分は食事室に相当するものと思われる。あるいは、主人と家人の食事場所は、無目敷居を挟んで分けられていたのかもしれない。「台所」の下方に簀子と考えられる一畳大の部分と、その脇の「土間」がある。この部分が勝手口に相当し、外へ出ると井戸がある。

上記以外の室としては、建物の右下方に一坪半の「物置」、同じ広さの「味噌部屋」、さらに一坪の「湯殿」などがある。

②天井・床

天井の種類は三種である。「座敷」「寄附」および玄関四畳は、「釣天井」と記されている。釣天井とは、「吊木ヲ以テ、吊込タル天井」とあるので(5)、天井を張ってあることは判るが、どのような仕様だったか平面図の書き込みからは知り得ない。しかし後述するように、材木の用途からこの「釣天井」とは竿縁天井だったことが判明する。

次に「居間」の天井は「力天井」とあり、これは「小梁ヲ渡シ、天井板ヲ張リ、上ヲ物置ナドニ使用スル堅固ナル天井」とあるように(6)、いわゆる根太天井のことと解釈される。ただし、「居間」上部が物置に使われていたとしても、そこへ昇る階段は平面図に表示されていないので、おそらく右隣の「物置」から梯子を掛けて昇降したと推測される。

食事室に相当する二坪の室は「無天井」と記されているので、小屋裏を見せたままであったことが知られる。

また、左隣の「板間」「土間」もやはり天井を張っていない。

したがって、玄関四畳と「座敷」「寄附」「居間」の四室のみ天井が張られ、他の部分は小屋裏を見せていたことになる。

「座敷」「寄付」「居間」「四畳」と、食事室と思われる二坪の室には畳が敷かれている。それ以外は、板間である。「湯殿」は半分が土間で、残りは板張りである。

③用　材

この建物に用いられた材料の一覧を、表7―2に示した。三九項目に及ぶ材料が書かれているが、1～14までは材木である。15～20は釘、21～22は不明で、23～28が建具、29・30は雑材料、31～39までは雪隠の材料である。

材木（1～14）

材木は全て丸太の状態で、長さと太さに分類されて数量が記されている。樹種の判明するのは松古路（12）と杉古路（13）のみで、他は不明である。ここに記された「古路」とは、短い丸太材のことと解釈するのが妥当と思われるが[7]、松材からは「敷（居）」や「入口マグサ」等が木取りされているので、長さは一間程度の材だったと考えられる。ただし、他の材が全て本数で記されているのに対して、「古路」のみ「四十口」「六口」とあり、どのような単位で計上されたのか判らない。

柱は、長さ九尺から一丈四尺までの四種に分けられている。これらの丸太は全て、末口五寸とあるので、三寸五分角か四寸の面皮柱に木取りされたものと考えられる。

「丈四尺五寸末口七寸（5）」の材は、梁や縁桁の他に「サヽラ」に充てられている。これは、先にも述べたように天井根太のことである[8]。「丈四尺末口八寸（8）」の丸太は種々の材に充てられているが、その中に「竿縁」とあることから、先述の「釣天井」は竿縁天井だったことがここで判明する。

表7－2 「中幷御屋舗」用材一覧

番号	材の名称・寸法		数量	用途及び備考
	（御伐出シ材木）			
1	丈四尺	末口五寸	五十四本	柱　桁　大引　つか
2	丈弐尺	同	五本	柱
3	丈壱尺	同	三十五本	柱　桁
4	九尺	同	廿三本	はしら
5	丈四尺五寸	末口七寸	十一本	梁　縁桁　サヽラ
6	八尺	同	七本	はり
7	丈壱尺	同	弐本	□引
8	丈四尺	末口八寸	十四本	貫　棰　敷　棰掛　竿縁　□□
9	丈壱尺	同	六本	貫　棰　破風板
10	丈五尺	末口六寸	八本	本ケタ　登木
11	丈六尺	末口四寸	十本	合掌
12	松古路	末口尺二寸	四十口	六分板　敷　棰　小根太　入口マグサ
13	杉古路	末口尺	六口	天井いた
14	丸太		百二十本	雪隠柱　桁　間柱　根太
	（右釘積り）			
15	四寸釘		六百	榑瓦ニ而弐百増
16	三寸同		五十	
17	二寸五分		五百本	榑ニ而二百増瓦三百増
18	二寸釘		五十本	榑ニ而三百増瓦ニ而五百増
19	壱寸五分		弐百本	
20	壱寸釘		千八百本	
	〆			
21	□□大小		廿四□り	
22	□□同		十二	
23	戸		五本	
24	腰障子		四本	
25	明障子		廿三本	
26	同中障子		四本	
27	腰高障子		壱本	車付　一八
28	襖		十壱本	
	〆			
29	杉皮		六間	
30	ふじ		壱貫目	
	（御定雪隠所渡し）			
31	丸太		五本	
32	六分板		壱枚	
33	束竹		壱束	
34	藁		八束	
35	杉皮戸		壱本	代渡し五分
36	弐間貫		壱丁	
37	簗竹		三本	
38	縄		六把	
39	壺		壱丁	代渡し三匁
	（以上御定メ之写）			

材木の最後に記されている「丸太　百二十本」の用途として、「雪隠　桁　間柱　根太」などとあるので、大量に使われる小丸太の類だったのであろう。

釘（15〜20）

金物については六項目が挙げられているが、全て釘で、四寸から一寸までの各寸法がある。「四寸釘」の項目に「榑瓦ニ而弐百増」とあるのは、六〇〇本というのが草屋根の場合の釘の本数である。これに対して板葺き屋根を意味する「榑家」と瓦葺き屋根では、釘の本数を二〇〇本増す、ということである。したがって、二寸五分と二寸釘に関しても、同様の記述がされている。

建具（23〜28）

「座敷」の縁側境だけに「腰障子」四本が建てられ、他の障子は全て「明り障子」である。また、中敷居窓を意味する「中障子」は、台所の簀子の前方と「物置」の合計四本である。

「戸　五本」の内四本が開き戸で、残りの一本は「台所」と「味噌部屋」境に建つ引き戸である。「土間」の入口の腰高障子は戸車の付いた片引き戸であるが、その後に「一八」と記されているのは不明である。

ここに計上された建具の総計からは、雪隠の戸二本が漏れている。

その他（29〜39）

建具に続いて、「杉皮　六間」「ふじ　壱貫目」という雑材料が挙げられている。杉皮を「間」という長さの単位で数えていることから、茅葺屋根の棟や枕茅を包むのに用いられたことが推測される。「ふじ」は藤蔓のことで、一貫目程度だとあまり多い分量ではなく、棕櫚縄や蕨縄のように、棟廻りの結束に化粧として用いられたものであろう。

用材一覧の最後に「御定雪隠所渡し」として九項目が記されているが、ここにある材料の数量で、果たして雪

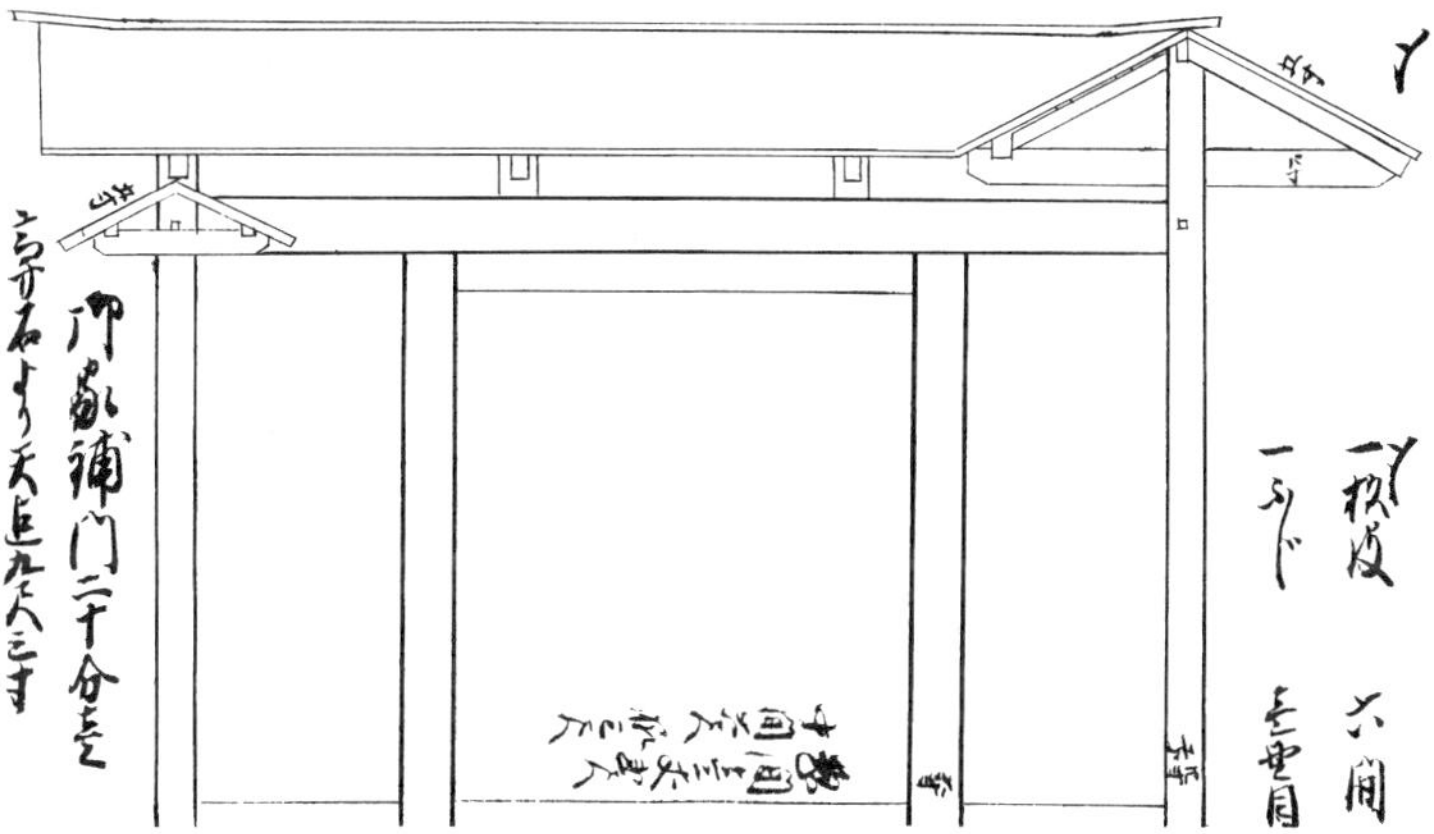

図７－４　「御家舗門」建地割

隠が建てられるのかどうか判らない。また、「中弁御屋舗」には雪隠が二箇所あるが、「壺　壱丁」「杉皮戸　壱本」などと記されるなど、平面図に描かれた状況とは合致しない。

「簗竹　三本」とあるのは、茅葺き屋根の合掌の上に載せる屋中竹のことであろう。(9)

④門

平面図および各材料に続いて、「御家舗門」と題する立断面図を同時に描いた縮尺二十分の一の建地割（図7―4）がある。したがって、「御家舗」ではこのような門を構えていたことが知られる。

平面図がないので確認することはできないが、門の左端の柱部分に控え屋根と思われる小屋根の断面が描かれており、高麗門のような形式だった可能性もあるが、あるいは門に続く板塀の屋根のつもりかもしれない。

門の主柱は六寸、脇柱は四寸二分、中央の六尺間を開き、両脇に三尺間の袖壁を付ける。屋根は五寸勾配で板葺き屋根のように描かれている。高さは石口から棟木の天端まで、九尺三寸と記されている。図からは、通り口の内法高は五尺九寸だったことが計測できる。扉の姿図が描かれていないので、どのような形式の扉を建てていたのか不明である。

（2）「小屋舗」（表7―1のNo.2、図7―5）

①平　面

建物の左側に、道との境界と考えられる線が引かれ、塀で囲まれているものと思われる。そこに「惣間九尺」の門と解釈される記載がある。門の脇は長屋のようでもあるが、この図からは判断できない。道境の塀の傍らに「八間半」と書かれており、敷地上方へ八間半延びていたことが判る。下方および右方の広がりを考慮すると、比較的ゆったりとした敷地が想像される。

門を入ると、左側にも塀が廻されており庭への通用口が開かれている。その前方に式台および玄関部分が続く。先の「中弁御屋舗」と同様に、接客部分が図の左側に位置している。室の構成は、やはり「四畳」「八畳」と続き、八畳には「トコ」と「ヲシ入」を備えており、座敷としての扱いである。

「中弁御屋舗」では「寄附」が八畳だったが、ここでは六畳に狭められ、さらに「土門《ママ》」も六畳相当の広さから四畳半の広さになっている。したがって、全体的に面積が約四坪減少して、三一坪半である。

台所の簀子部分に小さな円が描かれているが、これは水甕を表現したものと考えられる。簀子の形態は詳らかでないが、板間に座って使う流しだったのであろう。

いっぽう「湯殿」は畳一枚分の広さで、片側半間分に戸を建てているので、どのように使用したのか、疑問の残るところである。

②天井・床

天井の種類は二種で、「八畳」「六畳」「四畳」が「釣天井」、右端の「八畳」のみ「力天井」、他は天井を張ら

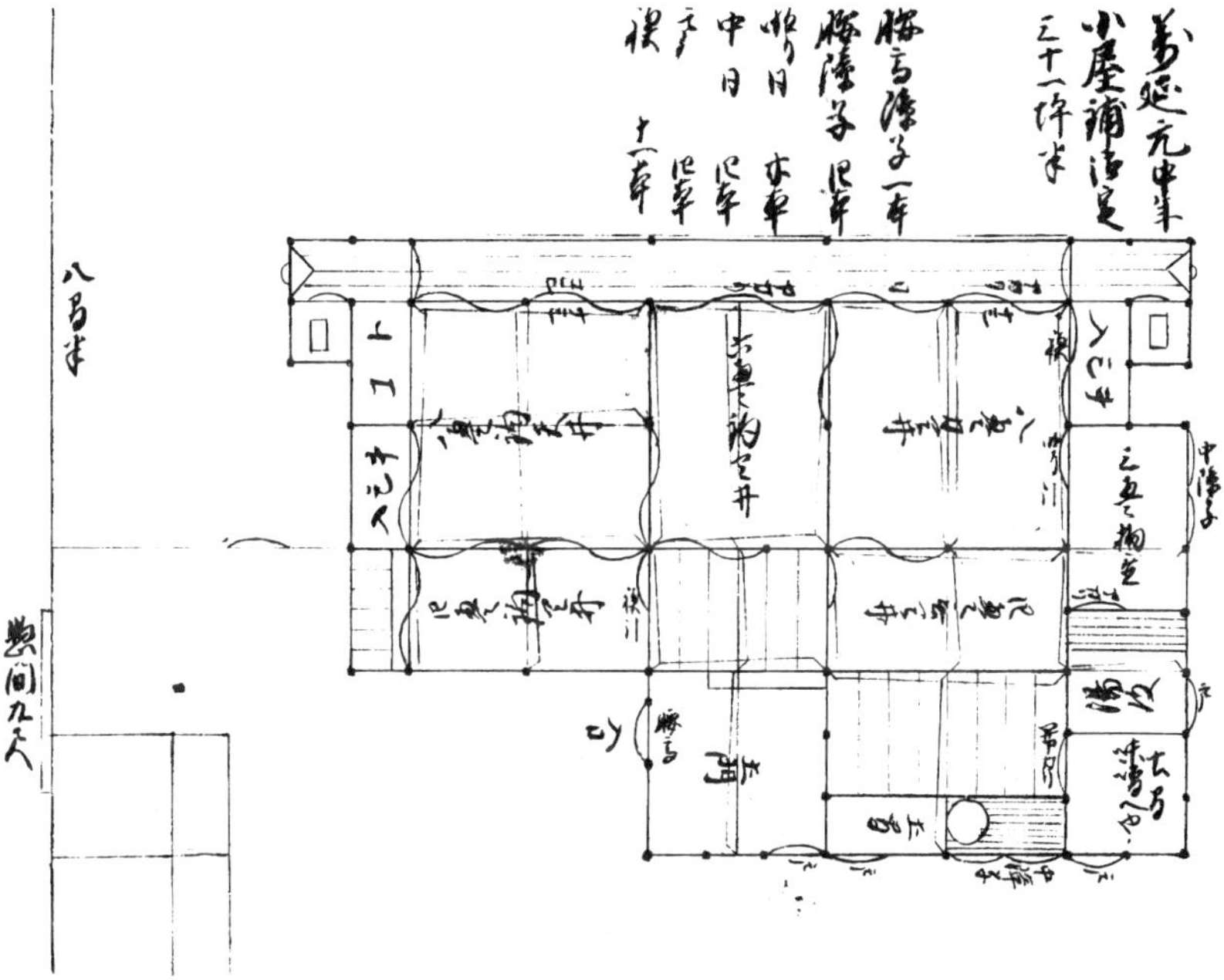

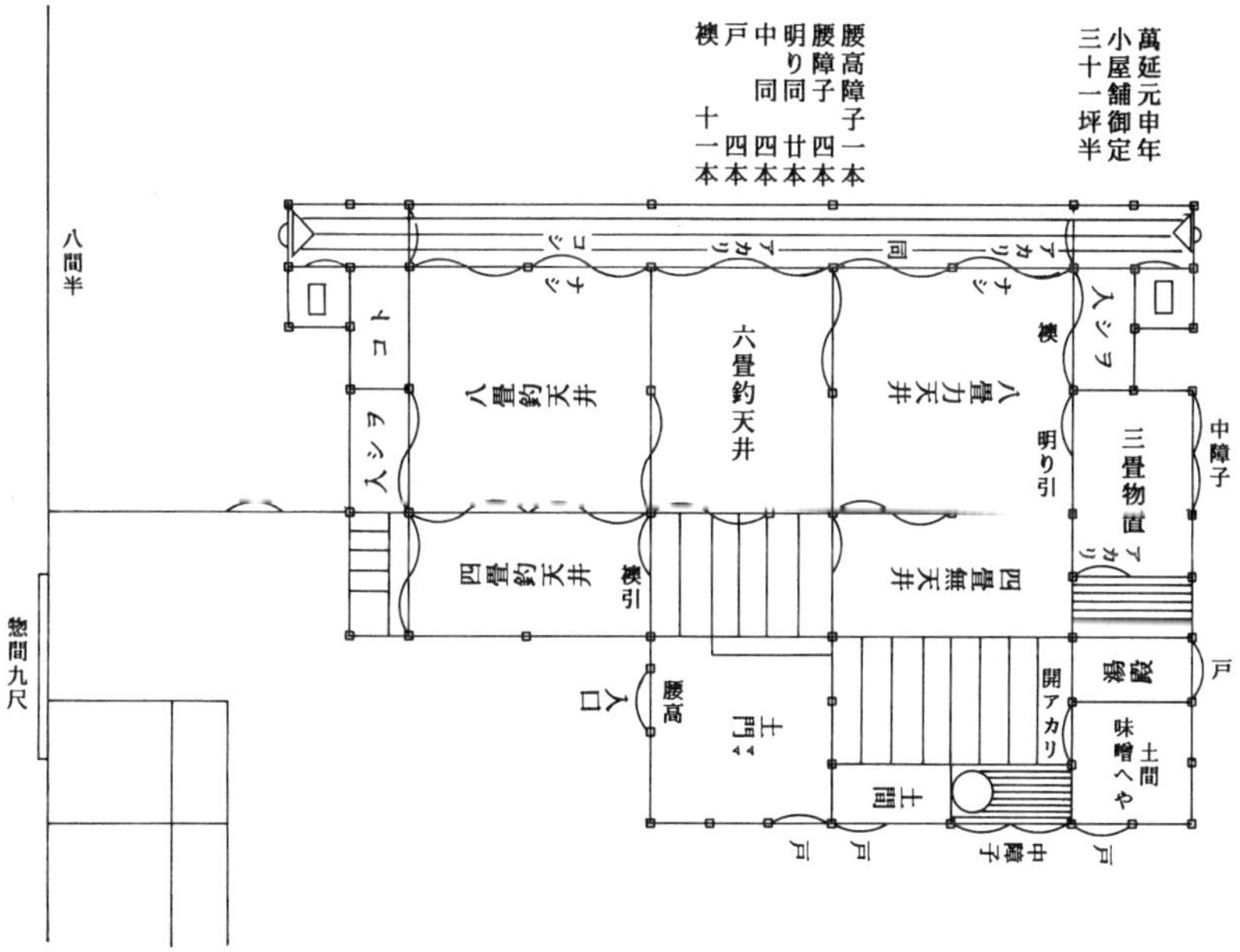
萬延元申年
小屋舗御定
三十一坪半
腰高障子一本
腰障子四本
明り同廿本
中同四本
戸四本
襖十一本
八間半
惣間九尺
アカリ
同
ナシ
入シヲ
ロヒ
ヒシ入
八畳釣天井
六畳釣天井
八畳カ天井
四畳釣天井
四畳無天井
三畳物置
中障子
明り引
襖
襖引
戸
開アカリ
腰高
入口
土間
味噌へや
中障子
戸

図7－5　「小屋舗」平面図

ずに小屋裏を見せていた。

床の種別については表示はされておらず、勝手口や「味噌へや」が土間であったことのみが確認される。

③その他

煩雑になるために引き直した図では省略してあるが、元の図には、主たる各柱筋に梁が朱筆によって表現されていた。間取りと伏図を合わせて描いた、大工が現場で使う板図のように表現されている。

（3）「古河要殿江新規仕立」（表7—1のNo.3、図7—6）

表題に「古河要」という氏名が記されているが、この藩士について少し触れてみたい。

明治二年（一八六九）六月の版籍奉還に伴い、田辺藩主であった牧野弼成は舞鶴藩知事となり、家禄として元の三五、〇〇〇石の十分の一にあたる三、五〇〇石に変更された。これに伴い旧藩士の家禄も同様に十分の一に改められ、この時の禄高二〇石から一二石までの士族二八二人と、六石から八石までの卒二二七人、合計五〇九人の全藩士の氏名が判明する。[10]

この内、「拾六石之分」の士族の中に「古河要」の氏名が確認される。図の表題によると、安政六年（一八五九）三月に古河要殿へ「新規仕立御貸」したとあるので、その間一〇年の隔りはあるものの、全藩士の氏名一覧に見られる藩士と同一人物とみてよいだろう。

十分の一に減じられた古河要の家禄が一六石であったから、安政の頃の家禄は一六〇石となり、田辺藩における藩士住居の基準を窺うことができる。一六〇石取りの藩士では、独立家屋に住めるというわけにはいかず、家屋の広さも二四坪程度で、接客空間が十分に確立された住まいではなかった、ということになろう。

このことから、規模が三〇坪以上で独立家屋である「中幷御屋舗」や「小屋舗」に住むことができたのは、おそらく、一八〇石以上の禄高を取っていた藩士であったと推測される。

①平　面

図の右側と下側に高塀が巡らされており、右下の部分が一間四方欠き取られて、そこに入口が開かれている。敷地は角地であったことも考えられるが、図の表題部分に「三ノ丸堀内啓吉殿御長屋同断」とあるので、建物の右側は一枚の界壁を挟んで、左右対称の連続住居だった可能性もある。

下方の高塀から建物までは「壱間半」の空きがあった。いっぽう敷地の左側には点線が表示されている。これは、隣地との境界を示す線と解釈され、塀はなかったのであろう。またそこには、外雪隠が描かれており、史料中外雪隠を描くのはこれ一例のみである。

図の右上端に「高へ（塀）壱間半」とあるので、縁側の柱から上方へ一間半の塀が延びていたことになり、敷地の上下方向は八間となる。また、外雪隠背面の点線と建物左端の柱筋は一間半に描かれているので、左右方向は七間となる。したがってこの敷地は八×七間＝五六坪から、「入口」部分の方一間を欠き取った五五坪となる。

「入口」から屋敷内へ入ると右前方に腰高障子が見え、そこから建物の中へ入ると踏み段が設けられているので、そこが来客の際の玄関としても使われたものと考えられる。

この建物では、接客空間と家人のための空間が区分されていない。面積的には区分することは可能とも思えるが、室の構成からは、意図されなかったことが読み取れる。

湯殿の表示がされていないので、どこで、どのようにしていたのか不明である。あるいは、外の雪隠の上半分に描かれた円が風呂釜を表現しているのかもしれないが、残念ながら確認することはできない。

台所部分には「流シ」と記され、その外側には井戸がある。したがって、前述の「中丼御屋舗」（図7―3）や「小屋舗」（図7―5）に描かれていた畳一枚分の簀子状の部分は、流しとして使われていたことがここでも裏付け

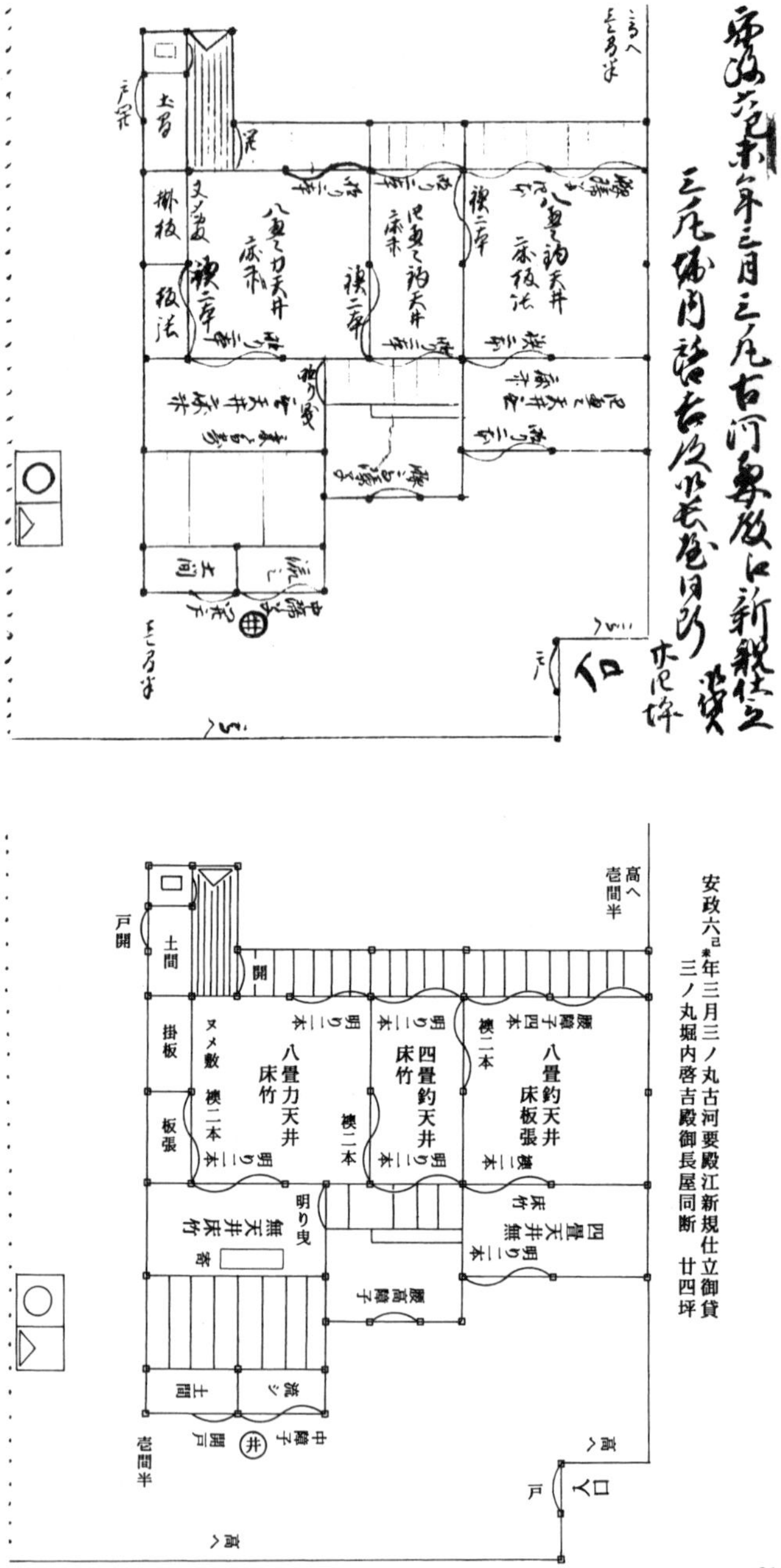

図7－6　「古河要殿江新規仕立」平面図

られる。

②天井・床

左側の八畳は「力天井」で、右隣の「四畳」と「八畳」は「釣天井」に作られている。その他の室には天井は張られておらず、小屋裏を見せていた。

右端の「八畳」のみ板張りの床で、他の四室はいずれも「床竹」と書かれており、簀の子状に丸竹を敷き並べた床であったと考えられる。

③その他

左側の「八畳」左端に、「掛板」と記された押入状の部分がある。掛板とは、「押入ナドノ棚板ヲイフ」[11]とあり、図には「ヌメ敷」の書込みもあるので、建具を建てずに無目敷居を入れて踏込形式の板間にした場所に、一段または複数段の棚板を渡した物置のスペースだったと考えられる。その隣の「板張」には襖二本を建てるので、ここが一般的な押入だったのであろう。したがって、この八畳は収納場所を備えた室であったことが知られる。

このように、床や天井の仕様、さらには、床の間こそ設けられていないものの収納部分を見せないことなどから、この建物の中で最も格の高い室は、右端の「八畳」であったことが導き出されよう。来客の折には、床に竹の張られた「四畳釣天井」の室を経て、この部屋へ通したものと推測される。

（4）「六間御長屋小家舗仕立」（表7―1のNo.4、図7―7）

頭書きに「三ノ丸古河次右衛門殿家敷」と記されているが、先に採り上げた「田辺藩士総員名簿」には、古河要以外の古河姓の人物が三人書き上げられているものの、当主の世代交代等何らかの理由によるのか、その名簿に「次右衛門」の名は見られない。したがって、次右衛門がどれくらいの家禄を得ていた藩士なのか不明である。

①平　面

「六間御長屋小家舗仕立」とあるのは、図に描かれた建物の間口（左右方向）が六間の意味であろう。規模は二六・五坪で、建物の右側には一間余りの空地を隔てて「高へ（高塀）」があり、その間に井戸も掘られていた。したがって、この敷地は間口七間余りであったことが知られる。

「長屋」と記されているので、この建物の左側の壁を境にして左右対称の小家舗が建っていたか、あるいは、敷地の右側は高塀があり建物前方の左側も同様であったからこのような小家舗が何軒か並んでいたことも推測される。

敷地の奥行きに関する記入はないが、建物下端から一間下方に高塀がありその下に「通り」と記されているので、下方に道のあったことが確認される。しかし、高塀には門または入口が描かれておらず、前面道路のどこから出入りしたのか判らない。建物の右半は「味噌部屋」や台所の土間部分と思われる「土間」が配されているので、敷地の出入口は塀の左側寄りにあったものと考えられる。

各室の構成は、奥左から「座舗」「寄附」「居間」の八畳が三室並び、それらの前方に他の室を配置している。「座舗」および「寄附」という室の名称は、「中弁御屋舗」とこの例にのみ記された室名である。

客が訪れた場合は「入口」から建物へ入り、「土間」を通って右側の踏込みから板間へ上がり、「寄附」を経て「座舗」へ通されたと考えられる。

収納スペースは「物置三畳」のみで、他に押入等があったどうか図には描かれていない。

先述の「古河要殿江新規仕立」の住居と同様に湯殿の表示は無く、二十数坪程度の規模の住居では、建物の内部に湯殿は設けられなかったのかもしれない。

②天井・床

「座舗」「寄附」が竿縁天井の「釣天井」で、「居間」は根太天井の「力天井」である。他の室は天井種別の記入が無く、天井を張らずに小屋裏を見せたままの状態であったことが推測される。

床の仕上げは、主な二室が板張りで、「居間」や「物置」は竹張りの床であった。ただし、建物右下部の台所廻りとみられる各室は、板張りの表現である。

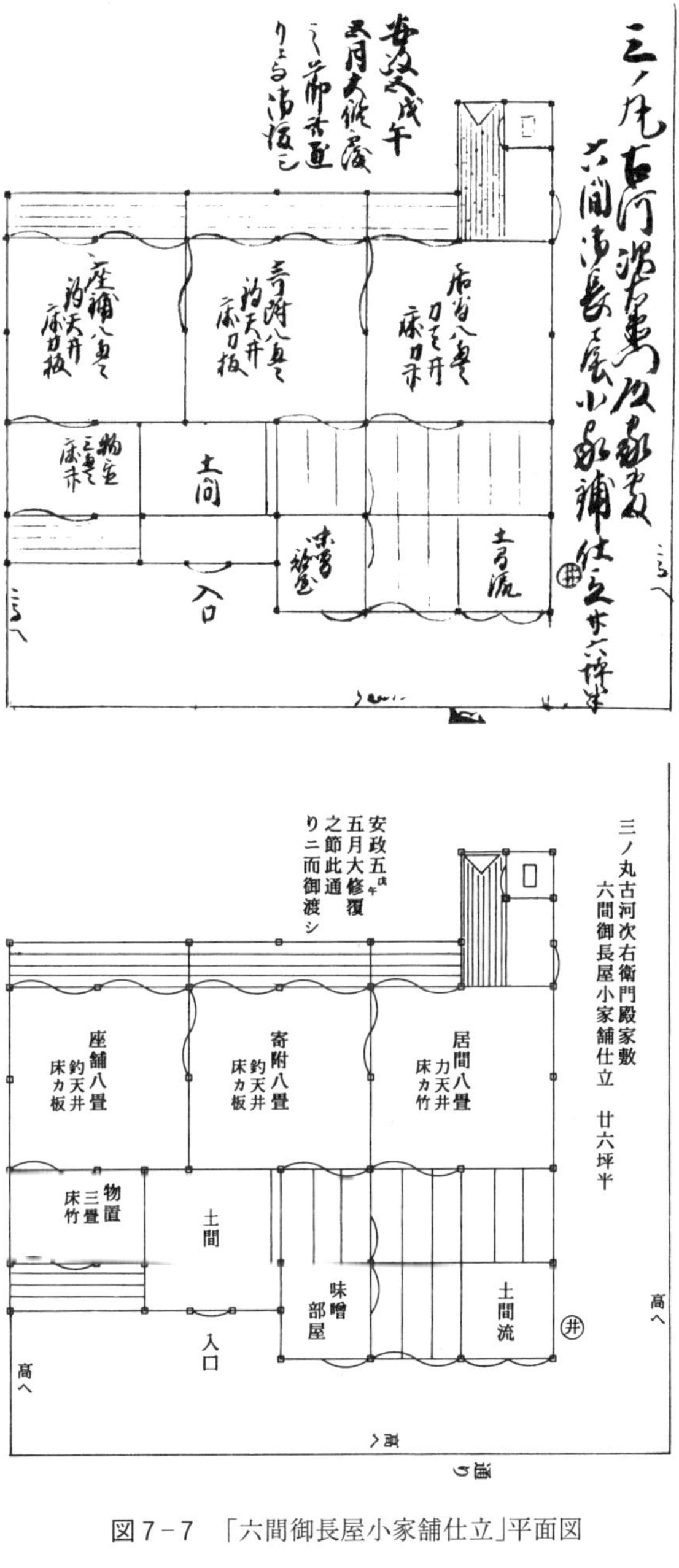

図7−7　「六間御長屋小家舗仕立」平面図

(5)「五間御長家」（表7―1の№5、図7―8）

この「五間御長家」は、頭書きによれば「給人」の住居として充てられている。享和元年（一八〇一）に改められた田辺城における城中席次では、「御家老」を筆頭に身分に準じて七二の順位が定められている(12)。城中席次によると、「給人」と称されるのは「御息附給人」「表給人」および「若殿様御附給人」の三種で、第四四位から四六位の席順であった。

この「五間御長家」以降で考察する各住居は、敷地や塀等の周辺条件については触れられていないので、長屋と称する前述の「六間御長屋小家舗仕立」とは異なり、同一の平面形式が数軒分連続するいわゆる長屋であったと考えられる。

①平　面

間口五間、奥行三間の主屋に一間半×一間の雪隠部分を突出させた平面で、奥に八畳・四畳・八畳の三室を並べ、それらの手前に物置と考えられる一坪の室[13]と出入口を開いた二坪の室、四畳の室を配している。平面の規模は一六・五坪である。

来客時には左側の八畳へ通して応対し、右隣の四畳は次の間の扱いになるのであろう。右下の四畳が台所部分に該当するものと考えられるが、書込みがないので定かではない。

②天井・床

左側の八畳と中央の四畳のみ「釣天井」で、右の八畳は「力天井」である。

床は、八畳・四畳の二室が板張りで、右下の四畳も板張りである。右側の八畳と左下隅の小室は、ともに竹張りの床であった。

床の種別の記入は無いが、入口を開く二坪の部分は土間であった可能性が高い。

③そ の 他

奥側柱筋の柱間は一間にもかかわらず、引違いを示す波形の表示ではなく、一本の弧を描くだけである。他の例でこの表示は、片開きや片引きを表すものであるが、ここではそうとは考えられず、あるいは、突出しの窓であったのかもしれない。

雪隠に繋がる一畳大の小空間にも何の表示もされておらず、どのような室であったのか不明である。

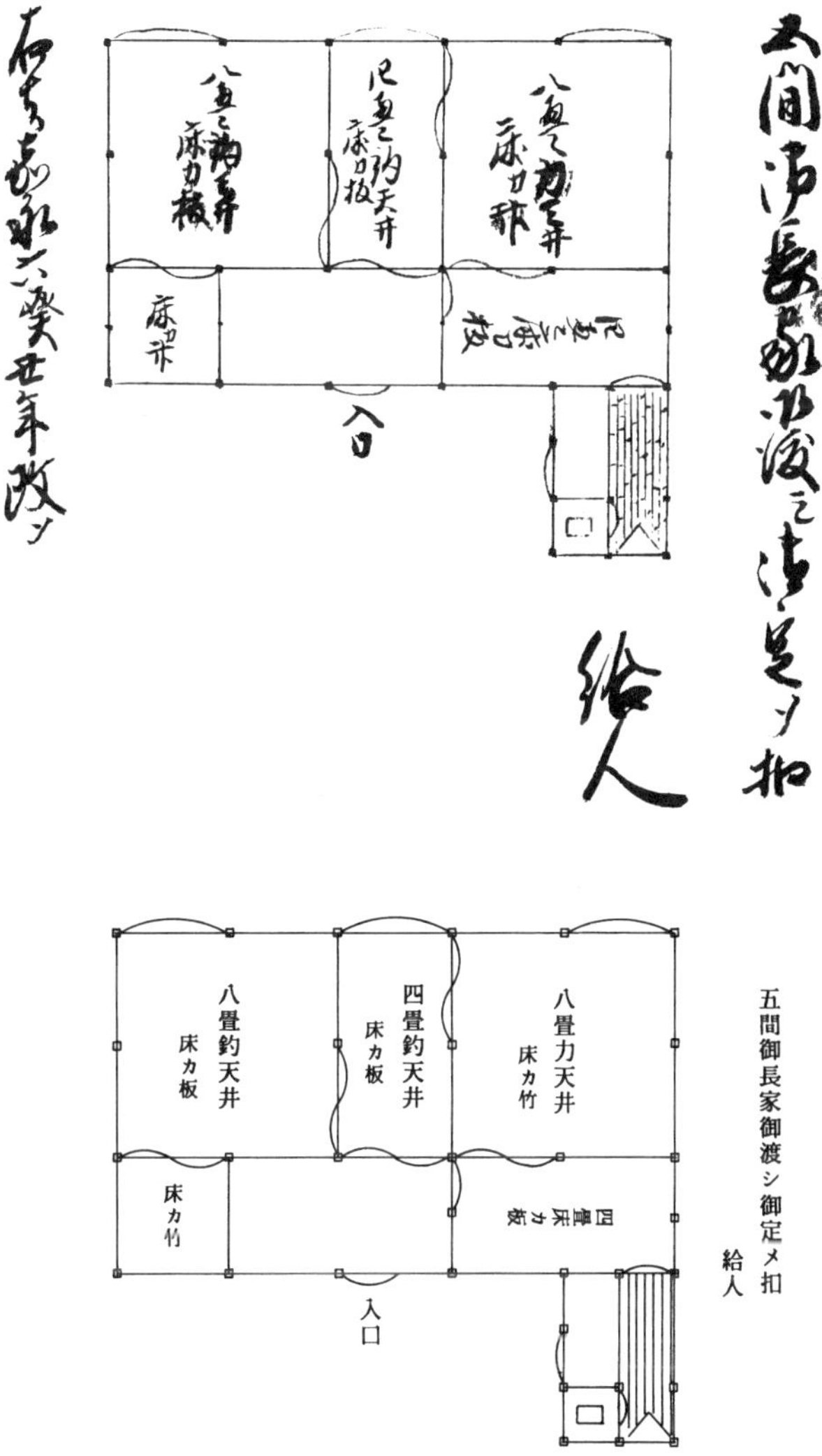

図7－8　「五間御長家」平面図

④用　材

この長屋に用いられた材料の一覧を、表7―3に示した。26項目に及ぶ材料が記されているが、1～15は材木、16～18は釘、19と20は建具、21・22・25は雑材料である。23は「石　大十六　中十二　小廿三」とあるので、礎石や束石に用いられた各サイズの石である。

24には瓦各種が書き上げられている。これは用材書き上げの最初に「壱棟建瓦家積」と特記されていることか

表7－3　「五間御長家」用材一覧

番号	材の名称・寸法	数　量	用途及び備考
	（壱棟建瓦家積）		
1	長丈二尺　末口六寸	四本	定規柱
2	同　末口五寸	十二本	本柱
3	同丈五寸　同　四寸五分	四本	庇柱
4	同九尺　同　同	七本	同
5	同丈五尺　末口五寸	十四本	桁
6	同丈壱尺　同	七本	同
7	同八尺　同	弐本	登木
8	同丈四尺　同	九本	大引　短柱
9	同丈四尺五寸　同　七寸	七本	梁
10	丸太	四十七本	間柱 根太 楣 蹴放 雪隠渡シ
11	弐間貫	三十七丁	
12	同棰	三十五本	
13	壱間半同	二十三本	
14	松六分板	壱枚	御渡し
15	樫端□	六枚	
16	四寸釘	弐百六十	増廿本
17	弐寸五分同	七百五十	増五十
18	弐寸同	六百本	
	〆		
19	入口戸	壱本	并一寸六十
20	雪隠杉皮戸		
21	俵	八十枚	
22	縄		
23	石	大十六中十二小廿三	
24	瓦〆　平	千七百二十枚	
	同唐草	八十四枚	
	同けらは	三十八枚つゝ	
	同角	四枚	
	かんふり		
25	針銅		
26	葺手間		

ら、初めて瓦の記述が現れたものである。平瓦が一、七二〇枚、軒の唐草瓦が八四枚、螻端瓦が左右勝手の各三八枚づつ、隅瓦が四枚とある。

（6）「四間御長家」（表7―1のNo.6、図7―9）

「給人」および「惣領」のための住居である。「惣領」とは「給人」より地位が低く、第五一位と五二位の席順の「諸惣領」「惣領並」が該当する。

①平　面

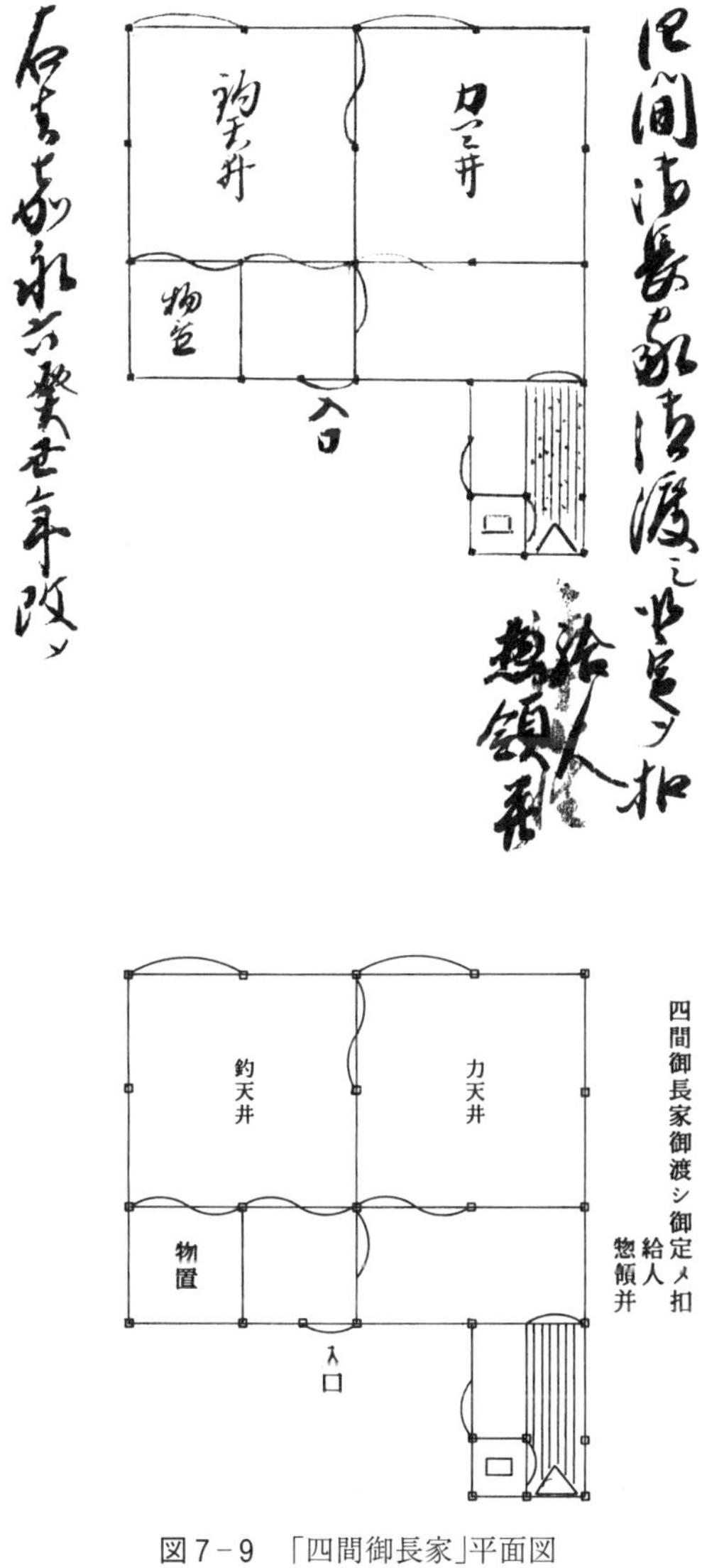

図7－9　「四間御長家」平面図

間口四間、奥行三間で、八畳二室に附属室を配し、雪隠部分を突出させた長家である。前述の「五間御長家」の中央部分一間を取り去って縮めた平面形式で、規模は一三・五坪である。主室と考えられる八畳の左下は「物置」と記されており、先の「五間御長家」の同位置にあった室を物置と判断した根拠がこれである。

②天井・その他

左側の八畳が「釣天井」で、右の八畳は「力天井」である。したがって、室の格としては、左の八畳の方が上だったとみなせる。

（7）「三間御長家」「三間御長家御門外」（表7―1のNo.7・No.8、図7―10・7―11）

これら二種はともに面積が一〇坪半で、「御中小性」に充当された長家であるので、同時に考察する。対象となる「御中小性」は、城中席次に記された第六二位の「表御中小性」が該当する。

①平面他

いずれも、三間四方の主屋に雪隠部分を突出した平面である。「三間御長家」では六畳二室を並列し、出入口や物置・台所部分を付加しているが、「三間御長家御門外」では、八畳の室を中心として附属室を配したものである。雪隠の位置は、双方で主屋の前後に分かれている。

「三間御長家」には「力天井」の表示があり、「三間御長家御門外」の方には表示はないものの同様の力天井に作られたのであろう。

②用　材

「三間御長家」に用いられた材料の一覧を表7―4に示した。

ここでは一一項目に及ぶ材木が書き上げられている。5・6は「桁・大引・つか・登木」に充てられる丸太、

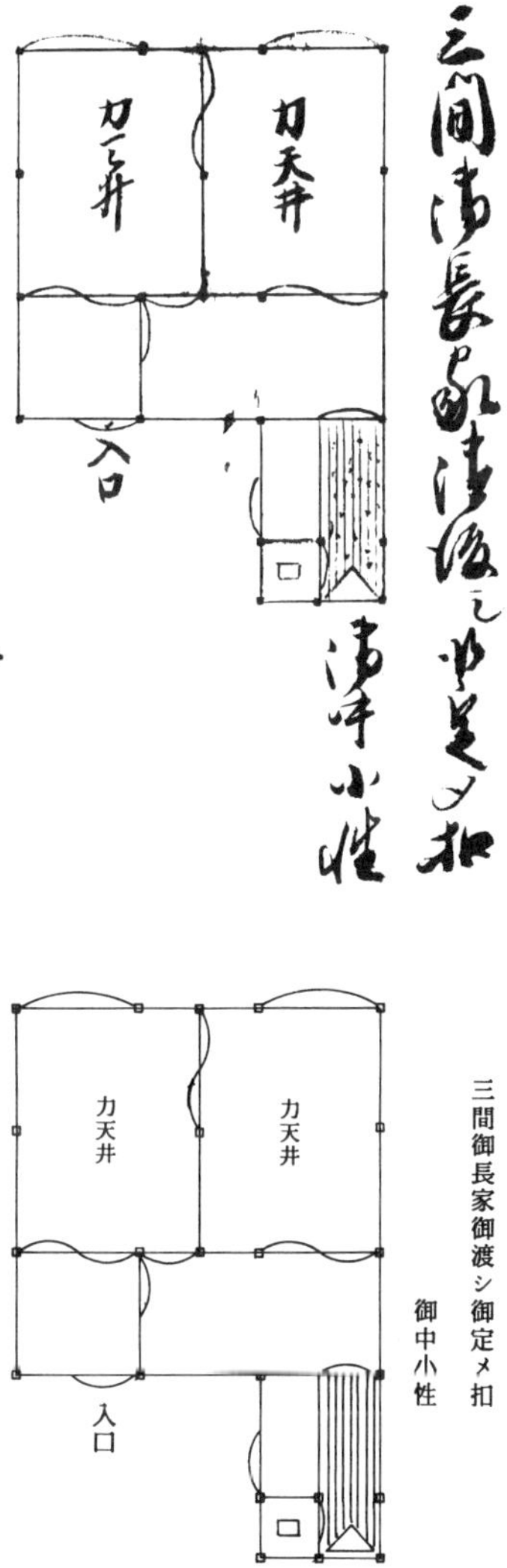

図7−10　「三間御長家」平面図

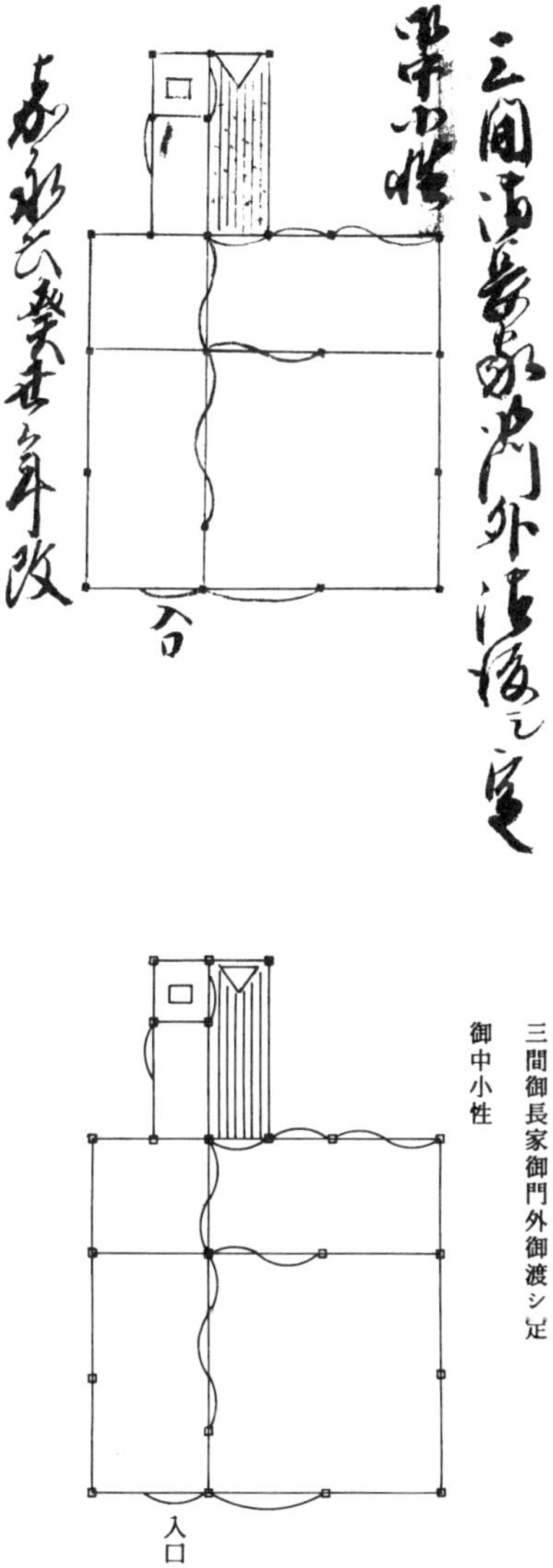

図7−11　「三間御長家御門外」平面図

9は貫、10および11は垂木の材であったということは知られる。しかし、それ以外の丸太についてはどれを何に使用するのか、また材木以外にはどのような資材が用いられたのかなどについては記されていない。

(8)「三間御長家外」（表7—1のNo.9、図7—12）

次に述べる「二間御長家」と同様に「御徒士[14]」のための住居である。前二例と同じく間口は三間であるが、奥行が二間に縮められている。雪隠の部分は奥行が半間延びて二間となるものの規模は狭くなり、八坪の広さである。

八畳一室の左側に二坪の室が付いている。そこには入口も開かれているが、室内はどのように作られたのか判らない。

表7－4　「三間御長家」用材一覧

番号	材の名称・寸法		数　量	用途及び備考
1	長丈弐尺	末口六寸	四本	
2	同	末口五寸	七本	
3	同丈五寸	同　四寸五分	三本	
4	同九尺	同	五本	
5	同丈四尺	同　五寸	廿本	桁　大引幷つか
6	同八尺	同　同	壱本	登木
7	同丈四尺五寸	同七寸	五本	
8	丸太		三十二本	
9	弐間貫		二十六丁	
10	弐間		二十三本	
11	壱間半同		十五本	

(9)「二間御長家」（表7—1のNo.10、図7—13）

「三間御長家外」と同じく、広さは八坪である。間口が二間なので奥行へ長く、雪隠部分を含むと五間ある。

(10)「御姫殿御部屋」（表7—1のNo.12、図7—14）

藩士の住居ではないが、これまで述べてきた藩士住居と建築各部の程度等を比較する観点から、ここで「御姫殿御部屋」について検討する。

図7-12　「三間御長家外」平面図

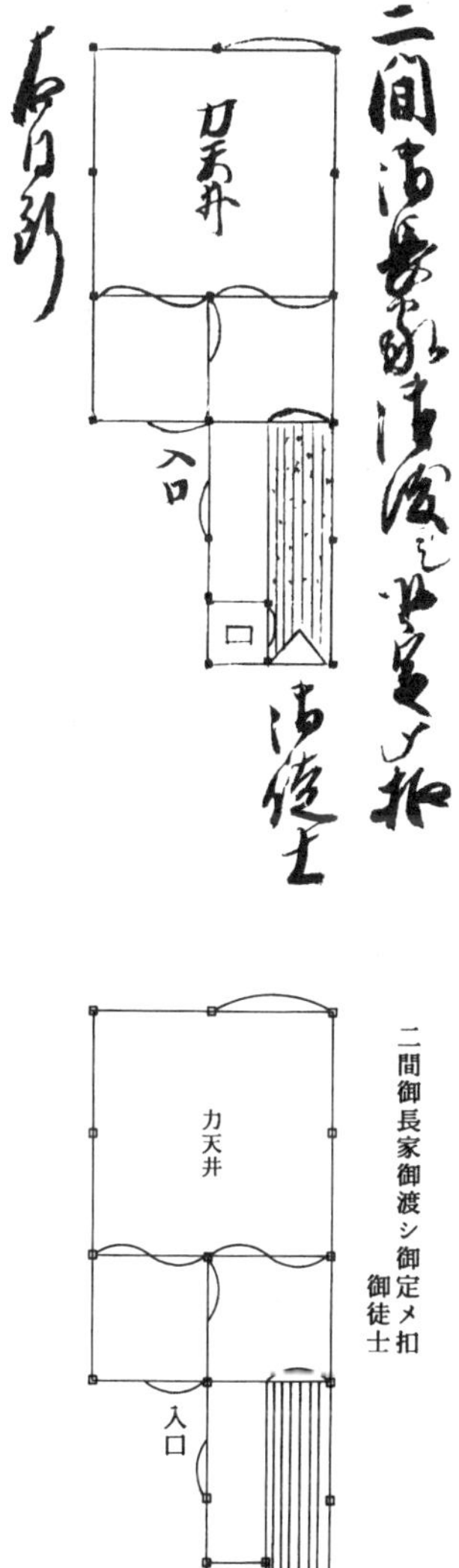

図7-13　「二間御長家」平面図

図には「筋違廊下」「御休息寄付」等と記された部分が隣接して描かれており、「御姫殿御部屋」への出入口と考えられる部分は「襖二本建」とあるので、独立した建物ではなく、城中に建つ何らかの建物に附属した部屋とみられる。

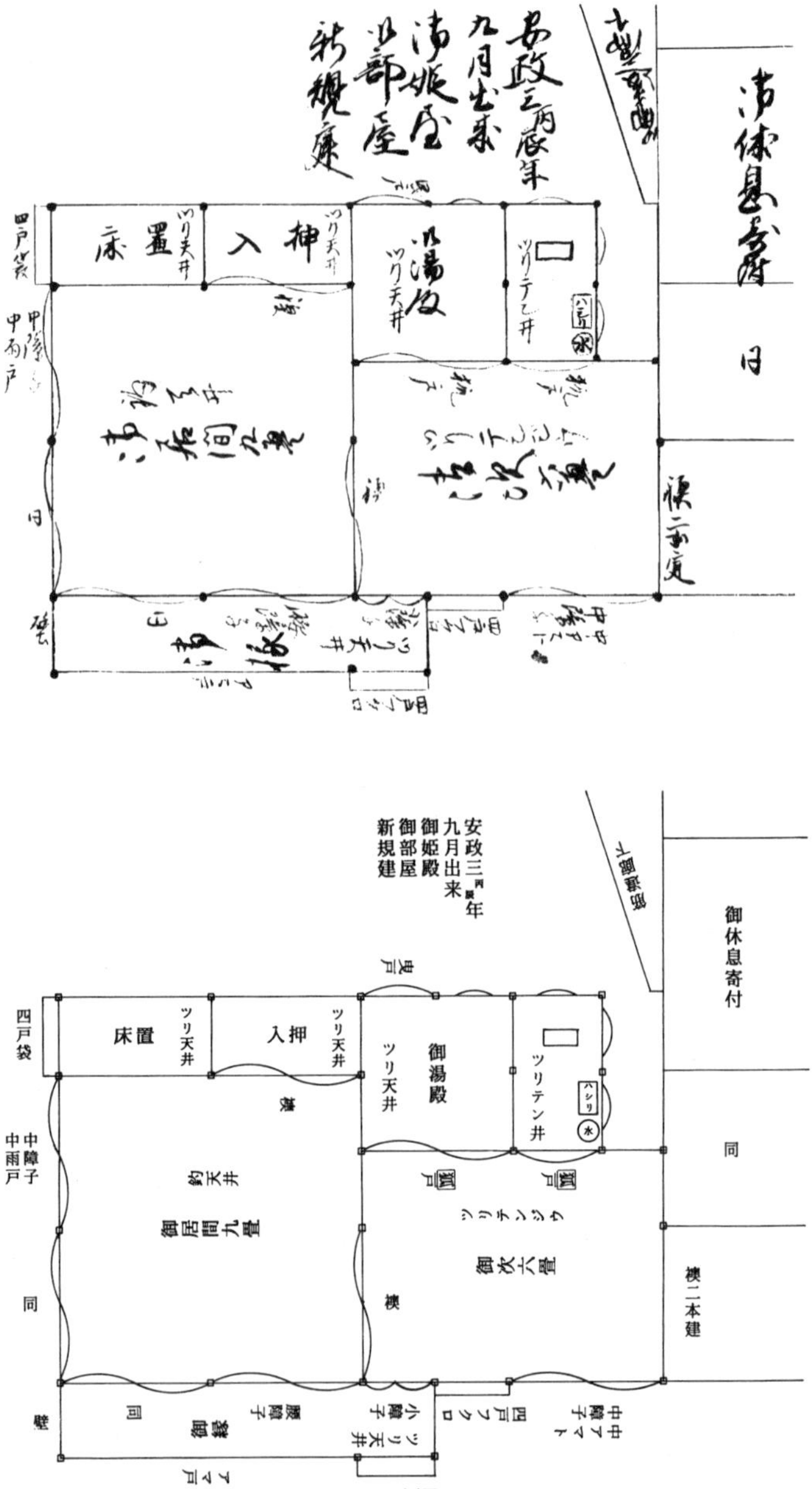

図7-14 「御姫殿御部屋」平面図

図の縮尺は、藩士住居が実寸六分を一間としたいわゆる「六分計」であったのに較べ、実寸の五分間隔に箆引きを施して二目盛りを一間、すなわち一寸を一間として平面が描かれ、縮尺は約六十分の一である。

①平　面

下方に長さ二間半幅半間の「御縁」を付した「御居間九畳」を主室とし、次の間である「御次六畳」を控え、その上方の「御湯殿」他で構成されている。

「御居間九畳」の左上に「置床」が設けられ、その右隣は押入であるので、実質は八畳の広さである。「トコ」は「中弁御屋舗」と「小屋舗」にもあったが、置床の例は無くこれが唯一である。

「御湯殿」の右隣は室名が記されていないが、図からは厠と考えてよく、水瓶とハシリ（流し）を備えている。

②天井および建具

居間・次の間のみならず縁側・押入・湯殿・厠に至るまで全て「釣天井」、すなわち竿縁天井に作られている。外部に面する柱間には、中敷居窓や掃出しに関わらず全て雨戸が建てられ、戸袋も設けられている。湯殿と厠の入口には「狐戸」を建てているが、格子戸のことと解される。

第四節　歩　掛　り

ここで採り上げる歩掛りは、単位面積当たりの必要人工数を意味するだけではなく、ある仕事にどの程度の人数が必要かという所要人工数をも含んでいる。したがって厳密にいえば、現在一般的に理解されている「労務歩掛り」に限られているわけではない。

(1)「中幷御屋舗」について

「中幷御屋舗」の項に「御家舗」に関する大工の所要人工数が記されている。それによると、

物榑家　八人坪

艸家葺之分は七人半坪

瓦家根之分は八人半坪

とあり、草屋根が坪当たり七人半と最も少なく、板葺き(榑家)が八人、瓦葺きは八人半で最も多いが、差は坪当たり半人から一人にすぎない。屋根の仕様によって小屋組の異なることはいうまでもなく、草屋根は丸太の合掌組で、他の二種は和小屋組であっただろう。したがって、小屋の組み方によってそれぞれに要する大工の人工数に差が生じる。その後続いて、

一本建草家廂持

建舞床カ張済迄　弐百七十三人

跡造作立合セ済迄　百人

〆三百七十三人仕也

右内ニ而

入口腰高障子壱本

雪隠戸杉皮張二本

便所受箱二ツ新キ拵

とある。

「中幷御屋舗」の平面規模は「三十五坪弐分五厘」であったから、草屋建てだと、坪当たり七・五人を乗ずると

約二六四・四人となる。この人数は、ここに記されている「建舞（建前）」後の床張りまでの工程で二七三人とある数値と八・六人差が生じるが、ほぼ近い値とみなしてよい。いっぽう坪当たりの所要人工数を逆に算定すると、約七・七四人になる。

また、入口の腰高障子と雪隠の戸、便所の受箱二個を含む造作工事終了までに要する人工を加えて坪当たりの人工数を算出すると、約一〇・六人となる。

(2)　各部の歩掛り

「小屋舗御定」の平面図の次頁に、「前々より積り立扣」と題して一七項目に及ぶ各部分についての歩掛りが記されており、それを表7―5に示した。「小屋舗御定」の平面図の次頁に書かれてはいるが、内容を検討した結果、必ずしも小屋舗だけに関するものではないことが判明する。

表7－5　「前々より積り立扣」記載内容一覧

番号	該当箇所	所要人工数
1	釣天井八畳ニ付	上仕方十三人、中同十人、下同八人
2	瓦葺御長家	壱坪ニ付七人半
3	本建草家庇持御家敷	同　　七人
4	瓦家根御家敷	同　　八人
5	草家葺御長屋	三人半坪
6	壱間　　敷鴨	壱口ニ付壱人弐分
7	壱間半　同断	壱人半
8	弐間　　同断	弐人
9	戸　　　上	壱本ニ付手間三人
10	同　　　中	同　　弐人
11	同　　　下	同　　壱人
12	腰障子　上	壱本ニ付三人
13	同　　　中	同　　弐人半
14	同　　　下	同　　壱人半
15	半元折	壱本ニ付壱人
16	明り障子	同　　七分
17	襖　　　下	同　　半人

天　井

最初は天井の張り手間に関する記述で、「釣天井」（竿縁天井）八畳当たりの所要人工数が示されている。上の仕上げは一三人、中は一〇人、下は八人とあるが、坪当たりに換算すると、各々三・二五人、二・五人、二人となる。

屋根種別による大工の人工数

2から5までは、屋根の種類別による坪当たりの大工の人工数である。同じく瓦葺きであっても、前述の「御家舗」が「八人半坪」だったのに較べ、2の「御長家」だと一人工減って「七人半」となっている。3の「本建草家廂持御家敷」では、やはり「御家舗」の算定値が坪当たり約七・七四人だったのが七人と、やや少なくなっている。5の「草家葺御長屋」は坪当たり三人半とあり、瓦葺きの長屋に較べて半分以下である。

敷鴨居

敷居と鴨居を組み合わせた、長さ別による所要人工数が6～8に記されている。一間の長さの敷鴨居を製作するには、大工が延べ一・二人かかる。長さが二倍になると、人工数は約一・七倍の二人であった。

建具

9から17までは建具に関する記述である。15に「半元折」とあるが、どのような建具を指すのか不明である。戸と腰障子では、それぞれ上中下の三段階に分けた人工数が示されている。ところが、いずれも上の仕上げでは一本に付き製作手間は三人だったのが、中や下の仕上げになると、腰障子の方が戸より多くの手間が必要とされている。

第五節　諸材料の値段

ここでは、垂木や敷居等の用材の他に板物の値段や、屋根材料の値段について考察する。

（1）諸割物

嘉永六年（一八五三）の「諸割物買上直（ママ）段」が書き上げられており、それぞれの項目の下には、文久二年（一八六二）に改められた値段も朱筆にて補足記入されている。文久二年の値段は、嘉永六年の値段に較べてわずかばかり値上がりしているが、ここでは嘉永六年の値段一八項目を表7―6に示した。ここに「買上直段」とあることから、田辺城下では、規格寸法の材木がある程度流通していたことが窺われる。

1と2は貫、3から8までは垂木、9から11は敷居、12以降は板材に関して記述されている。

貫は二間と一間半の二種類の長さに区別され、垂木は一間・一間半・二間の三種あり、「大」と「幷」に分かれている。ここに「幷」と記されたものは「大」に次ぐものであるから「中」を意味すると解釈される。表中で貫

表7－6　「嘉永六癸丑年諸割物買上直段」一覧

番号	材料名	値　段
1	弐間　幷貫	七分五厘（注1）
2	壱間半同	五分五厘
3	弐間　大椽	壱匁壱分（注2）
4	同　幷（注3）	七分五厘
5	壱間半大同	七分五厘
6	同　幷	五分五厘
7	壱間　大同	上六分　幷五分五厘
8	同　幷同	三分
9	弐間　舗	弐匁八分
10	壱間半同	壱匁九分
11	壱間　同	上八分五厘　幷七分五厘
12	壱寸三分板	拾弐匁五分
13	八分板	七匁五分
14	六分板	四匁五分
15	杉八分小節	
16	同六分同	
17	同四分同	
18	檜一寸三分	

（注1）3.2×1寸か　（注2）2×2.6寸か
（注3）幷は並に同で「中」の意か、2×1.8寸か

表7－7　「家根屋葺品々直段御定」一覧

番号	材料名	数量及び値段	
1	栗榑板	一束ニ付	壱匁壱分五厘也
2	杉榑板	同	壱匁也
3	裏板	壱間ニ付	壱匁壱分五厘也
4	軒付板	一束ニ付	壱匁壱分也
5	側取板		八分五厘也
6	角軒付		壱匁七分也
7	角裏板		五分五厘也
8	□□板		八分五厘也
9	□皮□		壱匁五分也
10	関茅		壱匁四分也
11	堅メ出シ	一間ニ付	弐分三厘也
12	并上榑	束ニ付百枚	八分
13	同下同		六分五厘
14	杉皮上		九分五厘
15	同　中		八分
16	同　下		六分五厘

と垂木の寸法を備考欄に記入したが、これはやはり『控帳』の中の「諸割物賃挽御山方定写」に記載された寸法である。(15)

12～14は、ぞれぞれ一寸三分・八分・六分厚の板の値段であるが、樹種が記されていない。続く杉板では「小節」という等級が書かれているものの、残念ながら値段が書かれていない。また、厚さによる値段の差はわかるが、板の幅や長さについても記されておらず、流通品の大きさを知ることはできない。

ただし、長さによって値段は異なるものの二間の敷居が二・八匁であったのに較べると、板材の値段は六分板で四・五匁、八分板は七・五匁、一寸三分板になると一二・五匁とかなり高価であったことが知られる。

(2) 屋根材料

屋根の材料に関する諸値段が「家根屋葺品々直段御定」として書き上げられており、表7―7に示した。屋根葺き材料とはいうものの、記載内容を見渡すと、基本的には榑家(板葺き屋根)の材料と捉えてよい。

1および2は、栗と杉の榑板一束当たりの値段である。栗が杉より一分五厘高価で、一束当たり一匁一分五厘なのは、材料拵えについて栗の方が堅くて、より手間が掛かるためであろう。

3～10は、軒付けや螻端の関茅等、役物に関する記述である。軒の裏板は長さで単価が記されている。隅部の軒付け(6)や関茅(10)等は、拵え手間がかかるので値段もそれに応じて高い。

11の「堅メ出シ」とある項目の内容については不明である。

第六節　他藩の例

ここでは、田辺藩の藩士住居の規模や程度等について再認識するために、近隣の他藩の例を見てみる。

隣国である丹波国篠山藩の旧城下、御徒士町の住居に関する調査報告がこれまでに行なわれている[16]。また、その調査を基に一五軒の復原平面図も描かれているので、そこから当時の建築状況を読み取り、比較検討することが可能である。

この辺りは天保元年（一八三〇）に火災があり、大部分の住居はそれ以後の建立になるものと推測され、現在でも十数棟の建物が残り、田辺藩の藩士住居と時期や地域等が近い状況下にある。しかし、篠山藩は六万石と田辺藩に較べて約二倍近くの禄高で、さらに京・大坂および山陰等へ通じる各街道の分岐点に当たる交通の要所であると同時に地方における政治経済的な中心でもあり、その歴史的背景は田辺藩とはやや異なっている。

御徒士町であるから、そこに住んでいた藩士の身分は徒士であるが、現存する家の旧禄高は四石から六〇石まで開いており、その差は大きい。田辺藩では六〇石から八〇石の卒と、一二〇石から二〇〇石の士族を含めた全五〇九人の藩士名が知られているが、残念ながら各藩士がどの地位であったのか、関連については不明であった。しかしいずれにしても、篠山藩の徒士の禄高は、田辺藩の卒に較べても少ないと思われる。

これらの徒士住居は全てが独立して屋敷を構えており、間口は八間である。平面の規模は禄高四石の徒士の家が最も小さく二一・七五坪、六〇石の徒士の家は最大で四三・五坪であった。屋内では、竿縁天井を張った室がほとんどで、どの家屋にも床の間を備えた室が必ず一室あり、一例ではあるが二室の家屋もあった。各住居では、原則的に接客部分が確立されており、客用の上便所を設けている例も多い。また、外部に面する柱間には戸袋を作り、雨戸を建てていた。

小　結

田辺藩の作事棟梁を務めた瀬尾家に伝わる、嘉永五年（一八五二）の年紀を有する『御用繪圖面御屋舗御長家積り諸品寸法控帳』には、藩士の住居について平面図や仕様等が記されている。『控帳』中の平面図は、実寸の三分間隔に篦引きを施し、二目すなわち六分を一間にした、いわゆる「六分計」で描かれていた。

独立した住居で三五・二五坪の「中弁御屋鋪」から「御徒士」のための八坪の「二間御長家」まで、入居する藩士の地位身分等によって規模や仕様が定められていた。独立した住居の「中弁御屋鋪」と「小屋鋪」では、床の間や式台を備えて接客空間が確立され、内向きとは区分することが可能であった。また「御家鋪」には、間口六尺で三尺の両脇袖壁を有する門が開かれ、「小屋鋪」にも「惣間九尺」の門が描かれていた。両種の屋敷では、格式を意図した建築形式になっていることが明らかである。

図中に記された「古河要」という藩士名から、家禄が一六〇石の藩士では独立家屋に住めるというわけにはいかず、規模も二四坪程度で接客空間も十分に確立された住まいではなかった。したがって、「中弁御屋鋪」や「小屋鋪」に住むことができたのはおそらく一八〇石以上の禄高が得られる藩士であったことが導き出される。この古河要の住居は敷地の大きさが判明する唯一の例で、算定した結果、敷地面積は五五坪であった。「給人」「惣領」「御中小性」等は、「五間御長家（一六・五坪）」以下「三間御長家御門外（一〇・五坪）」に住んでおり、これらは同一の平面形式が数軒連続したいわゆる長屋であった。

『控帳』には、これらの藩士住居に充てられる様々な用材についても記されている。それによると、木材については、貫・垂木・板以外はほとんど丸太として長さおよび末口径で表示されており、そこから木取りを行なったことが知られる。木材以外では、建具や金物および瓦・石材・雑材料にいたる各用材の寸法や必要な数量等が書き上げられている。

いっぽう建築の各部分にかかる歩掛りも記されている。屋根葺き材の違いによる坪当たりの大工所要人数では、草葺き家は七・五人、板葺き家は八人、瓦葺き家は八・五人であったことがわかる。また草葺き家の造作終了までに要する総人工数も記されており、これから坪当たりの所要人工を算定すると約一〇・六人となった。天井の張り手間は八畳当たりの人工数で記され、坪当たりに換算すると上の仕上げが三・二五人、中が二・五人、下は二人であった。これ以外に敷鴨居の製作手間や建具の種別による人工数等も知ることができる。さらに貫や垂木・敷居等の大きさや等級による値段の記述も見られ、田辺城下では規格寸法の材木がある程度流通していたことが想定される。それによると、貫や垂木材に較べると板材の値段が相当高価であったと考えられる。屋根材、特に榑板では、一束当たりの値段は杉材に較べて栗材の方が約一割五分高いことも判明した。

（1）佐藤功『近世武士住宅』（叢文社、昭和五四年）や大河直躬「江戸時代の中・下級武士住居と近代都市住居」（『日本建築の特質』、中央公論美術出版、昭和五一年）等をはじめとする各論考がある。また、本章でも参考として後に扱うが、田辺藩の近隣では丹波国篠山藩御徒士町における藩士住居の調査報告が挙げられる（『兵庫の町並』、兵庫県教育委員会、昭和五〇年）。

（2）舞鶴市在住の瀬尾正太郎氏所蔵。

（3）丹後国田辺藩の牧野氏は譜代大名であるが、石高は表高三五、〇〇〇石と比較的少ない。

（4）京都府丹波地方の農家において、「土間の上手に隣接する前通りの室を接す呼称。（中略）上手端の正座敷に対する次位の座敷」を「よりつき」と称しているが（日本建築学会民家語彙集録部会編纂『日本民家語彙集解』、日本アソシエーツ、昭和六〇年）、管見の限りでは、舞鶴市近辺の民家の事例では「よりつき」の報告は確認されず、この住居例では武家的な室名とみることもできよう。

（5）中村達太郎著『改訂増補　日本建築辞彙』（丸善、昭和六年）。

（6）註（5）同右書。

（7）「ころ（転）　重い物を動かす時、下に敷いてころがすのに用いる堅い棒。軸受もこの一種。また、細くて短い薪材。小端（こわし）。木呂。くれ。五郎太（ごろた）」とある（『広辞苑　第四版』、岩波書店）。

（8）「ササラ　京都府丹後地方の農家において、竹簀子（すのこ）天井を指す呼称」とあるが（註4、同右書）、ここでのササラの材としては丸太であるので、竹簀子天井でないことが明らかである。

（9）「簗」とは本来、川の瀬で木や竹を立て並べて魚を採る仕掛のことであるが、ここでは雪隠の材料として書き上げられており、鹿児島県の与論島では屋中竹のことを「やな」と称することが報告されているので（註4、同右書）、屋中竹のことと解釈する。

（10）舞鶴市編『舞鶴史話』（舞鶴市、昭和二九年）に、小西家蔵「田辺藩士総員名簿」から引いて、五〇九人分の氏名が記されている。この史料には、

明治六年頃迄維新最終ノ名簿ノ由

各実印花押アリ

などと記された付箋が付けられているとのことである。

（11）註（5）、同右書。

（12）弘化二年（一八四五）の「田辺分限帳」（旧藩主牧野氏所蔵と伝えられる）に記載されていた士分の城中席次に関する報告による（註10、同右書）。

（13）次に述べる「四間御長家」の例から、この部分は物置と判断される。

（14）註（12）の「田辺分限帳」には「御徒士」は見られないので、城中席次から外れた地位であったことが知られる。

（15）『控帳』には、「諸割物賃挽御山方定写」として、割物材の挽き賃も記されている。それによると、

弐間椽	大	二寸	二寸六分
同	中	二寸	一寸八分
同	小	一寸八分	一寸六分

（中略）

弐間貫	大	三寸五分	一寸二分
同	中	三寸二分	一寸
同	小	三寸	八分

とある。なお「山方」は、先述した城中席次では第五五位の役職である。

（16）『兵庫の町並』（兵庫県教育委員会、昭和五〇年）。

結章

以上、江戸時代から明治・大正にかけて、京・近江および丹後国における大工の活動状況について考察した。その結果、次のことが明らかとなった。

第一章では、京の大工「三上吉兵衛」の事績を通して、明治維新以降いかに近代化へ対応していったかについて明らかにした。

三上家では、天保一〇年（一八三九）頃から大工業を営み、代々「吉兵衛」を世襲してきた。初代吉兵衛は近江国滋賀郡仰木庄上仰木村の出生であるが、古来西江州には大工の集住していた地域が多く、仰木村にも江戸時代から続く大工の家系があった。吉兵衛は出身地仰木に音の通じる屋号「扇屋」を名乗っている。歴代の中で幕末から明治・大正にかけて活躍するのは、四代目吉兵衛（吉右衛門）と、五代目吉兵衛（伊之助）であった。

吉右衛門の事績からは広域に及ぶ活動の足跡が窺え、京都や周辺に限らず、明治一〇年代以降東京など遠方へ出かける仕事も増えている。さらに早い時期から、それまで我が国には無かった煉瓦造の建物や「小屋組鉄製」を試みるなど、新種の材料のみならず新しい構造体も意欲的に手掛けている。徳川幕府が崩壊して明治新政府へと移行し、それに伴い中井役所が解体する大きな変動を体験した吉右衛門の事績からは、激しく揺れる社会情勢に巧みに対応していった様子が窺われる。また伊之助は、父の業績を継承するだけでなく、京都で活躍する商人達を得意先とするなど、新たな世界を開拓していった。

二人は、社寺建築や住宅建築などの伝統技術を継承するだけでなく、常に新しい技術や経営方式などを指向していた。特に四代目の吉右衛門は、明治一三年（一八八〇）頃には「京都府下大工組合會社」の設立に関わり、中心的な存在であった。京都府下の大工たちの結集を図り、「組合」の名の元に共同請負を行なうなど、旧態からの転換を計り、近代的な組織作りを目指していた。京都における建設業の発展および近代化を積極的に推進した中心人物のひとりとして、「三上吉兵衛」は重要な役割を果たした工匠であった。

第二章では、江戸時代中期の大工たちが具体的にどのように仕事をしていたのか、近江坂本の西教寺本堂造営を通して考察した。

大工中嶋次郎左衛門は、享保一五年（一七三〇）一二月に中井役所へ西教寺本堂の修理願を出したが、元文元年（一七三六）六月には再び御断書を差し出し、計画変更を願い出ている。ところが、あくまでも旧本堂を修理するという姿勢を採りながら、実態は修理を名目にした新築再建であった。大工の脳裏には、中井役所へ差し出す願の内容と実施工事との間に相当な隔たりが生じてもこれを是とする意識が内在していたと推測され、「修理」の名を借りた建て替えも実際には行なわれていたことが読み取れる。

享保一五年に次郎左衛門は高嶋郡大工組の横江組に属する大工であった。以降文政五年（一八二二）まで代々横江組であったが、嘉永三年（一八五〇）に、初めて「坂本大工」「同所向寄」と記されるので、文政五年から嘉永三年までの間に、高嶋郡大工組の横江組から滋賀郡坂本向寄の大工組が分派編成されたことが知られる。

歴代の次郎左衛門の仕事は、西教寺やその末寺および延暦寺の諸堂に集中している。ところが慶応元年（一八六五）には、前年の元治元年七月の「どんどん焼け」に見舞われた、京都の中心部数屋町二条にある利生院の仮建物を次郎左衛門が再建している。おそらく、大火後の京都では大工の確保が困難であり、大台宗の法縁をたどって坂本向寄の次郎左衛門に仕事がきたのであろう。しかし大火後の復旧という特殊な状況下でも、同地の「京廿組大工年寄　大工太郎兵衛」の活動領域に入り込んで仕事をするには、やはりその了解のもと連署して中井役所へ普請願を出すという、営業圏にからむ問題のあったことが窺える。

西教寺本堂の野地板に転用されていた、大工の出面を記した板が発見された。月の大小や工事の進捗状況から、この板は元文三年（一七三八）のものと判断され、七月を除き五月から一〇月まで日々の仕事振りが記されている。この五カ月を通じて、全員が揃って休んだ日は一日も無かった。江戸時代の例では、節句などは休日とすることが見られるが、ここでは節句といえども休むことはなかったようである。中心的存在とみられる大工は、他の大工に比べて就労日数が多く、二カ月ないし三カ月近くも無休で働くこともあった。

中嶋家に伝わる『定』には、現場における大工や諸職人の注意事項が記されている。「くはえきせる」すなわち喫煙について、定められた湯小屋以外では禁止されている。各職人たちは、朝は「六ツ半時」に登山して仕事を始め、夕方は「七ツ七歩」に下山するが、休憩は午前に一回、午後は二回の定めであった。朝造営現場に入り夕方帰るまで現場にいたものと考え、これを拘束時間として扱うと、春分（秋分）では朝は午前七時に登山、夕方の下山は一七時二四分頃に該当する。すると、昼食と途中の休憩を含んで約一〇時間半の拘束になる。また、夏至には一二時間〇八分、冬至には八時間四〇分となり、拘束時間は、夏と冬で三時間半の開きがあったことになる。

第三章では、丹後国における大工「冨田」氏を除く大工の活動状況と、活動の拠点となった宮津葛屋町について様々な視点から分析した。

天正年間から元禄一〇年（一六九七）までの約一二〇年間に、大工「冨田」氏以外の大工は一九件の社寺造営を手掛けていた。これらは宮津城下と近隣で過半数を占め、他は丹後半島北西部に多かった。一七世紀前半では、宮津や伊根の神社造営を隣藩である田辺住の大工が手掛けている。寛文八年（一六六八）牧野氏による田辺入封以降は、田辺の大工による他所稼ぎは三件が確認されているが、いずれもその地の大工と合同で仕事をしているので、牧野氏による他所稼ぎに関する制限のあったことが推測される。宮津住の大工が丹波国内で仕事をした例は二件あるが、各地の大工が合同で仕事をしたもので、大工「冨田」氏も関わっていた。元禄一〇年頃までは、この地域で大規模な大工集団の存在は認められず、組織化や特定の出入場を確立する動きは未だ芽生えていなかった。

他国大工の活動例は、近くの若狭や但馬の大工のみならず、遠く大坂・播磨・淡路大工の足跡も認められる。但馬国の出石大工がこの地方で活動したのは、宝暦・明和年間のわずか数年間に限られていた。いっぽう豊岡大工が仕事に来る際は、近くであっても地元大工と共同形態を採っており、他国大工の活動形態の一端が窺える。淡路国浦村の大工「北条」氏は、一七世紀後半から一八世紀にかけて丹後半島北西部を中心に作品を残すが、享保初年でその活動が停止している。彼らは木挽きを二人伴うが、このように木挽も引き連れて移動する大工集団は、希少ではないかと考えられる。

宮津の葛屋町について、天保六年（一八三五）と同一一年の『細見帳』に、各家は本家・借家に区別されていたこと、間口・奥行、家族構成と続柄や年令、職業、他家に同居する「合宿」の者についてなど、細かく記されている。葛屋町は主として南北に延びる道路の両側筋から成り、壱～六番組に分けられていた。「一間」に対する実長は時代や地方によって六尺・六・三尺・六・五尺などまちまちであるが、壱番組東側の四軒分の記述から、この時一間は六・三尺で計測されたことが判明した。住人の職業はさまざまであるが、「大工」「鍛冶」をはじめ、建築関係に従事する者が多数いる。なかでも大工は四～五軒に一軒の割合で集住しており、人数は合計三四人を数え、周辺の町に較べさながら「大工町」の様相を呈していた。それらの中には、「冨田」氏一族も含まれていた。数十年前の安永年間には葛屋町に「支流八九家」あったと伝えられる「冨田」氏も、他の町へ仵地が拡散したことをうけて、天保年間ではその数が減少している。

第四章では、大工「冨田」氏の事績を捉え、いかに実績を挙げていったか、また大工動員力の大きさなどについて明らかにした。

寛文一二年（一六七二）に如願寺本堂（宮津市）を再建した冨田平左衛門尉茂平が、大工「冨田」氏の初見で、これ以降江戸時代末まで一八〇年余の間で、約九〇件もの社寺造営に「冨田」姓の大工が関係している。彼らの活動領域は、宮津を中心に近隣の加悦町や野田川町などの加悦谷地域が主要な領域であった。

「冨田」氏による活動は、大きく三期に区分することが可能で、第一期は河内守・又左衛門・十郎兵衛兄弟が活動した貞享から享保年間の時期であるが、この頃は未だ特定の出入り場を確保するには至ってなかったとみてよい。享保二〇年までの「冨田」大工による仕事の中で、河内守一族が手掛けた仕事は約七割を占め、「冨田」の名を不動のものにした功績は大きく、彼らにとって「確立期」であった。第二期は庄次郎・清右衛門兄弟が活動した宝暦～寛政年間で、一三件の社寺造営を手掛けた。仕事場はごく限られており、宮津での仕事は智恩寺と江西寺のみで、加悦では常栖寺だけである。智恩寺と常栖寺は、彼らにとって特定の出入り場として定まっていたことを示しており、河内守一族の後を受けて、「冨田」大工による活動の「定着期」であった。第三期は、宮津の「冨田」氏が地方の「冨田」へ派生したとみられる文化年間以降で、加悦の清兵衛と儀兵衛が活躍する。彼らは同地域を主な出入場として一五件の社寺を造営しており、「発展期」とでも呼ぶべき時期であった。これら三グループによる社寺造営は「冨田」大工による全事績の過半数を占め、それぞれがエポックメーカー的な存在であった。

享保年間の松尾寺本堂（舞鶴）再建では、「冨田」氏の豊富な経験と技術の優秀さによって寺側から指名された形であり、宮津の「冨田河内」は多数の社寺を造営した「切者之大工」として田辺藩まで知れ渡っていた。造営文書に、京都では一人工の作料が二匁八分だがこの度は約一割値引きをして二匁五分にするとあり、営業的な姿勢が多分に感じられる。実は二人の仕手大工が別にいることから、河内守はプロデューサーもしくは総合請負者としての性格が濃かったものと解釈される。

「冨田」氏の仕事の中で、重郎兵衛と庄次郎の二人が手掛けた成相寺本堂と智恩寺山門に動員された大工は、殊のほか多さを誇っている。これら二件の造営で総勢一二六人という多数の大工を動員しているが、おそらく一八世紀後半の宮津城下と周辺における大工の大部分を占める数と考えられる。ある地域に集住し、多数の大工を動員することが可能だったことは、大規模な造営や同時に複数の仕事をこなすために組織として不可欠な条件であり、また様々な場面にも容易に対応できる体制であった。

第五章では、智恩寺山門再建の出面板を採り上げ、造営現場において日々どのように大工たちが就労していたのか考察した。

出面板には、宝暦一二年（一七六二）九月二五日から上棟の行なわれた明和四年（一七六七）九月二四日までの間、六〇カ月にわたって大工の就労状況が記録されている。日々の出面は、一日就労は「一」で記され、一部「寺」「寺一」という符合もあった。半日就労は「半」「寺半」で記されることが一般的であった。

上棟までの期間中一人でも大工が現場で働いた日は一七七二日のうち一五四五日を数え、現場稼働率は八七・二％であった。正月や盆など長期間休業する月を除外すると、現場が稼働していたのは一カ月のうち二八日となり、月に一～二日間現場は休業していた。特定の休業期間としては、年末・年始が一一日から二三日間と年によって幅があり、お盆は概ね七月一一日から一六日まで休み、節句は原則として一～二日間、八月一日の「八朔」も休みであった。

上棟までの前半約三分の二の間は、平均すると一日約三～四人の大工を定常的に投入した。これに対し、後半三分の一に当たる明和三年初め頃から大工の数を徐々に増やしていき、工事の進捗に伴って月間延べ工数は曲線的に上昇し、累計工数も大きく増加する。この二一カ月間の稼働大工数は総工数の六二％となる。さらに、上棟直前六カ月間の稼働工数は二二四四工で、これは上棟までに要した総工数七九〇三工の二八・四％であった。建築の出来高を示す指標として累計工数を採り上げるならば、一八世紀中頃の一事例としての智恩寺山門造営の場合、上棟時には建物の九〇％が施工済みであった。

数多くの大工が山門造営に関わったが、その中では本棟梁の就労工数が最も多く、しかも長期間連続して就労していた。相棟梁は、数人の助工とともに中核となってよく本棟梁を補佐している。いっぽう番匠は自己の現場を持ち、工事終盤などの状況に応じて助勢しており、他の助工たちとは区別されていたようである。

第六章では、田辺藩における大工の活動状況を概観し、町大工の構成や作事棟梁制度の変遷について明らかにした。

慶長一七年（一六一二）から明治初年まで、約二世紀半の間に田辺大工の携わった仕事五九件が判明した。町大工の中で多くの仕事をこなした中核的な大工として、「水嶋」「林田」「森本」姓の大工が挙げられる。またそれ以外にも、「川崎」「瀬野」「寄金」姓の大工たちの事績も注目される。

明和三年（一七六六）に田辺藩作事奉行の原正登が記した「大工人数之覚」によると、当時の町大工の人数は六七人で、大工の技倆によって「上」「中」「下」の三段階に分けられる。全大工の八割強は「上」大工だったので、「中」「下」と書かれた大工は未だ一人前ではなく、修業中の大工と解釈される。全大工数の三割弱が引土町に集住しており、引土町はさながら大工町の様相を呈していた。また、当時の田辺藩では、作事棟梁二人制を採っていた。

町大工の人数は、文政年間には八八人と数十年の間に二一人増えている。安政二年（一八五五）には人数はさらに九人増えたが、棟梁は引土町に住む吉兵衛一人しか記されていない。「嘉永七甲寅四月ゟ　御思召有而棟梁一人に相成」とあるように、何らかの理由によって、嘉永七年（一八五四）四月に棟梁一人制に変更されたのである。田辺藩最後の作事棟梁を務めた大工「瀬尾」氏の略系譜を明らかにした。第四代吉右衛門尹親は天保六年（一八三五）に作事棟梁を仰せ付かり、その後約一七年間棟梁を務めた。嘉永五年（一八五二）には、吉右衛門が老齢のために息子の吉兵衛尹久が作事棟梁役を仰せ付かり、元治元年（一八六四）五月までの約一二年間棟梁を務めた。その後第六代吉右衛門尹正は田辺藩最後の作事棟梁を務め、明治を迎えたのであった。

第七章では、瀬尾家に伝わる嘉永五年（一八五二）の『御用繪圖面御屋舗御長家積り諸品寸法控帳』によって、田辺藩士の住居について多角的に明らかにした。

『控帳』の平面図は、実寸の三分間隔に篦引きを施し、二目すなわち六分を一間にした、いわゆる「六分計」で描かれていた。

三五・二五坪の「中幷御屋舗」から「御徒士」の住む八坪の「二間御長家」まで、地位によって規模や仕様が定められていた。独立住居の「中幷御屋舗」と「小屋舗」では、床の間や式台を備えて接客空間が確立され、「御家舗」には間口六尺で三尺の両脇袖壁を有する門が開かれ、「小屋舗」にも「惣間九尺」の門があった。図に記された「古河要」という名前から、家禄一六〇石の藩士であったことが他の史料から判明するが、その地位では独立家屋には住めず、規模は二四坪ほどで接客空間も十分に確立されていなかった。したがって、独立住居に住むことができたのは、おそらく禄高一八〇石以上の藩士であったことが導き出される。古河要の住居は敷地の大きさが判明する唯一の例で、敷地面積は五五坪だった。給人・惣領・御中小性等は、いわゆる長屋に住んでいた。

『控帳』には、藩士住居に使われる用材についても記されている。木材については、貫・垂木・板以外はほとんど丸太として長さや末口径が表示され、そこから木取りしたことが知られる。木材以外では、建具や金物および瓦・石材・雑材料にいたる各用材の寸法や数量等が書かれている。

建築各部の歩掛りも記されており、屋根葺き材の違いによる坪当たりの大工所要人数は、草葺き家は七・五人、板葺き家は八人、瓦葺きの家は八・五人であった。また草葺き家の造作終了までに要する総人工数も記され、これから坪当たりの所要人工を算定すると約一〇・六人となった。天井張り手間は八畳当たりの人工数が記され、坪当たりに換算すると上の仕上げが三・二五人、中が二・五人、下は二人であった。これ以外に敷鴨居の製作手間や建具の種別による人工等も知ることができる。

さらに貫や垂木・敷居等の大きさや等級による値段の記述も見られ、田辺城下では規格寸法の材木がある程度流通していたことが想定される。それによると、貫や垂木材に較べると板材の値段が相当高価であったと考えられる。屋根材、特に榑板では、一束当たりの値段は杉材に較べて栗材の方が約一割五分高いことも判明した。

初出一覧

第一章
「京の大工『三上吉兵衛』(上)・(下)」(『普請』第二一・二二号、(財)京都伝統建築技術協会、平成四・五年)
第二章
「西教寺本堂の建築と大工」(『普請』第九号、(財)京都伝統建築技術協会、昭和五九年)および『西教寺本堂修理工事報告書』(天台真盛宗総本山西教寺、昭和六二年)
第三章
第一・二節
「丹波・丹後地方における他国大工の活動について」(『日本建築学会近畿支部研究報告集』第二九号計画系、平成元年)
第三節
「天保六年宮津藩における葛屋町の構成」(『日本建築学会近畿支部研究報告集』第二八号計画系、昭和六三年)
第四章
建部恭宣・日向進「近世丹後の大工冨田氏について(その一)・(その二)」(『日本建築学会近畿支部研究報告集』第二五号計画系、昭和六〇年)
第五章
「智恩寺山門再建と冨田大工」(『日本建築学会近畿支部研究報告集』第二四号計画系、昭和五九年)
「智恩寺山門再建と冨田大工(その二)」(『日本建築学会近畿支部研究報告集』第二七号計画系、昭和六二年)
第六章
「丹後国田辺城下の大工について」(『日本建築学会近畿支部研究報告集』第三〇号計画系、平成二年)
第七章
「丹後国田辺藩における藩士の住居(一)・(二)」(『普請』第三九・四〇号、(財)京都伝統建築技術協会、平成一〇・一一年)

あとがき

振り返れば、昭和四〇年代の高度成長期に設計事務所に勤務し、休暇もほとんど無く次から次へと現代建築の生産に参画していたが、ふと「これでよいのだろうか」という想いに至り、妻子ある身ながら京都工芸繊維大学の大学院に進んだのであった。そこでは、それまでとは全く分野の異なる、「神を祀る施設」を創る時、人々はどのように造形したのか、ということについて研究を開始した。ところが、身の程を知らないテーマの壮大さと、学内の限られた環境や得られる情報では、思うような成果は得られなかった。大学院を修了して、歴史的建造物の調査研究や修理に携わるようになって、まえがきでも触れたように、担当した西教寺本堂修理工事中に一枚の出面板を発見してから、新たなテーマが生まれたのであった。出面板の分析を行なっている最中に、大学院の同期であった中村伸夫氏（当時京都府教育庁、現奈良県教育委員会）から、丹後の智恩寺にも大工の出面を記した板があることを教えてもらった。一つのことを考えていると、さまざまなことが次々と関連してくるのを実感したのである。「我々の先人たちはどのように日本建築を造り続けて来たのか」ということは、やや強引だが、大学院当時のテーマにも繋がることであった。対象と方法論を変え、大工をはじめとする各職の仕事ぶりを調べることによって、上記のテーマを浮かび上がらせようとしたのである。

本書は、建築学会等で発表したいくつかの小論文をまとめ直し、『京・近江及び丹後国における建築生産活動の展開に関する史的研究』と題して平成一六年五月に東京大学に提出した学位請求論文をもとに、写真や図を多少追加し、若干の手直しを加えたものである。主査として学位論文の審査を担当していただいた東京大学の藤井恵介博士には、懇切なご指導を賜った。感謝する次第である。

この研究が曲りなりにも形になったのは、全て恩師中村昌生博士の叱咤激励によるものである。中村先生からは、直接的な内容云々という前の、研究者としてのみならず「人としての在り様」というものを、直接にあるいは言外に、導いていただいた。時には相当の厳しさ故、学兄日向進博士とともに苦い杯を交わしたこともあったが、親以上に育てて下さっていると、深く心に受け止めて来たのであった。遅ればせながら学位請求論文を提出し、その審査に無事通ったことを報告した際、即座に出版するよう奨めて下さったのもまた、中村先生であった。直ちに思文閣出版へ仲介して下さり、今日の出版が実現したのである。この学恩に対してどれ程報いることができるのか、不肖の弟子にはいささか不安であるが、師の背中を見て今後いっそう邁進しようと、感謝の念とともに決意を新たにするものである。

資料調査に際しては、三上皓造氏・中嶋美津枝氏・智恩寺荻原顥士住職・瀬尾正太郎氏をはじめ、多くの方々に貴重な所蔵品や文書等を快く提供していただき、さらに関連事項についてもご教示いただいた。あらためて謝意を表する。

また、このような論文の出版を引き受けて下さった思文閣出版および担当の秦三千代氏にはお世話になった。心よりお礼を申し上げたい。

平成一八丙戌年一月吉祥

富士山麓木造校舎の研究室にて　建部恭宣

◆著者略歴◆

建部恭宣（たてべ　やすのぶ）

1946年沖縄県生．京都工芸繊維大学大学院修士課程修了．日本建築専門学校教授．博士（工学）．「浅間造本殿の特質」（『建築史論聚』思文閣出版，2004年）『文化財ガイドブック―建造物編―』（静岡県教育委員会，2000年）『桂離宮』（共著，小学館，1995年）『京の離宮と御所』（共著，ＪＴＢ日本交通公社出版事業局，1995年）

京《きょう》・近江《おうみ》・丹後大工《たんごだいく》の仕事《しごと》―近世《きんせい》から近代《きんだい》へ―

平成18(2006)年２月20日発行

定価：本体5,500円(税別)

著　者　　建部恭宣
発行者　　田中周二

発行所　　株式会社　思文閣出版
606-8203　京都市左京区田中関田町2-7
電話075(751)1781(代)

印刷製本　　株式会社 図書印刷 同朋舎

ISBN4-7842-1282-5 C3052

索　引

あ行

か行

さ行

た行

な行

は行

ま行

や行

ら行

わ行

図表一覧